ゆがんだ認知が生み出す反社会的行動

●その予防と改善の可能性

吉澤寛之 Hiroyuki Yoshizawa
大西彩子 Ayako Onishi
G・ジニ Gianluca Gini
吉田俊和 Toshikazu Yoshida
編著

Cognitive distortions of antisocial youth Research and treatment

北大路書房

目　次

序　章　認知主義と認知のゆがみへの注目　1

第1部　認知のゆがみのメカニズム

第1章　認知のゆがみの背景理論　9
　第1節　認知のゆがみを解き明かす多面的アプローチ　9
　第2節　社会学的側面からのアプローチ　9
　第3節　生物学的側面からのアプローチ　13
　第4節　心理学的側面からのアプローチ　14
　第5節　認知のゆがみを説明する統合的理論　17

第2章　認知のゆがみを説明する諸理論（包括的レビュー）　21
　第1節　Bandura の社会的学習理論と（選択的）道徳不活性化モデル　22
　第2節　Gibbs の認知的歪曲理論　24
　第3節　Berkowitz の認知的新連合主義のモデル　25
　第4節　Huesmann のスクリプト理論　27
　第5節　Crick & Dodge の社会的情報処理モデル　30
　第6節　Dodge の Biopsychosocial モデル　36
　第7節　終わりに　37

第3章　認知のゆがみの脳科学的基盤と凶悪犯事例との関連　39
　第1節　脳機能障害が疑われる凶悪犯の事例　39
　第2節　認知のゆがみを引き起こす脳機能について：前頭葉機能を中心に　43
　　1．前頭葉機能の概説　43
　　2．実行機能障害と反社会的行動　45
　　3．側頭葉機能障害　46
　　4．性犯罪者の脳機能　47
　第3節　脳機能の欠陥がつなぐ認知のゆがみ：サイコパスの問題　48
　　1．緒言　48
　　2．サイコパス発症の仮説　50
　　　（1）機能的仮説　50／（2）その他の仮説　52

i

目　次

第4章　認知のゆがみの測定方法　55
　第1節　認知のゆがみを測定する際の概念的整理　55
　第2節　認知のゆがみを支える知識の構造　56
　第3節　社会的情報処理のエラーやバイアスとしての測定　59
　第4節　認知のゆがみの類型化理論　65

第2部　認知のゆがみと社会的適応

第5章　認知のゆがみと攻撃行動　77
　第1節　認知のゆがみの個人内過程：社会的情報処理のゆがみと攻撃　78
　　1．攻撃の情報処理モデル　78
　　2．攻撃の情報処理に影響する要因：期待と覚醒水準　80
　　3．攻撃的情報処理の形成に影響する要因：暴力に接することの効果　85
　第2節　認知のゆがみの社会的過程：肯定的自己定義をめぐる相互作用と攻撃　88
　　1．人間の行動の両極端と基本的欲求　88
　　2．肯定的な自己定義を求める認知と，それが引き起こす危険性　89
　　3．選択的道徳不活性化による攻撃の激化　94
　第3節　終わりに　97

第6章　認知のゆがみといじめ　99
　第1節　いじめ問題と研究動向　99
　第2節　いじめと認知のゆがみはどのようにかかわるのか　101
　第3節　いじめと認知のゆがみに関する研究　105
　　1．いじめる理由　105
　　2．教師の指導態度といじめに否定的な学級の集団規範，罪悪感の予期がいじめの加害傾向に与える影響　106
　第4節　いじめと認知のゆがみに関する研究の拡がり　109

第7章　認知のゆがみと少年非行　113
　第1節　少年による事件と認知のゆがみ　113
　第2節　中和の技術論と少年非行：古典的アプローチ　114
　第3節　社会的情報処理と少年非行　116
　第4節　認知的歪曲と少年非行　123
　第5節　選択的道徳不活性化と少年非行　123

目　次

第3部　認知のゆがみの修正と予防

第8章　犯罪者・非行少年を対象とした認知のゆがみの修正　131
- 第1節　米国を中心とした海外の実践研究　131
- 第2節　国内の実践研究　142
- 第3節　脳科学に基づく修正の取り組み：少年矯正施設での取り組み　144
  1．神経学的認知トレーニングの背景　144
  2．精神科認知トレーニングの動向　145
    （1）統合失調症患者への認知リハビリテーション　146／（2）児童への認知トレーニング　146／（3）高次脳機能障害　147／（4）認知症患者へのトレーニング　147
  3．医療少年院での取り組み　148
    （1）神経学的認知機能強化トレーニング　148／（2）認知作業トレーニング　150

第9章　学校現場における認知のゆがみ　151
- 第1節　教師の児童生徒理解のゆがみによる影響　151
  1．教師の価値観を保つためのゆがみ　151
  2．教師の認識を安定させるためのゆがみ　152
  3．教師の責任を回避するためのゆがみ　153
- 第2節　児童生徒の友人関係理解のゆがみによる影響　154
  1．対人関係能力と仲間集団　154
  2．ソーシャルメディアによるつながり　156
- 第3節　心理教育の実践例　157
  1．実践の背景　157
  2．5つの実践例　158
    （1）記者会見ゲーム　158／（2）立場による原因帰属の違い　158／（3）見えない人を意識する　161／（4）自分の意見は，みんなの意見　162／（5）1人勝ちは可能か　163
- 第4節　心理教育の実践効果　164
  1．「ソーシャルライフ」授業の効果　164
    （1）研究の概要　164／（2）授業内容と測定内容　165／（3）授業の効果　166
  2．その他の実践例　167

第4部　認知のゆがみの最前線：ヨーロッパの動向

第10章　認知のゆがみと反社会的行動：ヨーロッパの動向　171
- 第1節　社会的情報処理理論　172
  1．反社会的行動と社会的情報処理：ヨーロッパにおける実証的知見　172
  2．社会的認知と道徳　175
- 第2節　選択的道徳不活性化と反社会的行動　177

iii

1. 選択的道徳不活性化理論とヨーロッパにおける研究　177
  2. 被害者への非難　180
 第3節　道徳の遅滞と道徳的領域アプローチ　181
  1. 道徳の発達と道徳の遅滞　181
  2. 反社会的行動に関連した道徳の遅滞を理解するためにヨーロッパの研究者が貢献したこと　183
  3. Gibbs の認知的歪曲と反社会的行動　184
  4. 道徳知識の構造におけるゆがみ：道徳的領域アプローチ　185
 第4節　結論　188

第11章　中等教育の教育者における EQUIP の実践　191
 序論　191
 第1節　教育者のための EQUIP：中等学校の青年対象プログラムの目的，枠組み，使用方法　192
 第2節　クラス内でのポジティブな生徒間関係の促進を目的とした教育者のための EQUIP 活用法　199
 第3節　教育者のための EQUIP の応用と結果：実証的研究と質的データ　202
 第4節　批判と今後の課題　205

第12章　中学校と矯正施設における青年の認知のゆがみの増加，予防，軽減　209
 第1節　はじめに　209
 第2節　オランダ人青年における自己奉仕的な認知的歪曲の増加：性別，教育水準，民族的背景の影響　211
 第3節　自己奉仕的な認知的歪曲と外在化問題行動との因果関係　213
  1. 自己奉仕的な認知的歪曲と外在化問題行動との関連性をめぐる縦断研究に基づいた知見　215
  2. 発達モデルと教育モデルとの比較に基づいた知見　215
  3. 自己奉仕的な認知的歪曲を軽減するための認知行動プログラム　217
  4. 実験研究：EQUIP プログラムが自己奉仕的な認知的歪曲と外在化問題行動に与える影響　218
 第4節　考察　219

文　献　222
人名索引　259
事項索引　265
あとがき　270

序章

認知主義と認知のゆがみへの注目

　近年，マスメディアにおいて，猟奇的な殺人事件が報道されない年はないといっても過言ではない。神戸連続小児殺傷事件を皮切りに，未成年者がとくに必然的な理由もなく残酷な殺人を行う事件が定期的に紙面を賑わしている。秋葉原無差別殺傷事件の被告は，通行人や警察官ら14人を，所持していた両刃のダガーナイフで立て続けに殺傷したが，事件を起こす前にインターネットの掲示板で以下のコメントを残している。

> 「勝ち組はみんな死んでしまえ」
> 「そしたら，日本には俺しか残らない　あはは」
> 「(親がまわりに自慢したいから)完璧に仕上げたわけだ　俺が書いた作文とかは全部親の検閲が入っていたっけ」
> 「彼女がいない　それがすべての元凶」
> 「作業所行ったらツナギがなかった　辞めろってか　わかったよ」
> 「ツナギ発見したってメールきた　隠していたんだろうが」
> 「『だれでもよかった』　なんかわかる気がする」
> 「やりたいこと・・・殺人　夢・・・ワイドショー独占」
> 「隣の椅子が開いているのに座らなかった女の人が，2つ隣が開いたら座った　さすが嫌われ者の俺だ」
>
> 碓井（2008）からの引用

　これらのコメントに共通している要素は，彼の世の中のとらえ方には独特なゆがみがあるという点である。猟奇的殺人を行う多くの少年が口にする「だれでもよかった」というコメントに表れているように，かつての必然性のある動機に基づく犯罪・非行に代わり，独特の世界観に基づく利己的動機により実行される性

質の犯罪・非行が増加している。その得体の知れない動機の謎を，多くのメディアは「少年の心の闇」といった言葉で頻繁に形容している。

心理学においては，行動を生み出す人の心のメカニズムが一貫して探求されてきた。Skinner, B. F. による行動主義が隆盛した時代，刺激と反応の連合が過度に強調され，その間に介在する人の意識については関心が向けられなかった。こうした時代を換言すれば，人の意識の問題が闇に追放されていた時代として表現することも可能である。その後，長らく人の意識の問題は心理学の研究対象から遠ざけられてきたが，心理学における新たな領域としての認知心理学の台頭，俗に言う「認知革命」(Gardner, 1987) により，人の意識の問題が再び注目を浴びるようになる。認知心理学は，人間行動の認知的基盤を解明するうえで，どのように人が外界からの情報をとらえ，それらを処理しているかといった情報処理モデルの構築をめざす学術領域である。

認知心理学の心理学界における台頭に影響を受けるかたちで，他の心理学の領域においても，人が社会的情報をどのように処理するかという問題が積極的に扱われるようになった。社会心理学の分野では，1940年代から社会的認知という言葉が用いられるようになり，社会的現象の認知的基盤を明らかにする研究が急増した。Taylor (1976) の論文から始まった社会的認知研究は，認知心理学の理論モデルや方法論を積極的に導入することで，社会心理学界において主要な位置を占めるまでに発展を遂げた。一方，認知心理学では扱われてこなかった人の感情，情動，動機づけを含めて理解をしようとする「温かい認知（warm cognition）」に関する研究が進められることで，抑うつや偏見など論理的かつ客観的には理解しにくい人の不適応的な認知メカニズムの解明が進むことになる。

社会的認知研究では，おもに人が社会的情報を処理する際の普遍的特徴が扱われているが，発達心理学や臨床心理学の分野では，社会的情報の処理における特異性を対象とした個人差の問題が中心的に扱われている。とくに反社会的行動を導く情報処理の問題については，発達心理学の分野においてさかんに研究が行われている（たとえば，Barriga & Gibbs, 1994; Crick & Dodge, 1994; 濱口, 1996; 坂井・山崎, 2004）。これらの研究では，攻撃，暴力，いじめ，非行や犯罪などの行動を行いやすい者がもつ社会的情報処理の誤りやゆがみを解明する試みが行われている。反社会的傾向が高い者における社会的情報処理の特異性が明らかにされることで，それらを修正し，彼らの反社会性を低減させる試みも行われ始め

ている。

　本書では，反社会的行動に関する研究のなかで近年重要な役割を果たすことが明らかにされつつある「認知のゆがみ」に焦点を当て，そのメカニズムを解明したうえで，攻撃行動，いじめ，少年非行といった個々の反社会的行動との関連を明らかにする。さらに，認知のゆがみの修正や予防の手がかりについての知見を紹介する。最後に，認知のゆがみに関する先駆的な研究が多く産出されているヨーロッパの動向を，ヨーロッパ各地の研究者の研究を紹介するかたちで報告する。

　第1部では，「認知のゆがみのメカニズム」として，認知のゆがみに着目する研究領域の紹介を行う。第1章では，社会学，生物学，心理学の各領域で展開されている諸理論を概観したうえで，これらの領域で紹介された理論を統合する試みについても報告する。第2章では，とくに心理学における理論に焦点を当てて諸理論の包括的なレビューを行う。Bandura, A., Gibbs, J. C., Berkowitz, L., Huesmann, L. R., Crick, N. R.と Dodge, K. A.らの理論を中心に紹介する。近年脳科学研究の発展にともない反社会的行動と脳機能との関連が関心を寄せているが，第3章では，認知のゆがみの脳科学的基盤を凶悪犯事例との関連から解説する。本章では併せて，情動面，対人関係面，行動面の複合的成分から構成される障害であり，脳の機能不全から反社会的行動を説明する概念として注目を浴びるサイコパスを取り上げ，凶悪犯との関係や，サイコパスの病態についても紹介する。第4章では，実証研究において用いられている認知のゆがみを測定する多様な方法を紹介する。

　第2部では，「認知のゆがみと社会的適応」として，認知のゆがみと攻撃行動，いじめ，少年非行との関連を解説する。第5章では，認知のゆがみと攻撃行動との関連のなかで，社会的情報処理理論に焦点を当てて説明を行う。社会的情報処理理論では，社会生活におけるさまざまな行動を，学習と同じように，人が，なんらかの目標をもち，問題を解決しようとして表れた反応や結果であるとみなす。学習における一つひとつのステップを情報処理とよび，このようなステップが，学習場面だけではなく，さまざまな社会的な行動でも行われていると想定した検討が行われている。また本章では，道徳的判断が緩むことによって，攻撃行動や非人道的な行動が行われる現象についても紹介する。第6章では，最新のいじめ研究の動向を紹介しながら，認知のゆがみといじめとの関連を検討し

た国内外の研究を紹介する。第7章では，認知のゆがみと少年非行との関連を検討した古典的研究を紹介した後，Dodgeらの社会的情報処理理論，Gibbsらの認知的歪曲，Banduraの（選択的）道徳不活性化★1などの諸理論において少年非行との関連が検討された研究を紹介する。

★1　Bandura, A. の提唱した "selective moral disengagement" に関して，その邦訳は一定していない。本書では，編者らがBanduraの各論文における定義を精査したうえで，「道徳的規準に基づく自己制裁へ従事しようとする自己に対し，主体的かつ能動的に（自己調整して）その従事を停止する」といった意味を重視し，かつ論文において活性化の反意の一つした "disengage" が扱われている個所もあることから，「（選択的）道徳不活性化」に訳出を統一した。Banduraの論文でも "selective" が記される頻度は少ないため，「選択的」という語句がなくても主体性や能動性のニュアンスが含められるように，「不活性化」と表現した。本書では，「選択的」は各章の初出時や付記することが適切な個所においてのみ用いている。

第3部では，「認知のゆがみの修正と予防」として，矯正施設と学校現場において認知のゆがみの修正や予防を試みた諸研究を紹介する。第8章では，国内外の実践研究を紹介すると同時に，脳科学研究から得られた知見に基づく修正プログラムの紹介を行う。その際，医療少年院で行われている認知行動療法も併せて紹介する。第9章では，学校現場でみられる認知のゆがみの特徴を紹介し，心理教育に基づく予防的介入をすることの重要性を指摘する。

第4部では，「認知のゆがみの最前線」として，ヨーロッパにおける研究動向を紹介する。第10章では，認知のゆがみと反社会的行動との関連に関するヨーロッパのほぼすべての研究を網羅する。第11章では，青年期を対象に教師が実践できるよう改訂したEQUIPプログラム（EQUIPping youth to help one another training program）を紹介する。教室場面で認知のゆがみを低減し，仲間関係を改善した実践的な試みを紹介する。第12章では，矯正施設において認知のゆがみの低減に成功したプログラムを紹介する。性差，教育レベル，民族的背景に応じたプログラムの実施方法についても解説する。

本書では，国内外の新進気鋭の研究者らがこれらのトピックを執筆した。社会心理学，教育心理学，発達心理学といった心理学領域に加え，脳科学をも含めた多様な領域の研究者によるコラボレーションである点も特筆に値する。また，米国の研究者による先行研究を網羅的に紹介するだけではなく，日本国内やヨーロッパにおける最新の研究動向についてもふれている。日本，イタリア，オランダ，スペインそれぞれの国々で活躍する研究者が，米国以外の国で報告された研究を網羅したことにより，世界レベルの知見が集約されたといえよう。反社会的

行動を行う者の認知のゆがみを,多様な学術領域と多様な文化で普遍的に存在する現象として解明を試みる本書に,しばしの間おつき合いいただければ幸いである。

第1部

認知のゆがみのメカニズム

第1章

認知のゆがみの背景理論

第1節　認知のゆがみを解き明かす多面的アプローチ

　本章では，攻撃，暴力，犯罪や非行等の反社会的行動の根底に存在する認知のゆがみにかかわる背景理論を概説する。第2章において，心理学領域における各理論の詳細な解説を行うため，本章は，その他の学術領域を含めた認知のゆがみを取り上げた理論を簡単に紹介する。

　反社会的行動にかかわる認知のゆがみを扱う学問領域は，おもに社会学，生物学，心理学の領域であり，近年の研究においては，認知のゆがみを統合的に説明しようとする理論も展開されている。以下の各節では，各学問領域における代表的な理論を紹介する。最後の節において，それらの理論を発展的に統合した理論についても紹介する。

第2節　社会学的側面からのアプローチ

　犯罪者や非行少年を生み出す社会構造の問題に着目する社会学においては，マクロな社会構造の影響を検討する研究が大勢を占めていた。Durkheim, E. の社会構造論はその典型例であり，『社会学的方法の規準』(1895) において，「犯罪は健康な社会の不可欠な一部である」「社会の健全な機能にとって犯罪は有用である」と述べている。つまり，社会にとって犯罪は不可欠であり，その犯罪によって社会規範や規則が明確化されるということになる。マクロな社会構造を維持する上で犯罪などの逸脱行為が果たす役割については，Cohen (1966) による指摘もあり，逸脱者が現れることは，集団規範の存在を明確にして成員間の凝集

性を強めるだけではなく，逸脱は既存の規則や手続きの問題点を指摘する警戒信号として働き，組織を再点検するきっかけになるとしている。

　マクロな社会構造により反社会的行動が生起するメカニズムを説明するこれらの理論には，根本的な問題がある。それは，反社会的行動を環境的条件のみにより説明しようとする環境決定論であるという点である。環境決定論は，環境の問題いかんで個人の行動が規定されるという考え方であり，個人の意思決定という自由度は完全に無視されている。個人がみずからの属する環境を変化させることは，個人に影響を与える環境がマクロであればあるほど困難である。個人の側から反社会的行動を抑制する可能性を排除する，あまりに厳格な考え方である。

　これらの厳格な環境決定論的立場への反省として，社会環境と個人の心理的過程を有機的に結びつけて理解しようとする立場が主流となりつつある。社会環境と個人との相互作用のもとで犯罪行動を理解しようとする立場であり，環境あるいは素質決定論という言葉はやわらげられ，個人の行為選択の自由度が加味されている。ここでは，心理学的要素を加味した社会学的理論として，本書と直接的に関連すると考えられる分化的接触理論・分化的同一化理論（Glaser, 1956; Sutherland & Cressey, 1960），中和の技術と漂流理論（Matza,1964; Mitchell et al., 1990; Sykes & Matza, 1957）について，これらの理論による反社会的行動の説明を概観する。

　Sutherland & Cressey（1960）により提唱された分化的接触理論においては，犯罪行動の理解に心理学での学習の概念を導入した説明が試みられている。犯罪行動を特別なものとしてみなすのではなく，犯罪行動は日常的な非犯罪行動と多くの共通点をもち，同じような学習過程をともなうということを主張している。同理論では，「社会組織の分化」の概念が取り入れられ，反社会的なサブカルチャーなどの中流的な文化とは区別される分化した社会組織の中で，犯罪文化に参加することにより犯罪行動は学習されるとしている。すなわち，人が犯罪者となるのは犯罪的行動類型（文化）と接触したためであり，また非犯罪的行動類型（文化）と隔絶していたためであるとみなされている。

　一方で分化的接触理論には，同理論で説明不可能な犯罪の存在や，同様に犯罪文化に接触しながら犯罪者となる者とならない者が存在するという点を説明できないといった問題が指摘されている。これらの弱点を補うものとして現れた理論が，Glaser（1956）の提唱する分化的同一化理論である。同理論では，同一化と

いう心理学的概念を取り入れることで，分化的接触理論の弱点を解消している．自分の犯罪行動を受け入れてくれると思われる存在もしくは観念上の人に自分自身を同一化させる程度に応じて，犯罪が行われるとされる．分化的接触理論では犯罪集団に所属することによる犯罪傾向の学習が強調され，分化的同一化理論では同一化という心理学的概念が多く取り入れられている．両者とも犯罪文化との接触を基本にしていることが共通しており，周囲の環境との相互作用により犯罪・非行傾向が促進される考え方とみなすことができる．

　ここで紹介した分化的接触理論と分化的同一化理論は，認知のゆがみを助長する環境の役割を説明する理論として位置づけられる．認知のゆがみの一形態であると考えられる逸脱的な信念は，反社会的な仲間集団との相互作用により共有される．Thornberry et al.（1996）の提唱する相互作用理論（interactional theory）では，親友や仲間集団からの否定的影響のメカニズムを3つに整理している．1つ目は社会化の観点からの説明であり，親友や仲間との親和的な関係の中で，逸脱的な信念や行動を学習し，それらが強化される環境が与えられるとする．ここでは，親和的な関係性が，否定的な結果である逸脱傾向を生み出すという因果関係が想定されている．2つ目は他者選択の観点からの説明であり，あらかじめ逸脱的な傾向の高い者が互いに仲間を求めるといわれており，個人の逸脱的な傾向が逸脱的な仲間関係を生み出すという因果関係が想定されている．3つ目の観点は上記の2つの観点を包括するものであり，単一の方向での因果関係を想定するのではなく，双方向的な相互作用を重視している．すなわち，個人が親友や仲間から逸脱的な強化を受けると同時に，逸脱的な仲間との関係を求める傾向にあるとされる．

　Thornberry et al.（1996）の研究では，縦断調査により上記の3つの観点を比較検討し，双方向的な相互作用の観点が妥当であることを確認している．縦断的な変数間の因果関係を検討するため，3時点のパネル調査を実施している．データの分析結果から，非行行為を行う仲間が多いほど，非行行為を肯定する信念が高まり，結果として非行行為を行う可能性が高くなることが示されている．また，みずからの非行行為を仲間が肯定するほど，それらの行為に従事する割合が高くなることも明らかにされている．さらに，非行行為を肯定する信念が高く，それらの行為を行っている者ほど，後に非行行為を行う仲間が増えるといった過程も見いだされている．これらの結果は，双方向的な相互作用を支持すると同時

に，相互的な影響において，逸脱的な信念が仲間集団と共有され，反社会的行動の実行に重要な役割を果たすことを示唆している。

　反社会的傾向をもつ仲間への集団同一化が反社会的行動を促進することを示す知見（中川ら，2007）から，より集団へ同一化した者ほど仲間と反社会的なゆがんだ認知を共有することで，反社会的行動を行いやすくなることは明らかである。集団ではなく単独での反社会的行動においても，同一化は重要な役割を果たしている。母親に毒物（タリウムなど）を与え殺害しようとした疑いで逮捕された静岡県の女子高校生は，イギリスの連続毒殺犯グレアム・ヤングに自分を同一視しており，ゆがんだ自分の考えをインターネット上のブログに掲載している。

　分化的接触理論や分化的同一化理論よりも積極的に反社会的行動を行う者の認知のゆがみに焦点を当てたのが，Sykes & Matza（1957）の中和の技術論とMatza（1964）の非行漂流理論である。中和の技術論では，非行少年が既成の社会秩序をまったく否定するものではなく，自分の行為が社会において違反行為であると知っているという点が前提にある。彼らが違反行為を行うのは，それらの行為を正当化し，合理化する「中和の技術」を活用するためであると説明される。中和の技術では，責任の否定，危害の否定，被害者の否定，非難者への非難，高度の忠誠心への訴えの5つのパターンを用いることで，正当化や合理化が行われるとされる。

　さらにMatza（1964）の非行漂流理論では，自由意志の概念を大幅に取り入れ，多くの人々は完全に自由でもなければ，まったく強制されているのでもなく，自由と強制との間にいるように，非行少年も自由と強制の間にいるとされる。非行少年をいわば，犯罪行動と違法行動との間を漂流する漂流者とみなす立場である。非行の可能性は，法の束縛が中和の技術によって中和化された少年が，漂流したときに生じるとされ，非行に結びつくためには，違法行為を行おうとする意思が必要となる。非行漂流理論は中和の技術をより発展させた理論であり，青少年の認知のゆがみが反社会的行動を促進する点を強調する考え方としてとらえなおすことが可能である。近年の社会学的研究においては，認知のゆがみを直接的に扱った研究は多くみられないものの，理論的変遷の過程でマクロな社会構造の影響よりも，個人を取り巻く近接的な環境の影響や，認知のゆがみに焦点を当てる研究へとシフトしていったことは重要な点であろう。

第3節　生物学的側面からのアプローチ

　反社会性の個人差は，心理学だけではなく，生物学からも解明することは可能である。生物学的側面から反社会的行動を説明する理論においては，個体側の安定した特異性や異常性を強調する考え方が一般的であり，その原因を遺伝や気質，ホルモン代謝物質，神経伝達物質，神経系機能などの精神生物学的な異常に求める研究が多くなされている。

　認知のゆがみを生み出す生物学的要因に関しては，脳波検査や，近年目覚ましい進歩を遂げている CT スキャン（コンピュータ断層撮影）や PET（positron emission tomography: 脳血流断層撮影）などの神経画像技術を用い，暴力的な成人の神経生理学的な欠陥を検証した研究で有益な示唆が得られている。これらの研究では，反社会的な個人における側頭葉や前頭葉の領域における構造的，機能的な異常が報告されている（Raine et al., 2000; Volkow & Tancredi, 1987）。同様に注意欠陥多動性障害（attention-deficit hyperactivity disorder: ADHD）の子どもにおける，脳の基底核および前頭葉における顕著な異常性を報告する研究も存在する（Castellanos et al., 2001; Semrud-Clikeman et al., 2000）。また Raine & Scerbo（1991）は，MRI（核磁気共鳴画像法）が示す皮膚電位の活動と前頭前野領域との関連の結果から，前頭前野における欠陥が暴力的な行動と関連すると推察している。多くの研究が非行少年における神経心理学的な機能の欠陥を指摘しているが，なかでも Moffitt & Lynam（1994）は知的能力との関連について，その欠陥が概して言語に関する領域で生じていると主張しており，精神病質者における実験的な証拠もこうした主張を裏づけている（Day & Wong, 1996; Louth et al., 1998）。

　Pennington & Bennetto（1993）は，行動の計画・評価・制御のしかたを制限する実行機能（executive cognitive function）における欠陥が，言語領域の欠陥と相補的であることを指摘し，言語スキルの欠陥とは独立した神経心理学的欠陥として扱うべきであると主張している。実行機能をつかさどる脳の領域はおもに前頭葉にあり，目標志向的な行動を自己制御する際に重要な役割を果たすとされている。とくに前頭前野の領域は，抽象的認知機能，高次の知能，目標志向的行動の時系列的な組織化，注意，系列的なプランニング，行動抑制，短期記憶（作動記憶），攻撃性を含む感情や情動の制御にとって非常に重要な役割を果たすと

される (Giancola, 1995)。第3章で詳しく説明されるが，事故により前頭葉に大規模な損傷を受けたフィニアス・ゲイジ (Phineas P. Gage) が，身体的な問題はほとんど残らなかったにもかかわらず，衝動的で短気となり，忍耐力や抑制力がなくなり，悪態をつき，頑固で，効率的な計画的行動ができない人物となった事件は，社会的行動における前頭葉の機能の重要性を示す典型例だといえよう。

　前頭葉の機能に関する神経心理学的な調査では，早期に攻撃的傾向をみせる子どもにおいて前頭葉の機能不全や実行機能の欠陥が存在することを報告している。神経心理学的なテストを用いた調査の結果，身体的攻撃傾向を安定して示す子どもと非攻撃的な子どもとの弁別に成功しており，さらにテストで測定された実行機能は非攻撃的な少年と比較して攻撃的な少年において低い得点を示すことが示されている。こうした知見は，全般的な知能指数や，ADHDの合併症，社会経済的地位によっては説明されないことが確認されている (Seguin et al., 1999; Seguin et al., 1995)。また，反応抑制測定法を用いた実行機能に関する研究では，ADHDの診断基準を満たすグループとADHDには診断されていない行為障害を有するグループとが比較されており，実行機能の欠陥はADHDに診断されていないグループにも認められることが明らかにされている (Oosterlaan et al., 1998)。同様の実行機能の欠陥は，薬物乱用のリスクの高い攻撃的少年や少女 (Giancola et al., 1998a; Giancola et al., 1996)，行為障害のある少女 (Giancola et al., 1998b)，精神病質の未成年 (Fisher & Blair, 1998)，ADHDと行為障害を合併している攻撃的な少年 (Moffitt, 1990) においても認められている。神経心理学から得られた以上の知見は，反社会的行動の原因を，脳の前頭葉における特定の領域と関連づけることにより，実行機能など社会的な行動を行う際の認知のゆがみの問題として位置づけるものである。

第4節　心理学的側面からのアプローチ

　心理学領域における認知のゆがみと関連する研究の発展は，攻撃性研究の発展と対応する部分が多い。人間の攻撃性を死の本能 (thanatos) で説明した理論的研究の始祖である Freud (1920) 以降，欲求不満―攻撃仮説 (frustration-aggression hypothesis; Dollard et al., 1939) などの理論を経ながら，攻撃性の説明を試みる研究領域ではより認知的側面を重視する理論が台頭するようになる。

欲求不満のみが攻撃行動の原因であるとした欲求不満—攻撃仮説への批判として，Berkowitz & LePage（1967）は，欲求不満と攻撃の関係の調整変数として，武器等の攻撃を喚起する刺激である攻撃関連手がかりの重要性を指摘した。また Carlson et al.（1990）は57に及ぶ研究のメタ分析の結果から，「実験状況に存在する攻撃関連手がかりは，攻撃的な反応を促進するよう作用する」と結論づけている。欲求不満—攻撃仮説は，攻撃を欲求不満に対する反応として獲得された動因とみなす動因モデルとして始まったが，その後，欲求不満をもたらす出来事と攻撃的な反応との関連を媒介する，状況的な手がかりの認知的評価を強調する方向に発展していったといえる。

　Berkowitz（1989）は，欲求不満が攻撃反応を生じさせる場合と生じさせない場合があることを説明するため，両者の媒介変数としての不快感情の役割を重視した。また Berkowitz（1989, 1993）は，彼の認知的新連合主義（cognitive neoassociationism）★1 のモデルの中で，嫌悪事象に遭遇してから怒りを経験するまでの経路に関して精緻な説明を行っている。この理論では，個人がある嫌悪事象に遭遇した際に，経験された不快感情をより精緻な情動状態として明確化するために，最初の刺激状況，見込まれる結果，類似経験の記憶，さまざまな情動表出と関連する社会規範といった社会的な情報に関する認知的処理が行われるとされる。

★1　認知的連合主義については，第2章にて詳しく紹介されている。

　嫌悪刺激に対して攻撃的な反応をするかどうかについて，その刺激の解釈の重要性をより強調する理論に，Zillmann（1979）の提唱した覚醒転移（excitation transfer）モデルがある。Schacter（1964）の情動の2要因理論に基づき，ある怒りの経験の強度は，嫌悪事象によって引き起こされる生理的覚醒の強さと，その覚醒の説明のされ方，ラベルづけのされ方によって規定されるとしている。具体的には，物陰から飛び出してきた人を自動車でひきそうになった状況で生じた生理的覚醒に対して，歩行者が大人であるとわかれば不注意さへの怒りが生じるが，小さい子どもの場合は安堵が怒りに勝る場合が多い。嫌悪事象によって喚起された生理的覚醒の認知的解釈としての帰属が，その嫌悪事象と潜在的な攻撃反応との結びつきを決定する上で重要であるとされる。

　こうした攻撃行動に関する理論的変遷は，攻撃が他の形態の社会的行動と同様

に，養育などの学習過程を通じて獲得される点を強調する学習理論により大きな転機を迎える。Bandura（1983）は，道具的条件づけ，すなわち強化と罰を通した学習と，モデリング，すなわちモデルの観察を通した学習の両方が，攻撃行動や反社会的行動の獲得と実行に関する有力なメカニズムであると主張した。人はこれらの行動に対して報酬を与えられるほど，将来それと同様かもしくは類似した行動を再び示す可能性が高まるとされる。攻撃行動を調整する内的なメカニズムとして，観察者の自己効力信念が重要な役割を果たしていることが強調されており，学習理論は攻撃的行動の制御に個人の認知処理が果たす役割の重要性を明確化したといえる。

攻撃行動を生起させる認知のゆがみを直接的に検証した研究領域には，攻撃スクリプトや状況判断のバイアスを分析する社会的情報処理研究があげられる。この研究領域においては，攻撃行動の実行に向かわせる認知的スキーマの発達や，攻撃的な個人とそうでない個人を分ける社会的情報処理の特徴が分析の対象とされている。状況や出来事の解釈に適用される認知的スキーマは「スクリプト（scripts）」とよばれ，ある特定の文脈で経験した状況解釈を基に，それらの類似状況を何度も経験することを通じて形成・維持される知識構造とされる。Huesmann（1998）によれば，攻撃行動をはじめとする社会的行動は，親の養育などを通じた早期の社会化の過程で獲得された行動レパートリーにより左右されると述べられている。Huesmann & Guerra（1997）の研究では，攻撃行動を肯定する規範的な信念の強さが，実際の攻撃行動に対して有意な説明力をもつことが明らかにされている。

こうした知識構造の役割に加え，社会的情報処理研究では状況解釈のバイアスを分析する研究もなされている。攻撃的傾向を持続的にもち続ける者は，他者の行動に敵意的な意図を帰属し，その行為者の意図があいまいな時はよりそういった帰属を強く示すことが確認されている。こうした帰属傾向は「敵意帰属バイアス（hostile attribution bias）」とされ，攻撃的なスクリプトを駆動し，個人の反応レパートリーの中から攻撃的な反応が選択される可能性を高めるとされる（Geen, 1998）。攻撃スクリプトや敵意帰属バイアスに関する研究は，本書の主題である認知のゆがみが反社会的行動を説明する上で重要な概念であることを支持するものである。

攻撃行動に関する研究だけではなく，犯罪や非行に関する研究分野において

も，認知のゆがみが果たす役割に着目する研究は存在する。Gibbs は，多くの非行少年への面接において共通に見いだされた思考パターンを抽出し，その特徴を認知的歪曲（self-serving cognitive distortions）として概念化している（Gibbs et al., 2001; Gibbs et al., 1995）。Gibbs et al.（1995）は，利己的な認知的歪曲を一次的な自己中心性（self-centered）と，二次的な責任の外在化（blaming others），過小評価／誤ったラベリング（minimizing/mislabeling），最悪の仮定（assuming the worst）に区分しており，一次的な認知的歪曲を支持するために二次的な認知的歪曲が機能するとしている。反社会的行動を利己的に正当化する認知的歪曲に類似した認知メカニズムは他に，Bandura による選択的道徳不活性化（selective moral disengagement）などが提唱されている（Bandura et al., 1996; Bandura et al., 2001）。認知的歪曲と道徳不活性化とは下位概念に相違はあるものの，その理論的メカニズムはおおむね一致している。

　反社会的行動を解明する心理学的研究においては，認知のゆがみに焦点を当てた研究への変遷が認められる。攻撃性研究では，Freud（1920）の本能による説明は実証困難であるといった批判を契機に多くの理論が展開されたが，近年は認知のゆがみを直接的に扱う社会的情報処理研究が主流となりつつある。犯罪者や非行少年における認知のゆがみも，否定しようのない事実として存在することが明らかになりつつある。

第5節　認知のゆがみを説明する統合的理論

　認知のゆがみを解き明かす3つの研究領域として，社会学，生物学，心理学の各側面からのアプローチを紹介してきた。各学術領域は類似した概念を扱う研究が存在するという意味で重複する部分があるものの，基本的には互いの理論を相互に参照し合うことは少ない。一方で近年，複数の学術領域をまたぎ，認知のゆがみに関する理論の統合を試みる研究が現れ始めている。こうした統合的理論は，内容的側面を重視するものと，認知のプロセスを重視するものに大別されるため，以降それぞれ個別に研究を紹介することとする。

　内容的側面を重視する理論には，先述の認知的歪曲と道徳不活性化が存在する。ともに認知のゆがみに関する下位分類を整理することで，概念的な統合を試みている。Bandura の道徳不活性化では，行為の認知解釈に関する下位分類と

して「道徳的正当化」「婉曲なラベル」「都合の良い比較」の3分類，危害を加えている主体としての役割をあいまいにしたり，過小評価したり，否認するなどの機能を果たす下位分類として「責任の転嫁」「責任の拡散」「結果の無視や矮小化」の3分類，被害者に関する下位分類として「非難の帰属」「非人間化」の2分類を概念化することで認知のゆがみの内容を整理している。Gibbs の認知的歪曲と比較し，多様な下位分類を想定する包括的理論としての特徴があるものの，理論面で認知的歪曲よりも発達的観点が不足している点が指摘できる。

一方で，認知のプロセスを重視する代表的理論には，Anderson, C. A. らによる攻撃の一般モデル（general aggression model: GAM）と Dodge, K. A. らの社会的情報処理モデル（social information processing model）があげられる。GAM は，従来の攻撃性の理論において強調される多様な側面に対して統一的な説明の枠組みを提供するものである。人が状況要因の影響を受けながら，感情・覚醒・認知の3つの内的処理を経て，評価や行動決定を行い，熟慮的もしくは衝動的な行動を生起させるプロセスモデルを提唱している。近年の研究では，一時的処理過程モデル，評価と意思決定の過程を拡張したモデル，パーソナリティ過程モデルといった3種の異なるモデルを提出することで，包括的な理論化を推し進めようとしている（Anderson & Bushman, 2002）。GAM は内的処理と評価過程・意思決定過程とを分離し，後者の過程を明確化したという点で，反社会的行動が生起する過程における認知のゆがみの問題を重視したモデルとみなすことができる。

社会的情報処理理論は発達心理学領域の研究者から提唱されたモデルであるが，認知心理学の理論を援用することで，状況依存的な社会的情報処理の過程を精緻化したモデルを提出している（たとえば，Crick & Dodge, 1994）。個人が周囲の環境から受ける社会的情報を処理する過程において，各ステップを細分化し，攻撃行動や社会的不適応行動にいたるまでの各ステップにおける処理のエラーやバイアスを検討している（図1-1）。ここでは，情報処理段階を分類する上で，過去経験により内的表象として体制化された潜在的知識構造（たとえば，記憶貯蔵，獲得されたルール，社会的スキーマ）と，より直接的に行動を規定するオンライン処理（たとえば，手がかりの処理，目標分類，反応決定）とが明確に区別されている。ある社会的状況（社会的問題）に直面する際に，その状況にある社会的手がかりを知覚，符号化，表象化することで解釈を行い，その解釈に

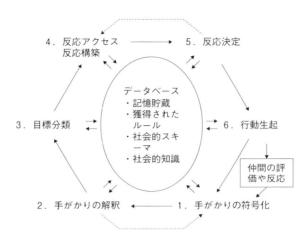

●図 1-1　社会的適応における改訂版社会的情報処理モデル（Crick & Dodge, 1994）

照らし合わせて適切だと考える反応を潜在的知識構造（データベース）の中から探索し，その中の最も有効と思われる反応を決定，実行する。基本的には，潜在的知識構造が，状況や対象に依存したオンライン処理にエラーやバイアスを生じさせることで，間接的に反社会的行動に影響を及ぼすと考えられている。社会的情報処理アプローチでは，認知がゆがむ現象について，行動にいたる各ステップにおける情報処理の問題を特定し，その修正への示唆を得ることが容易である点は特筆に値する。

　国内においても，社会的情報処理理論に基づく研究が行われ始めており，おもに攻撃性の高い個人の社会的情報処理の特徴を解明するタイプの研究が多く行われている。坂井・山崎（2004）や玉木（2003）は，攻撃性のサブタイプが社会的情報処理のゆがみに及ぼす影響を明らかにしている。犯罪や非行との関連に関しては，吉澤・吉田（2004）が，規範意識の内在化の程度を反映する社会的ルールの知識構造が，認知的歪曲を抑制することで，非行や問題行動から成る社会的逸脱行為を抑制する過程を見いだしている。

　近年の研究では，社会的情報処理に情動処理を組み込んだモデルが提唱されている（Lemerise & Arsenio, 2000）。他には，道徳的判断との融合を図る試みとして，Turiel, E. の社会的領域理論との融合を図った研究も表れている（Arsenio & Lemerise, 2004）[★2]。社会的情報処理と脳科学研究で得られた知見との整合性

を確認すべきといった主張もなされている (Raine, 1993)。こうした学際的研究の発展やその必要性の主張は,認知のゆがみに関する研究が学術的な蓋然性を有しており,研究者らの関心を集めていることの傍証である。

★2　社会的情報処理と情動制御や社会的領域理論との融合を図った研究知見の詳細については,Arsenio & Lemerise (2010) を参照のこと。

第2章

認知のゆがみを説明する諸理論（包括的レビュー）

　これまで，多くの国内外の研究者が成人や子どもの社会的・心理的な適応に悪影響があるとして，攻撃行動やいじめなどの反社会的行動に焦点を当てた研究に力を注いできた（Anderson & Bushman, 2002; Parker et al., 2006; Smith, et al., 2002）。伝統的には，殴る・蹴るなどの身体的攻撃や非行などの反社会的行動に特化した研究が多くみられるが（Anderson & Bushman, 2002），近年より潜在的な攻撃行動（間接的・社会的・関係性攻撃）についての研究が注目を浴びている（Archer & Coyne, 2005; Bjorkqvist, 1994; Crick et al., 1999; Galen & Underwood, 1997）。関係性攻撃とは友人や仲間関係を操作またはその関係にダメージを与えることによって相手に危害を与える行為である（Crick et al., 1999参照）。関係性攻撃には無視や仲間はずれ，悪い噂の流布，自分の思い通りにならないと友人関係を断ち切るなどの脅しが含まれる。身体的攻撃，関係性攻撃ともに，反社会的行動，暴力などの外在化問題行動（externalizing problem behavior）や抑うつ・不安・ひきこもりなどの内在化問題行動（internalizing problem behavior）との関係が示されており，その攻撃行動や短期，長期的な適応問題についての発達的プロセスやメカニズムに関する研究がさらなる注目を浴びている（Parker et al., 2006）。また，より実践的な研究として，健康的で非攻撃的な認知スキーマの発達を促進し，協調的で向社会的な姿勢（思いやり等）を形成することを目的としたいじめ予防プログラムの作成にも力が注がれている（Card & Hodges, 2008）。この章では，攻撃性の発達における認知のゆがみに焦点をおいた社会心理学，発達心理学の理論をレビューし，攻撃行動・反社会的行動の抑制につながるメカニズムについて考察する。

第1節　Bandura の社会的学習理論と（選択的）道徳不活性化モデル

　人間の攻撃行動や反社会的行動はそのような行動をするモデルを観察することにより学習され，道具的条件づけ，すなわち学習された行動の強化と罰によって発達していくといわれている。Bandura（1977）は彼の社会的学習理論の中で，個人は観察学習やモデリングを通してその行動を獲得し，同等な行動をいく度となく観察することにより強化されていくと主張している。Bandura の有名なボボ人形を使った実験研究では，大人がボボ人形を蹴ったり，叩いたり，押したりしている映像を見た子どもはその映像を見ていない子どもと比較して，より多くの同様の攻撃行動を行ったことが示されている。この実験結果は，子どもは大人の攻撃行動をモデルとして学習し，それを模倣することによりその行動を習得していくことを示唆したものである。この社会的学習またはモデリングによる攻撃行動の習得は他にも多くの実証研究によって証明されている。たとえば，攻撃的なキャラクターのいるビデオゲームに熱中している子どもや，学校や家庭で仲間や親から暴力を受けたことのある子どもは，より多くの攻撃行動を行うようになったという研究結果も社会的学習理論によって説明することができるだろう（Anderson et al., 2010; Coie & Dodge, 1998）。

　しかし，たしかにこの社会的学習理論は攻撃行動の習得・発達を説明するのに有益な理論ではあるが，そこには社会的認知プロセスの役割に関する考えが十分に議論されていないという弱点がある。Bandura（1986, 1991）は後に社会的認知理論を提唱し，攻撃行動や反社会的行動は自己調整過程によってコントロールされると主張している。自己調整過程には，自分の行動を知覚・モニターする自己観察，社会的基準や個人的基準による行為の判断，その判断に伴った肯定的評価や否定的評価による自己反応という3つの機能が含まれている。この理論によると，社会行動（たとえば攻撃行動や反社会的行動が発現するか否か）は非人間的行為を抑制または向社会的行動を促進させる機能をもつ自己調整過程を含んだ社会的認知のプロセスによってコントロールされる。たとえば，友人とトラブルが発生したときに，個人の自己調整過程を含む社会的認知のプロセスがうまく作動せず，それにともなう社会行動が社会的に正当化できない（受け入れられない）理由づけや個人的基準によって行われた場合，より攻撃的で反社会的な方法で友人との問題を解決しようとするだろう。反対に，個人の自己調整過程を含む

社会的認知のプロセスがうまく作動・実行された場合，同じような状況下でも，その友人に対する怒りを抑え，攻撃行動を避けて，向社会的な方法でトラブルを解決しようとするだろう。つまり，自己調整過程を含む社会的認知のプロセスは攻撃行動や反社会的行動，向社会的行動，思いやり行動を増進または減少させたりする上で中核となる社会的認知機能であると考えられる。

　Bandura（1986, 1999）のいう自己調整過程を含む社会的認知のプロセスは，一般的に認知のゆがみを示す「（選択的）道徳不活性化」としてモデル化されている。道徳不活性化には8つの下位分類「道徳的正当化」「婉曲なラベル」「都合の良い比較」「責任の転嫁」「責任の拡散」「結果の無視や矮小化」「非難の帰属」「非人間化」が含まれる。これらの下位分類は個々の役割をもちながら，全体として「道徳不活性化」を説明する要因である。「道徳不活性化」をもつ個人は，以下それぞれの質問項目に賛成する傾向にある（Bandura, et al., 1996; Paciello et al., 2008）。

> 友達を守るためならば，かっとなって激しく怒っても問題はない。【道徳的正当化】
> 勝手に他人のバイクや車をもらっても，それはただ「拝借した」だけのことだ。【婉曲なラベル】
> 違法なその他のことと比べると万引きはたいしたことではない。【都合の良い比較】
> 仲間グループの問題は，メンバーのだれかが責任を負うべきだ。【責任の転嫁】
> グループ全体の問題に少ししか加担していない個人を攻めるのは不公平だ。【責任の拡散】
> 軽いからかいやいたずらはだれも傷つけない。【結果の無視や矮小化】
> 放置してあるものは盗まれてもしかたないだろう。【非難の帰属】
> 不愉快なやつは人として扱われる必要はない。【非人間化】

　これらの下位分類を含む道徳不活性化は攻撃行動や反社会的行動などの非人間的な行動と関係していることがわかっている（Bandura et al., 1996）。たとえば，Pelton et al.（2004）の研究では，青年期のサンプルにおいて道徳不活性化が少年の反社会的行動や攻撃行動と強い関連を示している。また，Bandura et al.（1996）は，道徳不活性化が高い敵意的反すう（他者に対する否定的な事柄を何度も繰り返し考え続けること）と関連し，その敵意的反すうが攻撃行動を高めることを示すことで，道徳不活性化が敵意的反すうや短気などの気質要因を媒介して攻撃行動を高めることを明らかにしている。これらの結果は，道徳不活性化

は直接，攻撃行動に影響を及ぼすだけではなく，怒り感情を含む他の認知プロセスと関連して，間接的にも攻撃行動に影響を及ぼすことを示唆している。さらに，Paciello et al. (2008) は縦断研究の中で，道徳不活性化の攻撃性との関連や継続性は，その発達に個人差があることを示している。第4章や10章において詳しく紹介されるが，常に高い道徳不活性化を示す群は，他の群（常に道徳不活性化の低い群，ふつう群，道徳不活性化が減少していく群）よりも道徳不活性化と攻撃行動との関連が強いことが明らかにされている。これらのことから，道徳不活性化としてモデル化される自己調整過程を含む社会的認知のプロセスは，個人の攻撃行動の長期的，短期的増減を説明する1つの要因であるといえる。

第2節　Gibbsの認知的歪曲理論

Gibbsの文献によれば，攻撃性の高い個人の反社会的な行動は自己中心性，責任の外在化，過小評価／誤ったラベリングや最悪の仮定などの認知のゆがみによって引き起こされるといわれている（Gibbs, 1991, 2003; Gibbs et al., 1995）。自己中心性とは，他者の視点や期待，要望およびその場面での感情などを十分に理解する能力の欠如であり，責任の外在化とは本人の問題行動の責任を，関係のない人や物に押しつけることである（Gibbs, 1991）。過小評価／誤ったラベリングとは，自分の攻撃行動や反社会的行動による他者への被害を実際よりも小さく見積もることであり，最悪の仮定とは他者に自分に対する敵意があることや物事に最悪のケースを想定すること（物事を最もネガティブに捉えること）を理由に，自分自身の攻撃行動を正当化するものである（Gibbs, 1991）。具体的には，自己中心性の認知のゆがみをもつ個人は，自分が怒っているときに相手を傷つけてもまったく気にしない傾向がある。また，責任の外在化という認知のゆがみをもつ個人は，テーブルに置き忘れた財布が盗まれたとしたら，それはその人の責任であり，盗まれてもしかたがないと考えるであろう。さらに，ある人は認知のゆがみによって殴られた相手の気持ちが適切に感じとれず，暴力をふるうことはたいしたことではないと主張することがある。こういった認知のゆがみを持つ人は，他者との小さなトラブルにおいて，相手は何の証拠もなく自分に危害を加える目的でけんかを仕掛けてきていると考えることによって相手への敵意を増幅させ，さらに自分はそのせいで大怪我をするかもしれないと最悪の結果を想定する

ことで，自分の相手への攻撃を正当化することがある。

　Barriga & Gibbs（1996）は，攻撃性の発達における認知のゆがみ（自己中心性や責任の外在化，過小評価／誤ったラベリング，最悪の仮定）の役割を研究するための最初の調査を行った。この研究では，認知のゆがみの個人差を査定するための尺度として「How I Think（HIT）Questionnaire」を作成し，その妥当性（構成概念妥当性や弁別的妥当性）や信頼性（安定性や一貫性）が確認された。さらに，その尺度を使って測定した上記4因子を含む認知のゆがみが，抑うつや不安などの内在化問題行動の効果を統制した上で，身体的攻撃や非行などの外在化問題行動を促進することを明らかにしている（Barriga & Gibbs, 1996）。この結果は，Gibbsの認知的歪曲理論を実証的に裏付けた初めての研究となった。

　Barrigaらの研究では，一般群の青年と比較して非行群の青年は高い認知的歪曲を示すことと，身体的攻撃行動や暴力などの高い外在化問題行動をもつ青年ほど，認知がゆがむ傾向にあることが明らかにされている（Barriga et al., 2000）。また，直接的な身体的攻撃や争いに関する認知のゆがみは顕在的な反社会的行動（身体的攻撃や暴力など）と関係しており，潜在的な反社会的行動と結びついている認知のゆがみは盗みなどの他者の身体に直接被害をもたらさない問題行動と関係していることが示された（Liau et al., 1998）。また，メタ分析では，反社会的行動の高い青年（非行群）はそのような行動が低い青年（一般群）に比べて道徳的判断の発達が遅れていることが示され（Stams et al., 2006），それが認知的歪曲の発生に関連している可能性を示唆している。これらの結果は，Gibbsの認知的歪曲の理論を支持するものであり，4つの因子を含む認知のゆがみは攻撃行動や反社会的行動の習得，発達に影響を与えることを示している。また，認知のゆがみの改善を目的とした予防・介入プログラムを作成することが，反社会的行動などの問題行動の抑制に役立つことも示唆している（Gibbs et al., 1995）。

第3節　Berkowitzの認知的新連合主義のモデル

　Berkowitz（1989, 1990）は，不快感情をともなう経験などの外的刺激と攻撃反応との関係を説明するため，認知的新連合主義（cognitive neoassociationism）のモデルを提唱している。このモデルでは攻撃行動は，欲求不満や怒りなど否定的な感情を喚起させる嫌悪事象に遭遇することによって生起すると考えられてい

る。すなわち，怒りや不安，抑うつ状態などの不快感情が，怒りを連想させる記憶と結びつくことで，攻撃行動が導き出されるということである。たとえば，過去に無視や仲間はずれなどの関係性いじめの被害経験をもつ子どもが，再び仲間から拒絶されそうになったとき，過去の記憶（経験）が悲しみや怒りなどの否定的な感情を呼び起こし，相手を攻撃せずにはいられなくなるというようなメカニズムを想定することができる。

　Berkowitz & LePage（1967）は，自身の認知的新連合主義モデルの有益性を検証するため，古典的な実験研究を行った。その研究では実験群と統制群があり，実験群はテーブルの上に置かれた銃を見せられる（攻撃的状況）が，統制群はテーブルの上に置かれたバドミントンの羽を見せられるか，もしくは何も見せられない状態であった（非攻撃的状況）。実験群も統制群も，これから仲間から1回，もしくは7回の電気ショックが与えられることを説明し，彼らがどのくらいその仲間に対して電気ショックをやり返すのかを検証した。その結果，事前に銃を見せられた実験群で7回の電気ショックを仲間から与えられた参加者が，最も多くの電気ショックを仲間にやり返すことが示された。これは，攻撃を示唆する事象や外的刺激（たとえば銃を見ること）は個人の攻撃行動を高めるが，その傾向は怒りなどの不快な感情と合わさったときに最も強く認められるということを示しており，刺激－反応の関係を含む認知過程が，否定的な感情によって左右されるというBerkowitz（1989, 1990）の認知的新連合主義モデルを支持するものである。

　Berkowitz（1989, 1990）は近年の研究において，攻撃性の発達における自動化の役割に着目しながら，攻撃行動に関する社会的認知過程を重視することで，自身の認知的新連合主義のモデルを発展させている。このモデルにおける自動化とは，攻撃的な行動や反応は，複雑な認知的プロセスを経ない単純な記憶と，認知スキーマや外的な刺激と反応にかかわる無意識的な認知ステップを要しないたんなる注意によって生起しうるという考えに基づいている。このモデルでは，不快な経験や出来事を喚起させるきっかけとなる状況が，直接的に，もしくは怒り感情を表出させる生理的なプロセスを通して（ただし，認知スキーマは介さない），攻撃的な反応をうながすということを提唱している。この自動化に関する見解は，加害者が自己制御や自己統制の能力の欠如により結果を顧みず，もしくは衝動的になって相手に暴力をふるったり，攻撃を仕掛けたりした場合には妥当

であるといえるかもしれない。しかしながら、この自動化による攻撃性の習得、発達に関するモデルは今後さらなる実証的研究が必要とされるであろう。

第4節　Huesmann のスクリプト理論

　Huesmann（1998）は Bandura の社会的認知理論や Berkowitz（1989, 1990）の認知的新連合主義モデルを参考にして、攻撃性や攻撃行動の習得・発達・継続におけるスクリプトの役割に焦点を置いた「スクリプト理論」を提唱している。スクリプトとは、観察学習やモデリング、特定の状況における外的刺激と行動との関連などを含んだ過去の経験から得られた知識の集合体である（Huesmann, 1998）。したがって、スクリプトは個々の状況でその場面に適した行動を決定する過程で使用されると考えられている。たとえば、子どもが仲間との遊びの中で、攻撃行動の表出にかかわる要因やその結果を含む一連の流れを観察学習やモデリングによって学び、それを短期的・長期的に記憶することによって、認知スキーマの一部であるスクリプトを形成する。その子どもは、何度も同じような経験をすることによってそのスクリプトを発展・強固なものにし、後に同様の怒りを喚起させる状況や場面に遭遇したときに、すぐに攻撃的な行動を選択するようになるということは十分に考えられる。

　なお、スクリプト理論のモデルにおける認知スキーマの一部である規範的信念（normative beliefs）に関しては、攻撃行動を制御する上で重要な役割を果たす要因として幅広く研究されている。この攻撃行動に関する規範的信念の理論背景には、その状況で何がいちばん適切であると判断されるか、または何が規範となっているのかが、その個人の後の向社会的行動や反社会的行動を促進、抑制する働きがあるという考え方がある。たとえば、友達や仲間、クラスメイト、同じ学校の子どもには暴力をふるってもいいと信じている子どもは、それが悪いことだと信じている子どもに比べて、他者に対してより攻撃的になり、より向社会的ではないと考えられる。同様に、いじめなどの問題行動が頻繁に起こっている（暴力的な仲間が多く、教師の指導があまりうまくいっていない）学級や学校に通っている子どもは、そのような問題行動がほとんど起こっていない学級や学校に通う子どもよりも攻撃行動を容認する傾向にあり、向社会的行動（仲間への援助や思いやり行動）を示さない傾向があると考えられる。つまり、暴力や攻撃行

動を容認している（またはそのような環境に置かれている）子どもは，そうでない子どもと比較して，仲間とトラブルや問題が発生したとき，「攻撃する」「仕返しをする」という選択肢を選びやすく，「相手を傷つけない方法で物事を解決する」ことが期待されにくい。

　これらの見解を実証するため，Huesmann & Guerra（1997）は，貧困地域に住む小学生を対象に規範的信念と攻撃行動との関連を調査する一年間の短期縦断研究を実施した。Huesmannらは，まず規範的攻撃信念尺度（Normative Beliefs About Aggression Scale: NOBAGS; 攻撃行動の容認や報復行動の支持）の小学生版を作成し，その妥当性や信頼性を検証・確認した。そして，その尺度を使って，初期（一年前）の児童の規範的信念が一年後の攻撃行動への規範的信念と実際の攻撃行動にどのように関連しているのかを検証した。その研究の結果として，児童の攻撃行動を容認する規範的信念の平均値が一年前より増加しているということ，初期（一年前）の攻撃行動を統制してもなお，児童が規範的信念として攻撃行動を容認しているということが，一年後の身体的攻撃と強い関連があることが示された。また，Henry et al.（2000）は，縦断研究で教師や仲間の規範的信念（攻撃行動に賛成または反対する姿勢を見せているという信念）が後の子どもの社会的行動にどのように関係しているかを調査した。その結果，仲間の規範的信念（攻撃行動の容認）が子どもの攻撃行動の増加と関係していること，教師の規範的信念（学級レベルでの攻撃行動の否認）が強い学級では，子どもの攻撃行動は減少することが明らかになった（Henry et al., 2000）。これらの研究結果は，自分自身だけではなく親しい他者の規範的信念が後の攻撃行動や反社会的行動を予測する要因であることを示唆している。

　さらに，Guerraらは，環境要因が攻撃行動や攻撃に対する規範的信念に影響するという仮説を検証するため，小学生を対象にした調査を行った（Guerra et al., 2003）。その結果，コミュニティーや近隣で起こる大人のけんかや暴力行為を目撃した子どもは，後により攻撃的になり，攻撃行動を容認する規範的信念を形成しやすいことが明らかになった。また，そのコミュニティーでの暴力行為は，規範的信念を媒介して実際の攻撃行動に影響を与えていることも明らかにされた。これは，暴力行為がさかんに行われている環境というものは，子どもの実際の攻撃行動だけではなく，規範的信念といった認知レベルにも影響を与えることを示唆した結果である。すなわち，こういった頻繁に暴力に曝露される環境にお

いて個人は，Banduraの提唱している観察学習やモデリングにより習得した攻撃行動と同時に，攻撃行動を容認するという認知スキーマを形成することで，よりいっそう攻撃性が高められ，より多くの攻撃行動を行うようになるということである。また，環境－個人の相互作用の観点から考えれば，攻撃的な環境で育ち，攻撃を容認する規範的信念を形成した個人は，平和な環境で育ちながらも攻撃を容認する規範的信念を保持している個人よりも高い攻撃性を示し，より多くの攻撃行動や反社会的行動をとるようになるということも十分にありうるだろう。

　この規範的信念の効果は，異なった形態の攻撃行動（殴る・蹴るなどの身体的攻撃と無視・仲間はずれなどの関係性攻撃）においても研究が行われている。たとえば，Werner & Nixon（2005）は殴る・蹴るなどの攻撃行動を容認する規範的信念は，その後の身体的攻撃の高さを予測するが関係性攻撃とは関連せず，無視・仲間はずれなどの攻撃行動を容認する規範的信念はその後の関係性攻撃の高さを予測するが，身体的攻撃とは関連しないことを明らかにしている。さらに，Werner & Hill（2010）は自身の研究を発展させ，無視・仲間はずれなどの攻撃行動を容認する規範的信念は小学校から中学校への移行期において，関係性攻撃が増加することを予測するが，これは関係性攻撃を容認する規範的信念を共有する仲間集団にいる子どもにとくに顕著にみられることを示した。これらの結果は，子どもは，攻撃行動の形態によって質的に異なった規範的信念を保持していること，規範的信念－攻撃行動の関係は攻撃行動の形態によって細分化されていることを示している。また，子どもの関係性攻撃に関する規範的信念は関係性攻撃の増加と関係し，その影響は関係性攻撃を容認する仲間集団で遊んでいる子どもにとくに強くみられることを示唆している。つまり，子どもは仲間の攻撃行動を観察学習やモデリングから学び，スクリプトという認知スキーマに取り込む。そして，攻撃行動を容認する規範的信念を強固にすることにより，攻撃行動を高める傾向があるといえる。総じて，攻撃行動の形態別に個人の規範的信念が身体的攻撃・関係性攻撃の習得および発達の程度を左右することを示しており，今後，この規範的信念の観点を，攻撃行動に関する介入・予防プログラムに組み込むことによる社会的貢献が期待される。

第5節　Crick & Dodge の社会的情報処理モデル

　先行研究では，殴る，蹴るなどの身体的な攻撃を行う個人は，その仲間集団や家族，学校などの社会的環境において不適応の状態にあるといわれている（Coie & Dodge, 1998; Parker et al., 2006）。この不適応にいたるプロセスは，攻撃行動をする個人の認知過程のゆがみという観点で議論されることが多い。具体的には，頻繁に攻撃行動をとる個人は，他人との相互関係の中から引き出される情報を正確に，適切に，向社会的に処理する能力に欠けているといわれている（「社会的情報処理モデル；social information processing model」；Crick & Dodge, 1994; 詳細は第1章と第5章を参照）。この社会的情報処理モデルによると，攻撃行動や向社会的行動などの社会的行動は，外部から得た情報の認知，解釈とそれに応じた行動の意志決定プロセスを含む一連の認知的ステップを通して実行される。つまり，社会的な情報は，その場面に応じた最適な行動を決定するために，長期にわたって保存された経験や考え，記憶の集合体で形成された潜在的データベースを基にして，"オンライン"で処理されることになる。攻撃行動などの問題行動が選択されるということは，この社会的情報処理のプロセスでなんらかのエラーやバイアスが生じ，その状況や場面で得られた情報が適切に処理されずに，誤った方向での意思決定が行われたため，それに応じた（反社会的な）行動が表出されていることになる。これは，認知のゆがみによって生じた反社会的行動であると考えられる。

　この社会的情報処理モデルにおける認知のゆがみと攻撃行動との関係は，過去の多くの研究で実証されている。たとえば，怒りの表出として身体的攻撃をよく使う子どもは，そうでない子どもと比較して，道具的な仲間の挑発場面（物理的な危害を仲間から加えられる挑発場面：たとえば，相手の肩が自分の体に軽くぶつかったため，持っていたジュースが自分の服にこぼれてしまったが，相手の意図や理由があいまいな場面）でより高い敵意帰属バイアスを示すことが明らかにされている（De Castro et al., 2002; Dodge, 2006）。つまり，攻撃性の高い子どもは仲間の自分に対する敵意に関する判断がうまくできず，仲間のあいまいな行動を「自分が他者に意図的に攻撃されている」と解釈する傾向にあり，その解釈によってより攻撃的（より反社会的）な方法で相手の行動に反応するといえる。攻撃性の高い子どもは，これらのゆがんだ認知プロセスや問題行動によって協調的

な仲間関係や親密な友人関係を保つことができず，学級内の高い社会的地位を得ることも困難であると考えられる。これまでの研究でも，身体的な攻撃性の高さは，仲間からの拒否や親密な友人関係の欠如，攻撃性の高い仲間関係やそのような仲間グループへの積極的な参加など，さまざまな仲間関係の問題と関連があることが示されている（Card et al., 2008; Dishion & Tipsord, 2011; Ladd, 1999; Parker et al., 2006)。

身体的攻撃と同様に，関係性攻撃をする子どもも仲間集団における不適応を起こす傾向があることが明らかにされている（たとえば，Crick et al., 2007; Crick & Zahn-Waxler, 2003; Kawabata et al., 2010; Kawabata et al., 2012; Murray-Close et al., 2007)。これは，関係性攻撃をする子どもは社会的認知能力や仲間と友好的な関係を築く能力などの社会的コンピテンスが欠けているという見解を裏付けるものである。Crick（1995）は身体的攻撃の効果を統制した上で，関係性に特化した仲間挑発場面（たとえば，学校で友達に挨拶をしたが返事をしてもらえなかったり，休憩中に遊びグループに入れてもらえなかったりしたが，相手の意図や理由があいまいな場面）での敵意帰属バイアスが関係性攻撃の高さと関連することを指摘している。さらに，Crick らは攻撃行動のタイプと各仲間挑発場面との関連について検討している（Crick et al., 2002)。その結果，身体的攻撃は道具的な仲間の挑発場面（たとえば，給食時に友達が自分の机にぶつかり，飲んでいた牛乳がこぼれてしまい大切な服が汚れてしまったが，相手の意図があいまいな場面）に，関係性攻撃は関係的な仲間の挑発場面（上記の例を参照）において高い敵意帰属バイアスを見せることが示された。これらの研究結果は，攻撃行動は全体として高い敵意帰属バイアスと関連しているが，その関連のしかたは攻撃行動の形態とそれを喚起させる挑発場面によって細分化されていることを示唆している。

これまでは，認知のプロセスの誤作動によって発生する敵意帰属バイアスが攻撃行動を生起させる可能性について議論してきたが，Crick & Dodge（1994）は，社会的情報処理モデルで，認知のプロセスとともに感情のプロセス（怒りや挫折感・悲しみなどの否定的な感情）も重要な役割を果たすことを提示している。具体的には，認知のゆがみとそれにともなう否定的な感情がそれぞれ独立して，または相互的に影響しあいながら，攻撃行動の発達・維持に関係していると主張している。この見解を検証するために，Crick（1995）は，小学校高学年生

を対象にした攻撃行動と敵意帰属バイアスまたは感情との関係を調査する研究を行った。その結果，攻撃行動の高い子どもは攻撃行動の低い子どもと比較して，より高い敵意帰属バイアスと怒りや憎しみなどの不快感情を表出することが明らかになった。また，Mathieson et al.（2011）の研究では，敵意帰属バイアスと関係性攻撃の関係は，感情ストレス（怒りや憎しみ）によって調整されること，つまり敵意帰属バイアスが関係性攻撃を予測するのは感情ストレスが高い場合に限ることが示された。別の研究では，攻撃的な子どもはそうでない子どもよりも，仲間に対する攻撃を肯定・容認する傾向が高いこと，敵意帰属バイアスや怒り・報復の感情が高く，感情制御の能力が低いことが明らかにされている（Camodeca & Goossens, 2005; De Castro et al., 2005）。これらの研究結果から，攻撃性の高い子どもは，認知機能だけではなく感情の発達にも問題があることが想定できる。また，認知のゆがみと感情のプロセスはそれぞれ独立しているのではなく，むしろ相互に作用しあって攻撃性を高めているとも考えられる。総じて，敵意帰属バイアスが高い子どもは，怒り感情や衝動性を抑えることができず，感情をうまくコントロールすることができないため，怒りの表出方法として即座に攻撃的な方法を選ぶ傾向が強くなると考えられる。

　Ostrov & Godleski（2010）は Crick & Dodge の社会的情報処理モデルを発展させ，モデルの中核を担う，過去の経験をもとにつくられた規範やスキーマの集合体であるデータベースには別の認知機能である自己観も含まれることを提唱している。具体的には，その自己観（親子関係や仲間関係といった他者と自己との関係性において自己をどのようにとらえているかの概念）が社会的情報処理モデルで提唱されている外的刺激の認識や反応・行動決定に影響すると説明している。とくに，相互協調的自己観（自己と他者との関係性が親密であると考える傾向）が高い者においては，関係性に特化した仲間挑発場面（上記の例を参照）での敵意帰属バイアスと関係性攻撃との間に正の関連があると想定している。この結果の解釈として，相互協調的自己観の高い者は，自己を評価するときに親やきょうだいといった家族や親友・仲間など自分にとって大切な人を思い浮かべる傾向にある。こういったタイプの人は親密な他者に傷つけられた，裏切られたと感じたとき，強い怒りや悲しみを表出し，それが関係性攻撃につながる可能性も考えられる。この社会的情報処理・自己観から攻撃行動へのプロセスを調査した研究はまだないが，攻撃行動の被害と自己観との関係を報告した研究がある。

Kawabata et al.（2014）によると，関係性攻撃被害と抑うつの関係は相互協調的自己観によって調整されるとある。具体的には，関係性攻撃をする自己観の高い子どもは，関係性攻撃をする自己観の低い子どもよりも抑うつを高く表出することが示されている。同様に，関係性攻撃と適応問題（敵意帰属バイアスや怒り・抑うつの表出）との関係は相互協調的自己観の高い子どもに，身体的攻撃と適応問題との関係は相互独立的自己観（他者との関係性と自己を切り離して考える傾向）に，より顕著に現れるという見解もある（Kawabata et al., 2014）。これらの研究結果や見解は，自己観は攻撃行動やその被害の認知プロセス，適応問題に深くかかわっていることを示唆している。攻撃行動・社会的情報処理モデルと自己観の研究はまだ始まったばかりであり，これからの新しい研究分野であるといえる。

　攻撃行動や認知のゆがみ，またはそれらの関係をタイプ別に検討する場合，男女差が存在する可能性について考慮することは重要である。Crick & Grotpeter（1995）は，小学校4年生から6年生を対象に横断研究を行い，子どもたちの攻撃行動の実態とその男女差について調査した。因子分析の結果，攻撃行動は大きく2種類（身体的攻撃と関係性攻撃）に分類された。なお，各因子には男女差が認められ，身体的攻撃は男子の方が女子よりも高く，関係性攻撃は女子の方が男子よりも高いという結果が得られた。これは女子の方が男子よりも友人関係を重視するため，友人関係を操作するような攻撃行動には敏感であり傷つきやすい（Rose & Rudolph, 2006）ために，女子の方が関係性攻撃を仕掛けやすく，また相手にダメージを与えやすいという見解と一致する（Crick et al., 1996; Murray-Close et al., 2006）。これらの研究と並行して，いくつかの研究では攻撃行動と認知のゆがみに関する男女差が明らかにされている。Crick（1995）では，女子は男子よりも友人との関係性に特化した挑発場面における敵意帰属バイアスが高いという結果が示されており，このことが女子の関係性攻撃が高く表出される理由であると考察されている。これらの研究結果は，男子と比べて女子の方が，嫌な相手を傷つけるためには殴ったり蹴ったりする身体的攻撃よりも，無視や仲間はずれといった関係性攻撃の方が効果的であると考えていることを示唆している。さらに，女子の方が男子よりも友人との関係性を重視していると仮定すると，女子は相手の意図がはっきり見えない関係性に特化した仲間挑発場面を相手の悪意ととらえる傾向が強く，関係性攻撃を受けたときの心理的社会的な適応問題への

影響が大きいと考えられる。

　このように，過去の文献では，関係性攻撃の高い子どもは敵意帰属バイアスなどの認知のゆがみを発達させるため，対人関係には不適応を生じさせるという見解が一般的である。しかし，比較的最近の文献では必ずしもそうではなく，むしろ環境に適応しているのではないかという指摘がされている。たとえば，Heilbron & Prinstein（2008）は，関係性攻撃を仕掛ける子どもは敵意帰属バイアスなどの認知のゆがみをもっている場合もあるが，別の認知領域ではそのレベルは比較的高く，物事の結果を予知しうまく対応する能力を備えていることを示している。つまり，こうした子どもは，関係性攻撃をすることによって周囲の人たちの評価が悪くなる場合には，自分へのダメージが大きくなるまたはそのダメージを最小限に抑える必要性が生じるため，相手と状況によって態度を変える（すなわち，攻撃行動と向社会的行動を使い分ける）。彼らはこうしたことができるだけの認知的能力をもっているのではないかという見解がある。これは，関係性攻撃が高い子どもは学級においての社会的地位（好感度や人気度）や友人関係の親密度が高いという研究結果と一致している（Grotpeter & Crick, 1996; Rose et al., 2004）。言い換えれば，関係性攻撃が高い子どもたちはうまく仲間関係を操作・コントロールすれば自分の仲間関係を強固・拡張し，結果的により多くの仲間から高評価を得られるということを知っているのかもしれない。一方で，身体的攻撃は典型的な認知のゆがみや社会的地位の低さと関係しているという結果も出ており，関係性攻撃や身体的攻撃といった攻撃行動の形態によって，それを行うための認知のプロセスや結果が異なる可能性があることも示されている（Heilbron & Prinstein, 2008）。ただし，これらの見解は関係性攻撃と認知のゆがみの関係を否定するものではなく，むしろ関係性攻撃には複雑な認知のプロセスがあることを示唆している。また，関係性攻撃の高い子どもは，一見は仲間や友達とうまく付き合っているように見えるので，周りの大人にはその潜在的な問題（認知のゆがみや適応問題）を見抜くことがむずかしい。攻撃行動と認知機能の関係をより深く理解するためには，より細分化した（攻撃行動と認知のゆがみを形態別に見た）研究が必要であると考えられる。

　これまでに多くの研究が，敵意帰属バイアスが攻撃行動の原因になることを証明しているが，その敵意帰属バイアスがどのように形成されるのかについての研究はあまり行われていない。先行研究ではいくつかの環境要因が提示されてお

り，その一つに家庭環境があげられる。Nelson et al.（2008）は，社会的情報処理モデルで説明される敵意帰属バイアスと家族や親の認知機能の関係に着目し，親の認知のゆがみが子どもの敵意帰属バイアスと正の相関関係があることを報告している。また，親の養育行動（権威主義的な養育行動や心理的コントロール）や身体的虐待が子どもの攻撃行動だけでなく，敵意帰属バイアスの発達に影響していることも示されている（Dodge et al., 1990; Nelson & Coyne, 2009）。たとえば，子どもが何か問題を起こしたとき，親が怒鳴りつけたり叩いたりするような養育行動を続けていると，その子どもは身体的攻撃行動を親の行動を「観察」することから学習し，他者に対する敵意や仕返しをしたいという欲求（報復的な願望）を内面化させてしまう可能性がある。同じように，親に無視されたり，親子の関係性を操作されたりすることによって親に従わせる（「言うことを聞かないと，家から追い出すよ」）というような養育行動は，他者に対する敵意（または敵意帰属バイアス）や報復願望を生み出し，それを媒介して，子どもの関係性攻撃を助長させるという見解もある（Kawabata et al., 2011）。

家族関係だけではなく，学校や教室で形成される仲間関係も攻撃行動や敵意帰属バイアスの発達に影響することが明らかになっている。Dodge et al.（2003）は小学生を対象にした4年間の長期縦断研究で，仲間からの拒否（仲間から嫌われている傾向）がどのように認知のゆがみや攻撃行動に影響するのかを調べる研究を行った。その結果は，仲間からの拒否が4年後の（身体的）攻撃行動を予測し，その関係は敵意帰属バイアスによって媒介されていることを示した。つまり，仲間からの拒否が3年後の敵意帰属バイアスと関係し，そのバイアスが一年後の攻撃行動を予測したのである。さらに，Lansford et al.（2011）は，幼稚園から小学校3年生までの長期縦断研究で，仲間からの拒否が敵意帰属バイアスと攻撃行動を予測し，その両方が後の仲間からの拒否を予測することを明らかにした。これらの研究結果は，仲間関係と認知のゆがみは相互関係にあること，つまり，否定的な仲間関係は敵意帰属バイアスを発達させる一つの環境要因であるが，敵意帰属バイアスが仲間関係を悪化させるという逆のパターンも存在することを示唆している。

さらに，ここ最近の研究では，攻撃を受けたという被害経験が敵意帰属バイアスを増加させるという見解が注目を浴びている。そのメカニズムの一つとしては，攻撃の被害経験はそれ自体が否定的な社会環境といえるものであり，そう

いった社会環境の中では仲間との関係を否定的に考えるようになるため，仲間とのあいまいな挑発場面で敵意や敵意帰属バイアスを示すことになるというものがある。このメカニズムについては，いじめの被害経験が道具的な仲間挑発場面を媒介して身体的攻撃を高めるという研究結果によって裏付けられている（Ostrov, 2008）。すなわち，身体的な攻撃被害の経験が敵意帰属バイアスの増加を予測し，それがより高い身体的攻撃を予測したということである。同様に，関係性攻撃被害の経験は，関係性においての仲間挑発場面での敵意帰属バイアスに関係しており（Kawabata et al., 2013），それが後の関係性攻撃につながっていることも示されている（Yeung & Leadbeater, 2007）。総じて，家族関係や仲間関係は敵意帰属バイアスの発生に重要な要因であり，これらのリスク要因を減らすことがその後の攻撃性や攻撃行動の抑制につながると考えられる。

第6節 Dodge の Biopsychosocial モデル

先行研究によると，攻撃行動や反社会的行動には遺伝と環境要因の両方が影響していると言われている。たとえば，身体的攻撃の場合は遺伝の影響が強く，その割合が49〜63％に相当し，その残りの割合が家族関係や仲間グループなどの環境要因の影響であるということが明らかになっている（Tackett et al., 2009）。また，関係性攻撃と身体的攻撃の両方を調べた研究では，身体的攻撃は遺伝と環境の要素が強いが，関係性攻撃に関しては遺伝よりも仲間の攻撃性などの環境要因の影響を最も受けることが示されている（Brendgen et al., 2005）。これらの結果は，身体的攻撃はより遺伝的要因に，関係性攻撃はより環境的要因によって左右されることを示唆している。さらに，各攻撃行動と認知のゆがみには正の関係があることを明らかにしたメタ分析の結果を考慮すると（De Castro et al., 2002），それぞれの攻撃行動に対する認知のゆがみ（とくに敵意帰属バイアス）も遺伝と環境の影響を受けていることが想定できる。

これらの見解を反映して，Dodge & Pettit（2003）は，従来の認知のゆがみと攻撃行動との関係を説明するモデルに遺伝的・生物学的素質（biological predispositions）と生まれてからの環境の両方を含む Biopsychosocial モデルを提唱している。このモデルでは，遺伝的要因や生物学的要因は攻撃行動や反社会的行動と関連があるが，その関連には親子関係や仲間関係および認知構造の発達

が媒介する。さらに，その発達過程においては，過去と現在の経済・文化的背景がこれらの媒介要因と相互に影響することも提示されている。すなわち，生まれる前の要因が生まれた後の環境や人間関係（親子関係や仲間関係）の構築に影響し，それらが敵意帰属バイアスなどの認知のゆがみの形成に影響を与え，最終的に攻撃行動や反社会的行動の発達に大きく影響するという。たとえば，攻撃性を高める遺伝子を親から受け継いだ子どもは，そうでない子どもよりも，後に高い攻撃行動を示す傾向があるだろう。しかし，その発達過程においては，たとえば権威主義的な養育行動や攻撃行動を容認する仲間グループといった要因が認知のゆがみを発生させ，それが後の攻撃行動につながっていく可能性についても考慮するべきである。また，このような発達の流れは暴力や攻撃行動の多い地域や文化でより強く現れるかもしれない。遺伝的な要素を含んだ攻撃行動や認知のゆがみの予測モデルは，このDodgeモデルが最初であり，これからの研究でこのモデルの実用性を検証していくことが期待される。

第7節　終わりに

　この章では，認知のゆがみと攻撃行動に関する理論をレビューし，認知のゆがみが人間の問題行動を発生させる要因であること，また，そこには遺伝とさまざまな環境要因が関連しているという理論モデルを提示した。そして，認知のゆがみが攻撃行動を予測し，親の養育活動や仲間グループなどの環境要因が，認知のゆがみの変化と関係しているという実証的な研究について紹介した。Banduraの社会的学習理論から社会的認知理論への発展に反映されるように，多くの研究者が攻撃行動における認知構造が果たす役割の重要性を唱えている。さらに，DodgeのBiopsychosocialモデルに代表されるように，近年の研究は遺伝と家族や仲間などの比較的近いミクロな環境と経済・文化などを含む比較的広いマクロな環境が，認知のゆがみなどの認知構造の発達や攻撃行動に影響することを提案している。これらの理論や実証的な研究結果から，攻撃行動や非行などの問題行動を減らすためには，認知のゆがみなどの認知構造の改善に併せて，それに関係するリスク要因を取り除き，防御要因を増やすことが先決であると考えられる。同時に，これらの発達過程を考慮した予防対策をすることが将来の課題であるといえる。

第3章

認知のゆがみの脳科学的基盤と
凶悪犯事例との関連

第1節　脳機能障害が疑われる凶悪犯の事例

　大阪教育大学附属池田小学校事件の宅間守死刑囚の死刑が執行され（2004年9月），はや10年が経とうとしている。大阪地裁が言い渡した判決の要旨全文の「人格・性格の傾向」の中に以下の記載がある。

> （捜査段階での）鑑定及び（公判段階での）鑑定等の関係証拠によれば，被告は，妄想性，非社会性及び情緒不安定性（衝動型）の複合的人格障害者ないしは他者に対して冷淡，残忍，冷酷な情性欠如を中核とする人格障害者であって，しかも，他罰性，自己中心性，攻撃性，衝動性が顕著で，その人格障害の程度（人格の偏りの程度）は非常に大きいと認められるところであるが，その人格障害は，<u>仮に被告の脳に心理的発達障害の素因となるべき器質的機能異常が存したとしても，それ自体を精神疾患とはいい難く</u>，また，被告が統合失調症等の精神疾患に罹患（りかん）していないことも認められるのであるから，このような人格の偏りがなんらかの疾患を原因とするものではないことも明らかである。そうすると，被告に認められる人格傾向の著しい偏りそれ自体は，責任能力に直ちに影響を及ぼすものではないといわなければならない。

　下線部には宅間死刑囚の脳に器質的機能異常が存在していたことが述べられているが，これは精神鑑定に携わった岡江晃氏の著書「宅間守精神鑑定書　精神医療と刑事司法のはざまで」によると，脳 MRI が施行され，中脳左外側部に5×10ミリの星細胞腫が発見されたことや，他の検査（ウィスコンシン・カード・ソーティング・テスト[*1]，脳 SPECT（脳血流断層撮影）など）で前頭葉機能の低下が指摘されたことによると考えられる。同著書の中で岡江氏は，前頭葉機能の実行機能の一部である「変化する環境のもとで認知的戦略を変化させていく能

力」における障害の可能性を記載した上で，鑑定主文にて星細胞腫による精神症状への影響は否定しているものの，「前頭葉に何からかの障害がある可能性を示唆する所見はある。人格や精神症状との関連については，今後の精神医学的研究に期待したい」と述べている。一方，判決文では犯行と精神疾患との関連性は否定している。

★1　ウィスコンシン・カード・ソーティング・テスト　　前頭葉機能の1つである実行機能を測る検査で，おもに思考の柔軟さをみる。

　今からさかのぼること48年前の1966年，米国テキサス大学の塔の上から銃を乱射して17人を射殺し負傷者32人を出した凶悪殺傷事件があった。容疑者は当時25歳のチャールズ・ホイットマン。事件の前日に手紙をタイプしているが，そこには，恐怖と暴力的衝動（violent impulses）に苛まれていたこと，激しい頭痛（tremendous headaches）に悩まされていたこと，自分の死後，遺体を解剖して何か身体的な疾患がないか調べてほしいこと等が記されていた。遺体の解剖の結果，脳の深部に胡桃大の悪性腫瘍が発見された。それによって暴力的衝動を抑制する能力が阻害されていた可能性が浮かび上がった。現在でも議論がわかれるものの，脳腫瘍が暴力的衝動行為をもたらした可能性のある一事件である。ここで宅間守死刑囚にも脳腫瘍が認められたことは注目に値する。

　脳機能，とくに前頭葉の機能低下が引き起こす反社会的行動との関連性を考える上でフィニアス・ゲイジ（Phineas P. Gage, 1823-1860）の症例は避けて通れない。鉄道敷設の現場監督をしていたフィニアス・ゲイジ（当時25歳）は働きもので人望のある人物であった。しかし1848年9月のある日，火薬の不意の爆発事故で吹き飛ばされた鉄棒がゲイジの前頭葉を貫通した。片方の眼球は損傷したものの幸い怪我は快復し10週間程度の入院治療で退院でき，事故からおよそ12年間生きながらえることができた。しかし，人格は一変し気まぐれで，礼儀知らずで，ときには冒涜的な言葉を口にし，同僚にもほとんど敬意を示さなくなったという。また欲望に対する抑制もできず，しつこいほどに頑固で，将来の計画もできなくなった。そして友人や知り合いは彼のことを「ゲイジはもはやゲイジではない」と評した。Damasio et al.（1994）は，保管されているゲイジの頭蓋骨と標準的な人の脳MRI画像を重ね合わせ，左右の前頭前皮質の損傷とそれが引き起こす合理的意思決定や感情の過程に障害をもたらす可能性があったことを報告

した。

　近年の症例ではEVR症例が有名である。EVRとよばれる男性は前頭葉眼窩面の髄膜腫の手術によって同部位と前頭前野内側皮質に障害を負い，その結果，著しい行動変容が生じた。手術前には商社に勤務し社会的地位も高く家庭円満であったが，術後，離婚をくり返したり，危険なビジネスに手を出し破産するなど，実生活において重篤な社会行動障害を呈した。一方で知能や記憶力の低下はみられなかった。このような社会行動と認知検査結果との乖離は前頭葉障害の特徴の1つと考えられている。

　およそ150人もの殺人犯と面接した米国ジョージタウン大学医学部教授Pincus, J. H.（2002）はその著書『*Base Instincts: What Makes Killers Kill?*（日本語翻訳名：脳が殺す―連続殺人犯：前頭葉の"秘密"―）』の中で，殺人犯の神経学的損傷が疑われる具体的症例を多数挙げている。6歳の継娘に対する性的虐待を行ってきたルイス・カルペッパーは淫行を始める数週間前に交通事故に遭い，左右前頭葉に障害を負った。みずからも受けていた性的虐待に起因する小児への性的虐待欲求の衝動が，前頭葉障害によって抑制機能が失われることで淫行につながったとPincusは推測している。また中学1年の女子シンシアが同じ学校に通う中学2年の女子モナを通学バスの中でナイフで刺殺した事件では，シンシアに小頭症の他，舞踏病様運動や協調運動の障害がみられ神経学的損傷が示唆された。さらに妊娠7か月の妊婦の誘拐・強姦・殺人と警官殺害で死刑判決を受けたボビー・ムーアの症例では運動性言語障害，左半身の協調運動障害，不連続的かつ不規則な眼球運動を認め，前頭葉の障害に起因した欲望や本能に対する抑制の欠如が原因だと述べている。その他にも自動車事故により外傷性神経学的損傷を負い，通常，脳・脊髄損傷がある際のみにみられるバビンスキー反射や口とがらせ反射，不連続な眼球運動，ウィスコンシン・カード・ソーティング・テストやトレイル・メイキング・テスト★2などの実行機能検査の異常所見，連続遂行課題★3や脳波検査での異常所見，脳MRI検査による外傷性前頭葉病変の所見などから前頭葉の機能障害が疑われた殺人犯ダーク・ドノヴァンの例や，6人の売春婦を殺害し足を切り落としたホイットニー・ポストに脳SPECTや神経心理学的検査，神経学的検査から前頭葉の異常が見つかった例などを挙げている。

★2　トレイル・メイキング・テスト　　数字が1から25まで順番に結ぶ課題（Part A）と，数字とひらがなが「1→あ→2→い→3→う…」のように交互に結ぶ課題（Part B）からなる。注

意の持続と選択などを調べる前頭葉機能検査で，とくに Part B は注意の変換が必要とされる。
★3　連続遂行課題　　注意力・集中力を測る検査で，たとえばさまざまなひらがなが並んだ文字列の中からある特定のひらがな（たとえば「お」）だけをマークをする。

　Pincus は脳の「神経学的な損傷」「被虐待体験」「精神疾患」の 3 要因が揃った場合，犯罪に結びつくリスクが高いことを警告しており，脳機能障害（とくに前頭葉障害）だけで犯罪に結びつくとは述べていない。しかし Pincus はみずから行った殺人犯の検査において大多数に前頭葉の神経学的損傷が疑われる形跡があるとし，殺人者の脳形態や脳機能の異常に，強く注目している。
　また殺人者の脳 PET（SPECT と同様の脳血流断層撮影）を行い，脳血流量を調査した米国の Raine et al.（1997）によると，殺人者の前頭葉機能が低下（とくに前頭前皮質，それに隣接する上部頭頂回，左縁回，脳梁）していること，また扁桃体，視床，内側側頭葉において左半球の機能低下がみられたことを報告した。米国ではこれらの脳機能の異常所見が責任能力の減免の根拠となることもあり得るのである。
　国内に目を向けると，1968年におきた永山事件がある。これは当時19歳の少年，永山則夫が横須賀の米国海軍基地から盗んだ拳銃で 4 人を射殺し一審で死刑，高裁で無期，差し戻し高裁と最高裁判決で死刑判決となった事件で，永山基準とよばれる死刑適用基準に大きな影響を与えた事件でもある。永山死刑囚の育った家庭環境の劣悪さもさることながら，脳波検査では右後頭部に脳の脆弱さを示す左右差や，前頭葉機能の未熟性を示す徐波がみられていた。福島（2005）は精神鑑定で行った殺人犯48例の脳 MRI や脳 CT 検査などの画像診断の結果をまとめたが，半数の24名に脳の質的異常や量的異常などの異常所見を確認した。さらに被害者が 2 人以上の大量殺人に限っては62％に異常所見を認めたという。
　筆者がこれまで行った殺人事件や強盗致傷事件の司法精神鑑定の中でも，一例で，脳 CT スキャン検査にて著明な前頭側頭葉の萎縮と，脳波検査にて前頭葉の異常波が認められ，知的機能の低下や保続，脱抑制などの脳機能障害がみられたため刑事責任が問われず心神喪失者等医療観察法による処遇となった事例があった。しかし日本では脳機能障害が裁判の焦点となる事例は，まだまだ少ないのが現状である。当然，たとえ脳機能の異常があったにせよ事件の重大性からは慎重な議論が必要ではあるが，今後日本においても近年の著しい脳科学の進歩に応じて，責任能力の評価について再度議論する必要性も出てくるであろう。

第2節　認知のゆがみを引き起こす脳機能について：前頭葉機能を中心に

1．前頭葉機能の概説

　脳に障害があれば犯罪に結びつくか，あるいは犯罪と深く関連する特定の脳領域があるかといった問題は，まだ未解明である。その証拠は，認知症や脳梗塞等で後天的に脳領域に病変が生じることで，犯罪を確実に引き起こすような脳の部位がこれまで同定されていないことにある。ただ一連の研究から前頭葉の機能低下と反社会的行動との関係が示唆されている（たとえばCritchley et al., 2000; Schneider et al., 2000など）。反社会的行動との関連を理解するにあたり，前頭葉（とくに前頭前野）の機能を概説する。

　人の大脳の約3割を占める前頭葉は古くから「精神の座」といわれてきた。実行機能や注意，ワーキングメモリといったさまざまな認知機能の他に，社会脳とよばれるような共感や内省の力といった「その人の個性」が，細分化された特定の前頭葉領域と深く関連していることが最近の脳画像研究によって知ることができるようになった。前頭葉の障害はそういった「その人の個性」を変化させ別人格を生み出し，時には反社会的行動につながることもある。犯罪を脳機能のゆがみによる認知障害としてとらえる「犯罪神経心理学」というべき領域が今後ますます重要となってくるであろう。

　前頭葉は手足を動かす運動野を除いて，大きく眼窩（前頭葉眼窩皮質），内側（前頭前野内側皮質），外側（腹外側前頭前野皮質，背外側前頭前野皮質），前頭極，前部帯状回皮質に分けられる（図3-1）。中心溝が頭頂葉との境になっている。前頭葉眼窩皮質は社会脳ともよばれ，人によって個人差の大きい部位であり個性や気質に関係している可能性がある。おもに報酬系や情動の他，抑制機能を司っている。このため眼窩皮質の障害では，抑制が外れた異常な衝動性や攻撃性，社会適応性の低下，共感，内省力の低下などが生じることがわかっている。一方で知能指数など全般的認知機能の低下は比較的少ない。

　前頭前野内側皮質は，自己の行動に対するモニター・フィードバック・行動調整といった認知的コントロール，さまざまな事象に対する自己との関連づけ機能（自己参照処理），心の理論などと深く関係しているとされる。

　腹外側前頭前野皮質は発話，実行機能，ワーキングメモリ，ミラーニューロン，感情統制など多様な機能にかかわっている。背外側前頭前野皮質も腹外側と

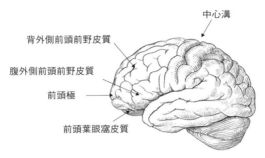

(a) 脳を外からみたところ

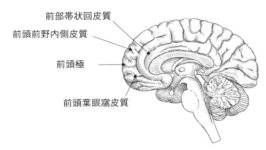

(b) 脳の矢状面（真ん中で切った断面）

◐図3-1　前頭葉の各領域

同様，実行機能やワーキングメモリに関与するともに，注意の持続・集中に果たす役割が明らかになっている。この他，前頭極はメタ認知，前部帯状回皮質は情動抑制，心理的な痛み，気分の調整に特徴的である。近年，前部帯状回皮質の活動レベルが低いと，再犯し逮捕される可能性が高くなるという報告がなされた（Aharoni et al., 2013）。釈放前の囚人男性96人を対象に機能的核磁気共鳴画像法（fMRI）を用い，前部帯状回皮質の活動レベルについて分析し，そして釈放後4年間，彼らの行動が追跡調査された。その結果，前部帯状回皮質の活動レベルが半分以下であった者の再犯率はそうでない者に比べ2.6倍高く，さらに暴力以外の犯罪での再犯率は4.3倍高かったという。

　大雑把に分けると前頭前野皮質の外側が理性的な機能，内側が感情的な機能を担っているといえる。しかし，これらの脳領域はそれぞれの脳領域で共通した機能の密な関係性がみられることから，それぞれが独立して機能しているのではな

く,お互いがネットワークで結ばれており,さらに階層性があることも想定されている。とくに実行機能については程度の差があるものの,前頭前野のほとんどの脳領域が関与しているといえる。

2．実行機能障害と反社会的行動

実行機能（executive functions）は,思考の柔軟性,注意・集中力の持続,プランニング,推論,ワーキングメモリ,反応抑制等を含み,人の営みの中で大きな役割を果たすものとして提唱されている。目的をもった一連の活動を有効に成し遂げるために必要な機能であり,日常生活を円滑に進めるために,計画を立て,問題をうまく解決していくことと関連する。

実行機能についてはLezak（1995）が最初に明確に定義したとされ,これまで実行機能の心理学的構造としていくつかのモデルが提唱されている。Lezakによると,目的をもった一連の活動を有効に行うための機能であり,①目標の設定,②計画の立案,③目標に向かって計画を実行する,④効果的に行動を実行する,の4つの要素からなるとされる。④は自己行動へのフィードバック機能が含まれている。Sohlberg & Mateer（2001）は実行機能のモデルを階層的に第3水準まで述べている。それによると第1水準は感覚知覚情報によって行動が生じる自動的な行動であり,第2水準は実行的統制で,第1水準に基づき適切な行動を方向づけるもの,第3水準は自己内省（self-reflectiveness）であり,進行状況をモニタリングするものである。これらの1つの段階でもうまく機能しなければ実行機能に問題が生じ社会生活はうまく進まなくなる。その1つが反社会的行動といえる。たとえばLezakのモデルにおいて,①で「お金を手に入れる」という目標を設定したとしても,②で「仕事を探してみる」の代わりに「強盗を企てる」といった計画を立案すれば反社会的行動に結びつくのである。

外傷や病変により前頭葉に障害が生じたケースで実行機能に重篤な欠陥が発生した報告が数多くあるように,反社会的行動をとる人々は実行機能に障害があるという既往研究は数多く存在する（たとえばMoffitt, 1993; Morgan & Lilienfeld., 2000）。とくに前頭葉眼窩皮質に関連する抑制機能の検査（Go/No-Go課題[4]）と前頭前野内側皮質に関与する報酬系の検査で,反社会的行動を呈する人たちは成績が悪いことが報告されている（Bechara et al., 1994; Horn et al., 2003）。ゲイジの例でも後の検証で前頭葉眼窩皮質を中心に腹内側前頭前野の一部,前部帯状

回に損傷があったとされ，まさに実行機能を担う神経ネットワークの障害であったといえる。

★4　反応抑制をみる検査。被検者は，条件に応じて適切な反応を行う（Go反応），反応を行わない（No Go反応）の選択をする。たとえば，検査者が1回音を鳴らしたときは，被検者は手をあげる（Go反応）が，2回のときは手をあげない（No Go反応）などである。

　10～12歳の少年198人に実行機能検査を行い，2年後に反社会的行動との関係を調査した報告（Giancola et al., 1996）によると，経済状況，言語性IQ，薬物乱用の有無などの影響を差し引いても，実行機能検査の成績の低さは，母親や教師が評価する攻撃性の高さや非行の程度，検査者が行う攻撃性尺度と有意な関連性があることを示した。これは14～18歳の女子283名でも同様の結果となった（Giancola et al., 1998）。

　しかしここで注意すべきは，実行機能検査の成績の悪さが直接実行機能の障害を表すのではないことである。実行機能は，知覚，言語，記憶，運動などより下位の認知機能に依存しており，それらを統合・制御することでその機能を果たしているため，下位の認知機能に障害がみられれば実行機能障害を生じ，見かけ上は前頭葉機能障害と同じ症状を呈してしまうのである。つまり要素的な下位の認知機能障害によっても反社会的行動が生起される可能性も考えられるのである。たとえば，知覚認知の障害は相手に意図がないのに本人にとっては「バカにされた」，「睨んできた」といった被害感や妄想につながり，時には暴力行為にいたることもあるのである。

3．側頭葉機能障害

　側頭葉機能の障害により，臭覚や味覚，聴覚，平衡覚などの感覚障害，言語障害，視覚系の統合障害，記憶障害，時間認知障害，ある種の情動の障害，社会行動面の障害，覚醒機能の障害等がみられるとされるが，それぞれの障害について個々の神経機能との関連はまだ解明されていない。しかし，側頭葉てんかんを対象とした神経心理学的研究から，てんかん原性の中心が情動に深く関係するとされる扁桃体領域に存在することから側頭葉の障害と情動の障害には関連がみられる。

　側頭葉てんかんと性格変化については多く報告されている。それらは粘着，迂遠，不機嫌状態，攻撃性，爆発性などであり，被害妄想などもみられる。

Serafetinides（1965）の報告によると側頭葉てんかんの外科手術を100例行ったが，そのうち38例が術前から攻撃性があったという。それらのうち術後にてんかん発作が改善されたケースでのみ攻撃性が改善された。これらから，側頭葉てんかんによって扁桃体を中心とする情動回路に異常な発作放電を起こし，それが怒りなどの反応を起こしやすくするという報告がなされている（Geschwind, 1979）。扁桃体の障害も反社会的行為に結び付く可能性がある。これについては次節のサイコパス発症の仮説にて述べる。

4．性犯罪者の脳機能

性犯罪者の脳機能や認知機能についてこれまでいくつかの報告がなされているが，それらの見解は統一されていない。たとえば成人の性的逸脱者の左前頭側頭葉機能の低下，言語能力，実行機能の低下（Joyal et al., 2007）が指摘される一方で，年齢・IQ・教育年数を統制した殺人者，性犯罪者，放火犯の群どうしで有意差はみられなかったという報告（Dolan et al., 2002）もある。少年の性犯罪者の認知機能についても同様である。Kelly et al.（2002）は，ワーキングメモリや注意保持・抑制などの注意機能といった基礎的な実行機能，そして言語の流暢さにおいて，性非行少年はそれ以外の犯罪を行った非行少年に比べ有意に低い成績であったと報告した。また Veneziano et al.（2004）も概して両者に差はないとするものの，施行した4つの神経心理学的検査のうちトレイル・メイキング・テストの Part B 課題で，性非行少年がその他の非行少年に比べ成績が悪かったことを報告している。しかし他方で，両者の IQ や神経学的な差はみられないといったいくつかの報告（Blanchard et al., 2006; Butler & Seto, 2002; Ford & Linney, 1995; Jacobs et al., 1997; Seto & Lalumiere, 2010; Tarter et al., 1983）もある。

これらの研究が一致しない要因は何であろうか。ここで著者らの一仮説（Miyaguchi & Shirataki, 2014）を紹介する。われわれは，これまでの既往研究では，対象者の平均知能（IQ）が比較的高い，もしくは高い IQ と低い IQ が混在し，IQ の統制が不十分であることが見解の不一致につながっているのではと考えた。そこで知的障害をもった性非行少年と知的障害をもち性以外の非行を行った少年，知的障害をもたない性非行少年と知的障害をもたず性以外の非行を行った少年について，日本版 BADS 遂行機能障害症候群の行動評価などを用いて実行機能の検査を行い，各群の違いについて調べた。その結果，知的障害を

もった性非行少年は，注意の転換，処理速度，ワーキングメモリ，展望記憶において，知的障害をもった性非行以外の非行少年よりも有意に低得点であった。一方で知的障害をもたない非行少年においては性非行とそれ以外の非行を行った少年の間で検査結果に有意な差はみられなかった。

これらの結果より，①性非行少年の神経心理学的な特徴は低IQのときのみ現れること，②それらの特徴（機能障害）は脳のある特定領域の障害ではなく複数の領域の障害（ネットワーク）が想定されること，③まだ年齢の若い低IQの少年でもIQが高くなればそれらの特徴が消えることから，なんらかの発達上の問題が関係している可能性があること，が考えられた。つまり性犯罪はある種の発達障害ではないかという仮説である。IQの統制はなされていないが，この発達障害仮説を裏付けるいくつかの報告（Eastvold et al., 2011, Kelly et al., 2002, Suchy et al., 2009, Tost et al., 2004）もみられる。もちろん性非行少年の中には，幼少期に虐待被害（暴力や性被害など）や自動車事故などの外傷に遭っている事例も多く報告され，これら環境因・生育歴も脳機能に少なからずダメージを与えるであろう。また性犯罪の種類も多様である（たとえば痴漢，集団強姦，小児性愛，下着窃盗など）。したがって性犯罪を発達上の問題として扱うには，いくつかの条件や更なる調査・研究が必要であるが，もし可塑性のある脳の問題が性非行・性犯罪につながっている可能性があるのであれば，彼らの治療に対しては従来から行われてきたCBT（cognitive behavioral therapy：認知行動療法）を主とした各種の性非行防止プログラムに加え，処理速度やワーキングメモリ，注意の抑制等を向上させるような神経学的に認知機能を向上させるトレーニング（第8章3節参照）の併用も必要ではないかと思われる。

第3節　脳機能の欠陥がつなぐ認知のゆがみ：サイコパスの問題

1．緒言

サイコパスという概念は1941年にジョージア医科大学の精神科医Cleckley, H. M.によって初めて体系的に報告された。サイコパスは自己中心的で不誠実，他者への共感や愛情が欠け表層的な対人関係しかもてず，他罰的，そして自己の衝動を抑えることができない。しかし表面的には魅力的な人物にうつることもある。刑務所には多くの割合でサイコパスがいるとされるが，われわれの日常生活

の中でもかなりの数のサイコパスがいるといわれていたり，芸能界，政治家，実業家などといったある種の職業の中に成功しているサイコパスがいるといった推測もされている。海外では過去数十年にわたり研究されてきたが，国内での研究は皆無に近い。一方で，サイコパスではないかと思われる事件も散発している。たとえば2002年に北九州で起きた北九州監禁殺人事件で7人を殺害した松永太死刑囚は，人あたりがよく口が達者で，中学生の時には校内弁論大会で優勝した。流暢に嘘を創作し，被害者をマインドコントロールし，冷酷で残忍な手法で，ある一家を中心とした7人をみずから手を下すことなく殺害した。当時の福岡地裁の判決文によると松永死刑囚の性格について次のように記している。まさしくサイコパスの特徴を表しているのではないだろうか。

> 他人をたんに自己の利益を達成するための手段ないし経済的収奪の対象としか考えず，人間の生命，身体，人格を軽視する自己中心性，反社会性，弱者や無抵抗な者に対し，暴行，虐待を加える残虐性，被害者らの惨状を目のあたりにしながら痛痒を感じない冷酷さや非情さが顕著であり，嗜虐性さえ疑われる。自己の犯罪が捜査機関に探知されることを過度に恐れる小心さを有する一方，他人に対する猜疑心が異常に強く，自己を裏切った者に対しては執念深く報復せずにはいられない。他人を言葉たくみに騙したり脅したりして弱みを握り，支配下に置いて収奪しようとする狡猾さも，被告人Ａの性格の特徴を示している。

さらに被告人の自殺によって解明がきわめて困難になったが，2012年に起きた尼崎市連続変死・行方不明事件の角田美代子元被告もマインドコントロールを行っていたとされることからサイコパスであった可能性も考えられる。

サイコパスの判断基準はHare（1991, 2003）が開発したサイコパシー・チェックリスト改訂版（PCL-R: psychopathy check list-revised）が最も広く使用されている。

PCL-Rは表3-1にある20項目からなり，面接やさまざまな記録から各項目について0点～2点の間で点数化し，合計点が30点以上であればサイコパスであるとみなされる。これを使いサイコパスの因子モデルがいくつか提唱され（2因子モデル：Harpur et al.（1988, 1989），3因子モデル：Cooke & Michie（2001），4因子モデル：Hare（1991, 2003）），対人関係面，情動面，反社会的行動，生活様式などの因子に分けることでサイコパスについてより深く理解されるようになった。つまり行動面の特徴だけでなく人格面を評定できることで心理的認知のゆが

表3-1　サイコパスの因子モデル（Kiehl, 2006をもとに作成）

	項　目	2因子	3因子	4因子
1	口が達者／表面的な魅力	1	1	1
2	誇大的な自己価値観	1	1	1
3	刺激を求める	2	3	3
4	病的虚言	1	1	1
5	狡猾／操作的	1	1	1
6	良心の呵責や罪の意識がない	1	2	2
7	感情の薄っぺらさ	1	2	2
8	冷淡／共感性の欠如	1	2	2
9	寄生的な生き方	2	3	3
10	行動コントロールの弱さ	2	−	4
11	無分別な性的行動	−	−	−
12	早い時期からの問題行動	2	−	4
13	現実的・長期的な目標の欠如	2	3	3
14	衝動的	2	3	3
15	無責任	2	3	3
16	自分の行動への責任がもてない	1	2	2
17	頻回の婚姻関係	−	−	−
18	少年非行	2	−	4
19	仮釈放条件の違反	2	−	4
20	多種多様な犯罪歴	−	−	4

2因子モデル（1：対人関係・情動面，2：反社会的行動）
3因子モデル（1：対人関係面，2：情動面，3：衝動性／無責任）
4因子モデル（1：対人関係面，2：情動面，3：生活様式，4：反社会的行動）
−：いずれの因子にも含まれない項目

みと脳機能の欠陥による神経心理学的認知のゆがみとの関係を包括的にまとめる概念として，サイコパスが位置づけられるのである。しかし精神異常の評価が知られる中で，それに関連した脳機能についてはまだほとんど理解されていないのが現状でもある。以下に現在サイコパスの原因となるいくつかの仮説を紹介する。

2．サイコパス発症の仮説
（1）機能的仮説

　現在，サイコパスの原因としては主として前頭葉の機能障害と扁桃体の機能障害の2つが論じられている。

1）前頭葉機能障害

これまで反社会的行動と前頭葉機能障害との関係について数多く報告されてきた。先に述べたフィニアス・ゲイジの例も示すように，サイコパスにみられる反社会的行動も前頭葉機能障害に由来しているのでは，と推測されている。前頭葉の中でもとくに前頭葉眼窩皮質（Orbitofrontal cortex: OFC）および腹内側前頭皮質の関与が指摘されている。これらの領域は社会脳ともよばれ，共感，情動，報酬系の制御などを司り，ヒトの脳の中でも最も個体差が顕著であり，その行動特性と関連している可能性がある。ここが障害を受けると攻撃性が増加することがわかっており（Damasio, 1994; Grafman et al., 1996），それがサイコパスの病態にもあてはまるというのである。これらをもとに Damasio（1994）は，外部からの情報は身体反応が意思決定に際し重みづけをするというソマティックマーカー仮説★5 を提唱して，そこには腹内側前頭皮質が関係しているとし，その損傷がサイコパスの病態につながると考えた。

★5 よい感情，悪い感情をもたらした対象や出来事は，感情とともに身体的感覚として記憶される（ソマティックマーカー）。その後，さまざまな意思決定が行われる際，同じような対象や出来事に対して，ソマティックマーカーが有利・不利といった予測因子としてはたらき，無自覚レベルで選択肢に影響を与えるという説。

ところで攻撃性は，外部からの刺激（挑発や脅威）に対する情動的な反応的攻撃と，あらかじめ計画した情動的でない道具的攻撃に分けられるが，サイコパスの攻撃性は道具的攻撃が特徴とされる。しかし前頭葉眼窩皮質／腹内側前頭皮質の損傷患者の行動は，反応的攻撃であることが指摘されており（Anderson et al., 1999），この説だけでサイコパスの道具的攻撃を説明できない。

2）扁桃体機能障害

扁桃体は側頭葉の内側部に位置し，ヒトの情動に深く関与する。サイコパスには情動の問題があり，扁桃体の機能障害がその本質だとする説が有力視されている。扁桃体は大きく皮質内側部，基底外側部，中心核に区別される。皮質内側部は臭覚系が，基底外側部は視床を通じて聴覚・視覚系が，中心核は扁桃体のすべての核から情報を受けるとともに，痛覚や内臓覚系からも情報を受け取っている。つまり扁桃体にはすべての感覚情報が伝えられており，外部からのさまざまな刺激に対して情動反応を起こすのである。その代表的な反応が恐怖条件付けと表情認知である。

恐怖条件付けとは，たとえばラットが箱に入るたびに電気ショックなどの嫌悪刺激を与えると，箱に入れただけでラットは防衛姿勢やストレス反応を示すような条件付けである。扁桃体を切除したサルは元来怖がるヘビを手に取って食べようとしたりすることが報告されている（Antoniadis et al., 2007）。また扁桃体には顔を見た際に反応する神経細胞もあり，表情の読み取りや共感にも関与すると考えられている。サイコパスは扁桃体の障害により，恐怖条件付けと表情認知が影響を受け，相手の苦しむ表情を見ても何も感じず，相手を傷つけたりしても，その相手の恐怖感情に共感できないと考えられている。Blair et al.（2005）は，サイコパスは幼少期から扁桃体に障害を持ち，その結果として情動学習障害がもたらされ，好ましくない社会環境や負の強化学習が加味されて，サイコパスの行動を生み出していると推測している。

　しかし，アイオワ・ギャンブリング課題★6などの検査においてサイコパスは低得点を取ることから，前頭葉（とくに前頭葉眼窩皮質／腹内側前頭皮質）の障害も伴なっているといった指摘もある。

★6　アイオワ・ギャンブリング課題　　A, B, C, Dの4種類のカードの山があって，被験者はそこからカードを1枚ずつ引く。たとえばAとBを引くと5,000円，CとDを引くと1,000円がもらえるとする。しかしAとBは10枚のうち1枚50,000円マイナスになるカード，CとDには10枚のうち1枚5,000円マイナスになるカードを入れておく。最初はAかBを選ぶ方が多くのお金をもらえると感じるが，じつは損が多いため，最終的にはCとDのカードを選ぶ方が得だと気づかせる課題である。前頭葉機能障害（とくに報酬系）をもった患者は，損になることがわかっていてもAやBのカードを選択し続ける。

3）傍辺縁系障害

　ある特定の脳領域のみでサイコパスの障害を説明するのではなく，Kiehl（2006）は傍辺縁系といったいくつかの脳領域が連携した広範囲な脳領域の障害に着目した。傍辺縁系は前頭葉眼窩皮質や扁桃体に加え，帯状回，島が含まれる。前帯状回は情動機能を調整し，島は味覚，内臓知覚などに加え怒りや恐怖，共感，嫌悪等の情動や社会的規範との照合などの認知機能に関与した辺縁系における統合領域といえる。KiehlはfMRI撮像でサイコパスは傍辺縁系の組織が薄くなっていることを示し，その関連性を提唱している。

（2）その他の仮説

　以上，機能的仮説について概略を述べた。しかしこれらの障害があったからと

いって必ずしもサイコパスになるわけではないことから他にもさまざまな要因が考えられている。それらが遺伝的要因，環境的要因である。遺伝的要因については，双生児を使った比較的大規模な調査においてサイコパス傾向である冷淡さや情動の欠如が小児期からみられ有意な集団的遺伝がみられた他の研究結果などから，Blair et al.（2005）は，サイコパスの情動障害に遺伝的要素が関与しており，それが反社会的行動と結びついているのではと推測している。一方で身体的・性的虐待のような環境的要因については，反応的攻撃のリスクを高めるものの，サイコパスとの直接的な因果関係の存在については否定的である。

　最後に，サイコパスは必ずしも暴力的ではない。非情な性格，自責の念の欠如，肥大した自尊心，表面的な魅力，話に説得力があり他者を操るといった特徴を有している。Dutton（2012）によると，こうした性質は，あるタイプの政治家や成功したビジネスリーダー，天才脳外科医などにみられ，成功者の資質としてサイコパスから学ぶことがたくさんあるという。サイコパスは一般市民の0.5〜1％を占めるとされ，あらゆる人もそのスペクトラムの延長上にいるとされる。多くがふつうの生活を営んでいることから，サイコパス的傾向をマイナスのイメージだけでとらえるべきでないことも視野に入れておく必要があろう。

第4章

認知のゆがみの測定方法

第1節　認知のゆがみを測定する際の概念的整理

　実証的研究においては，反社会的な認知のゆがみを測定し，測られた指標と攻撃行動，非行や犯罪などの反社会的な行動傾向との関連が検討されている。認知のゆがみを測定する手法は大きく2つに分けられ，一方は認知のゆがみの内容的側面を重視する立場の理論から導き出された測定方法，もう一方は認知のゆがみのプロセスを重視する立場の理論から導き出された測定方法である。

　認知のゆがみの内容的側面を重視する立場においては，反社会的行動を生みだす知識の構造に関する検討が行われている。認知心理学的概念であるスキーマやスクリプトに着目し，それらにおける特異性，すなわちゆがみが攻撃性の高い者や，非行・犯罪経験のある者にどの程度認められるのかが検討されている。

　一方で，認知のゆがみのプロセスを重視する立場においては，内容的側面を重視する立場で分析の対象とされる知識の構造に加え，即時的・状況依存的な情報処理のエラーやバイアスに着目している。過去経験を通じて人は知識を獲得するが，新奇な場面や対応のむずかしい場面に遭遇した際，それらの知識を活用しながら，即時的に状況判断し行動を決定する。こうした社会的判断の一連の流れをモデルとして設定し，各情報処理段階におけるエラーやバイアスがどのように反社会的行動と関連するのかといった検討が行われている。

　以下の節では，認知のゆがみのプロセスを重視する立場の理論をまず紹介し，知識の構造を測定する方法と，情報処理のエラーやバイアスを測定する方法について，個別に紹介する。さらに内容的側面を重視する立場の理論として，認知のゆがみの類型化を行っている各理論を紹介する。

第2節 認知のゆがみを支える知識の構造

　過去経験により内在化された知識の構造を測定する方法に関しては，おもに認知心理学の概念や手続きを参考としたものが多い。社会的情報処理アプローチでは，情報処理段階を分類する上で，過去経験の内的表象として体制化され，時間の経過とともに社会的知識を構成するようになる潜在的知識構造（記憶貯蔵，獲得されたルール，社会的スキーマなど）と，より直接的に行動を規定するオンライン処理（手がかりの処理，目標分類，反応決定など）とが明確に区別されている。両者の関連は，潜在的知識構造をデータベースとして各オンライン処理が導かれ，さらに潜在的知識構造自体も各オンライン処理からのフィードバックにより影響を受けるといった循環的かつ相互的な機能が仮定されている。過去に経験した出来事が心的表象として長期記憶に貯えられ，後にこの記憶が他の記憶とともに全般的な心的構造として統合されることで，社会的手がかりの処理を導くよう機能すると仮定されている（Dodge et al., 1994）。

　このモデルでは，社会心理学的なスキーマやスクリプト（Schank & Abelson, 1977），臨床心理学的な内的ワーキングモデル（Ainsworth et al., 1978; Bowlby, 1969, 1973, 1980）などの概念から，潜在的な心的構造が仮説的に将来の情報処理を導くとする仮定を援用している。認知科学の領域では，ヒューリスティック（Einhorn & Hogarth, 1981; Kahneman et al., 1982; Nisbett & Ross, 1980）やスキーマ（Winfrey & Goldfried, 1986）が情報処理に関する認知作業を軽減し，処理の効率化に役立つとされているが，同時に判断や推論のエラーを起こすことも指摘されている（Kahneman & Tversky, 1973; Ross et al., 1977）。こうしたメカニズムが社会的な情報処理においても成り立つのであれば，長期記憶などのかたちでデータベース化されている知識が，問題性のある社会行動や不適応的な行動を生じさせる可能性は十分にある。過去経験に基づき体制化されたヒューリスティックやスキーマは，状況や対象に依存したオンライン処理にエラーやバイアスを生じさせることで，間接的に反社会的行動に影響を及ぼすと考えられる。こうしたメカニズムの定式化は，子どもが人生の初期における大人との経験から愛着関係のワーキングモデルを形成するしくみと整合的である。

　反社会的傾向の高い子どもは，状況に存在する多様な手がかりに注意を向けず，みずからの有するスキーマ，すなわち潜在的な知識構造に基づいて状況の解

釈を行う可能性が高いとされている（Dodge & Tomlin, 1987）。社会的な情報処理における潜在的な知識構造を測定する方法は，おもに実験や自由回答を用いる直接的な測定法と，提示された社会的状況の刺激場面への反応を用いる間接的な測定法とに分けられる。直接的測定法を用いた研究としては，社会的認知の研究で用いられているプライミングの手法を使い，攻撃的な子どもにおける記憶表象内の攻撃的な概念へのアクセシビリティの高さを示す研究や（Graham & Hudley, 1994），子どもに社会的な関係を自由に記述させることで，記述に攻撃的概念を用いる傾向と攻撃的行動との関連を明らかにした研究（Stromquist & Strauman, 1991）などがあげられる。一方で間接的測定法を用いた研究は，状況依存的な行動方略としてのオンライン処理との境界があいまいであることから（Crick & Dodge, 1994），非常に多くの研究が該当するが，それらの研究は2種類に大別されると考えられる。1つ目は研究の大半を占める潜在的知識構造の質的な側面に注目した研究であり，反社会的な子どもや攻撃的な子どもにおける，攻撃的応答や攻撃的スキーマなどへの反応の高さを示す研究（Asarnow & Callan, 1985; Pettit et al., 1988; Quiggle et al., 1992; Richard et al., 1982; Waas, 1988）や，パフォーマンスを重視し競争的な目標を立てる傾向の高さを示す研究（Asher & Renshaw, 1981; Renshaw & Asher, 1983），非典型的な反応傾向の高さを示す研究（Rubin et al., 1991），攻撃的な子どもにおける攻撃を正当化する信念の強さを示す研究（Erdley & Asher, 1998）などがあげられる。2つ目は潜在的知識構造の機能的側面や知識のレパートリーなどの構造的側面に注目した研究であり，反社会的な子どもや攻撃的な子どもにおける，対人的方略の状況への無関連性を示す研究や（Pettit et al., 1988），社会的状況への応答レパートリーの少なさ（Shure & Spivack, 1980; Slaby & Guerra, 1988），計画的な応答レパートリーの少なさ（Asarnow & Callan, 1985）を示す研究があげられる。

　近年の社会的情報処理アプローチによる研究では，問題行動や攻撃性との関連を検討する上で，各オンライン処理と比較した潜在的知識構造の果たす役割がより重視されている（Burks et al., 1999a; Burks et al., 1999b; Zelli et al., 1999）。Burks et al.（1999b）では縦断研究により，外在化問題行動の安定性に対する社会的情報処理の影響を，オンラインの情報処理と潜在的な知識構造とを分離した上で検討している。この研究では，オンライン処理として仮想場面に対する攻撃的応答と敵意的意図の帰属，潜在的な知識構造として文章完成課題において敵意的

な記述がなされた割合と単語対から敵意的な単語が選択された割合が測定された。オンライン処理の指標と潜在的知識構造の指標による外在化問題行動の予測性を検討した結果，知識構造指標の説明力が高くオンライン処理の説明力が低いことが確認されている。同様に Zelli et al.（1999）では，報復的信念，攻撃性へのアクセシビリティの高さ，敵意的意図の帰属，攻撃性への肯定的評価が攻撃性に及ぼす影響を縦断的に検討しているが，攻撃性を予測するのは報復的信念と攻撃性へのアクセシビリティの高さのみであった。報復的信念は状況に依存しないという意味で潜在的知識構造を測定していると考えられ，攻撃性へのアクセシビリティは Graham & Hudley（1994）のプライミングを用いた手法で得られる指標と同様に潜在的知識構造を反映するものであると考えられる。したがって，Zelli et al.（1999）で得られた結果も，オンライン処理と比較した潜在的知識構造の役割の重要性を裏づけるものである。さらに，Burks et al.（1999a）は内的表象として潜在的な知識構造を，質的側面と構造的側面の複数の指標により測定し，問題行動との関連を検討している。指標としては，好きなタイプと嫌いなタイプの子どもに関するインタビューのプロトコルにおいて，反社会的な概念の割合を示す quality，反応数を示す density，好きなタイプの子どもの説明に向社会的，嫌いなタイプの子どもに反社会的な概念を表現する割合を示す appropriateness が測定された。測定された指標と外在化問題行動との関連を検討した結果，潜在的知識構造の指標が同時期の問題行動だけではなく，3 年後の問題行動をも予測することが確認された。Burks et al.（1999a）は，知識構造を質的側面と構造的側面との 2 側面に明確に区分したという点で，評価すべき研究であるといえよう。

　一方で国内の研究においては，社会的情報処理におけるデータベースとしての知識構造を直接的に測定する試みは少ない。そのなかで，吉澤・吉田（2004）は社会的状況を個人の目標を調整する課題としてとらえなおし，状況に応じて多様な目標を柔軟に変化させて適用する様態を測定する社会的ルールの知識構造測定法を開発している。個人が広範な社会的生活を円滑に営むために有している認識の枠組みとしての「社会的ルール」に関する知識が，構造的，質的な問題を有することにより，利己的な「認知的歪曲」を引き起こし，社会的な逸脱行為の実行可能性を高めるというプロセスモデルを検討している。

　社会的ルールとは，Argyle & Henderson（1985）が提唱した概念であり，個

人の認知や行動を規定するルールが，社会的スキーマの中に「内在化された社会的ルール」または「個人的ルール」として組み込まれたものとして定義されている。広範な社会生活を円滑に営む上で，「こうあるべきである」とする個人内での規則のありようを反映しているとされる。吉澤・吉田（2004）は，社会的ルールの知識構造を，ルールが構造化されて内在化された程度を示す構造的側面と，ルールの一般的適切性を示す質的側面の2側面から測定している。この研究では，構造的側面は概念的・統合的複雑性研究に基づく坂元（1988）の枠組みを参考に，構造の分化度としてルールの独立性，統合度としてルールの一貫性を指標化している。また，認知的歪曲は，後に詳しく解説する Gibbs（たとえば，Gibbs et al., 2001）により提唱された，逸脱行為に限定した，行為の実行を利己的に肯定する認知のゆがみを測定している。以上の指標を用い，中学生や高校生（吉澤・吉田，2010），大学生（吉澤・吉田，2004）といった青年期の複数の年齢層を対象としたモデル分析をすることで，先述したプロセスモデルの妥当性を確認している。

第3節　社会的情報処理のエラーやバイアスとしての測定

前節では，認知のゆがみを生起させるデータベース，すなわち知識の構造を直接的に測定した研究を紹介した。一方で，社会的情報処理研究においては，経験により形成された知識構造が果たす役割よりも，即時的かつ状況依存的な情報処理のエラーやバイアスが反社会的行動を生み出すという点を重視する検討が行われている。また，個人がある社会的状況に遭遇した際に行う特異な情報処理のしかたについて，実験的測定法，仮想場面法，観察法などの多様な方法を用いた測定が行われている。

Crick & Dodge（1994）はオンラインでの情報処理を，①外的・内的手がかりの符号化，②手がかりの解釈と内的表象，③目標の分類と選択，④反応のアクセスと構築，⑤反応決定，⑥行動表出の6段階に整理している（図1-1参照）。国内の研究では，濱口（2002）が各情報処理過程の測定法に関する詳細なレビューを行っているため，本節ではとくにオンラインでの処理をおもに対象とした研究における測定法を紹介する。

手がかりの符号化と解釈に関する第1・第2段階の測定では，おもに研究対象

者をあるエピソードにおける被害者であると想定し，ビデオや漫画などを用いた仮想場面を呈示する。以下に，大学生を対象にした測定における仮想場面を示す。

> あなたは，大学の食堂で昼食を食べていました。ふと顔を上げると，他の学生が牛乳をもってあなたのテーブルに近づいてきました。あなたが再び昼食を食べようとすると，その学生があなたの背中に牛乳をこぼしてしまいました。あなたのシャツは牛乳でかなり汚れてしまいました。
> 　　　　　　　　　　　　　　　　　　　　　　　　　　　　　　　（吉澤, 2010）

　このような仮想場面において，状況のどのような手がかりに着目したか，また場面に登場する人物の自分に対する行動の意図についてどのようにとらえるか回答を求める。たとえば，「なぜその学生はあなたの背中に牛乳をこぼしたのだと思いますか？」といった問いを尋ね，その答えを自由に回答させる。「相手は自分をからかおうとした」というように，自分に対する悪意をもった行動として解釈する場合，その回答者は敵意帰属バイアスが高いと判断される。この場面では相手の行動の意図に関する手がかりは与えられておらず，その意図はいかようにも解釈できるように設定されているためである。この敵意帰属バイアスの高さは，報復的な攻撃をする傾向を高めるとされる。

　一方で，場面の人物の意図が明確であるという仮想場面を呈示し，その場面の手がかりや相手の意図を適切にくみ取った解釈ができるか測定する研究もある（Dodge et al., 1986）。ここでは，仲間入り場面や挑発場面において，その場面における手がかりに気づいている程度（cue utilization），相手の敵意的，向社会的，非意図的な意図を正しく解釈できている程度が得点化されている。それぞれについて，敵意的意図を正しく解釈している割合，向社会的意図を正しく解釈している割合，敵意的意図を誤って解釈している割合などが指標化されている。他の研究では，相手の意図を推測するために必要な手がかりに言及していない程度（encoding errors）が測定されている（Dodge et al., 1997）。

　こうした手がかりの符号化や解釈に関しては，特定の状況において共通し，安定した反応を生起させることが明らかとなっており，その情報処理パターンはパーソナリティと類似した安定的な特徴を有するようになるとされている（Zelli & Dodge, 1999）。実際に，手がかりの符号化は高い信頼性（内的整合性）を有しており（$a = .62, p < .01$），4年の期間を経ても中程度の安定性を保っている（$a = .70, p < .01$; Dodge et al., 1995）。敵意帰属バイアスも高い内的整合性を有

し（$a = .71, p < .001$; Dodge et al., 1995; $a = .90, p < .01$; Crick & Dodge, 1996），同様の時間的安定性を保っている（$a = .90, p < .01$; Dodge et al., 1995）。

　目標の分類と選択に関する第3段階の測定では，面接法や質問紙法を用い，先述したような仮想場面において，どのような結果を追求することを決定するかという目標志向性が測定される。Crick & Dodge（1994）によると，目標志向性を規定する要因としては，感情，気質，大人からの指示，文化的・副次文化的な規範，メディアがあげられている。目標志向性は，内的・外的な手がかりの解釈を通じて喚起され，続く反応レパートリーへのアクセスや行動の実行に影響すると仮定されている。

　仮想場面を用いた方法では，一連の行動を選択した理由について自由回答を求めたり，いくつかの選択肢の中から望ましい目標を選択したりするよう求める。たとえば，「運動場で何もすることがなく暇にしていた。その時，同じクラスの友だちがボール遊びをしているのを見かけた。あなたはその子たちが遊んでいる場所に近づいていった」という場面を呈示し，「こんなときあなたなら，以下の2つのうちどちらが起きてほしいですか？　次のなかから選んでください。1．その子たちに好かれる。2．その子たちがボールをくれる」といった質問をする。1は対人関係目標，2は道具的目標であり，道具的な攻撃性の高い子どもにおいて，より後者の目標が選択されやすいことが明らかになっている（Crick & Dodge, 1996）。

　ある子どもは他の子と協力するような目標を設定する一方，道具的もしくは報復的な目標を設定する子どももいるといったように，目標設定のパターンは高い内的整合性を有することが確認されている（$a = .90, p < .001$; Crick & Dodge, 1996）。

　反応のアクセスと構築に関する第4段階では，長期記憶にある1つもしくは複数の行動反応へのアクセスが行われる。従来は問題解決の研究で扱われてきた段階であり，個人がもつ長期記憶としてのデータベースから，場面に対処するために取りえる具体的行動が検索されたり，新たな行動反応がつくり出されたりする。測定では，上述の各段階同様に仮想場面が用いられ，エピソードの登場人物として，どのような行動をとるか思いつくすべてのレパートリーを回答するよう求められる。

　攻撃的反応にアクセスしたり，構築したりする傾向の個人差は高い内的整合性

があり（$a = .88, p < .01$; Dodge et al., 1995），4年間にわたる時間的安定性も認められている（$a = .79, p < .01$; Dodge et al., 1995）。攻撃的な子どもは，記憶の中から利用できる反応として，多彩な攻撃的反応レパートリーを有す一方で，有能かつ非攻撃的な代替反応に欠けていることが明らかにされている（Asarnow & Callan, 1985; Waas, 1988）。

　反応決定に関する第5段階は，行動反応へのアクセスとは異なっており意思決定が行われた後の段階である。Crick & Dodge (1994) によれば，ある社会的状況において選択可能な反応であるか否かは，構築された反応それぞれの内容（反応評価），見込まれる結果（結果予期），それぞれの反応を実行するための自分の能力への自信（反応効力）の3つの観点で判断されるとする。

　反応評価とは，特定の評価的側面（たとえば，友好性や良好性）に基づいて子どもが行う社会的行動の善し悪しの判断である。こうした子どもの判断は，道徳的規則や価値に基づくものであり，反応評価を測定する研究では，仮想場面とその場面に対応した可能な範囲の仮想的反応を呈示し，それぞれの反応についての評価をリッカート尺度などを用いて行うよう求めている。他児に拒否をされる攻撃的な子どもは，より適応的な他の子どもと比較して，攻撃的反応をより肯定的に，有効な反応（向社会的もしくはアサーティブな反応など）をより否定的に評価することが明らかにされている（Asarnow & Callan, 1985; Crick & Ladd, 1990; Deluty, 1983; Quiggle et al., 1992）。攻撃的反応を好ましく評価する傾向は，内的整合性が高く（$as = .65 \sim .84, p < .01$; Crick & Dodge, 1996; Dodge et al., 1995），4年間にわたる時間的安定性も認められている（$a = .71, p < .01$; Dodge et al., 1995）。

　結果予期とは，子どもが特定の社会的反応を行った後に，社会的相互作用で生じることが予想されることがら（考え）として定義されている。測定では，ある状況でのさまざまな反応のしかたが子どもに呈示され，そのような状況で特定の反応のしかたをすることで「何が起こるか」といったことを，記述もしくは評価するよう求められる。自由回答や評価尺度への評定を用いて，反応の量や内容が得点化される。非攻撃的な子どもと比較し攻撃的な子どもは，攻撃後の肯定的な道具的結果を期待する（Hart et al., 1990）一方，制裁的な結果を期待することは少ない（Perry et al., 1986）ことが明らかにされている。

　反応効力は，望む結果を得るために必要な行動を自分がうまく行えると信じる

程度であり,こうした自己効力をもつことはある反応を実行するか否かの判断基準となる。測定では,仮想場面を呈示し,ある特定の行動をすることがどの程度容易かといった主観的な難易度の評価を求める。攻撃的な子どもは非攻撃的な子どもと比べて,身体的,言語的な攻撃行動を行うことへの効力感が高いことが示されている (Crick & Dodge, 1996; Perry et al., 1986; Quiggle et al., 1992)。

　Dodge, K. A. らによる一連の社会的情報処理理論に基づく研究とは異なり,攻撃性を説明するより包括的な理論を提唱するなかで認知のゆがみを扱った研究に Anderson, C. A らの GAM に基づく実験的研究がある。ゆがんだ攻撃的思考を活性化(プライミング)する要因として,メディア暴力などを取り上げた検討を行っている。ただし,これらの一連の研究は実験的操作によりプライミングされた攻撃的な知識構造が攻撃的行動の生起可能性を高めるというパラダイムに基づいた検討を行っており,認知のゆがみの程度を測定するものではないため,本節では紹介を省略する。

　国内の研究においてオンラインでの社会的情報処理におけるエラーやバイアスを扱った研究は,データベースとしての知識構造を扱った研究より多い。先駆的研究である濱口(1992a)は,小学生を対象に社会的情報処理の各段階に該当する指標を網羅的に測定し,挑発場面において児童が取る応答的行動との関連を検討している。社会的情報処理の測定では,第1段階における「意図─手がかり発見技能」,第2段階における「敵意的意図帰属バイアス」,第3段階における「友好的・主張的目標設定」,第5段階における「友好的・主張的目標に該当する応答的行動の有効性判断」のそれぞれに該当するリッカート尺度への回答を求めている。分析の結果,主張的目標設定,友好的目標設定,主張的行動の有効性判断に関する変数が,主張的行動,報復的行動,無言,泣くといった反応的行動の有力な予測因であることが明らかにされている。濱口(1992b)では,同様の社会的情報処理や応答的行動の変数を用い,仲間集団内での人気の度合いによる差異や性差も検討されている。

　同様に,玉木(2003)は小学生を対象とし,質問紙により,仮想場面としてあいまいな挑発場面と対人葛藤場面を設定して,リッカート尺度による回答を求めている。Crick & Dodge (1994) における情報処理段階に即して,第1段階における「情報の収集」,第2段階における「悪意意図帰属」,第3・4段階における「主張性」と「共感性」を測定し,言語的あるいは身体的に他者に対して攻撃行

動を行う傾向である表出性攻撃と悪意意図帰属とに高い関連があることを見いだしている。類似した検討は坂井・山崎（2004）においても行われており，攻撃性のサブタイプである高反応的表出性攻撃，高反応的不表出性攻撃，道具的関係性攻撃のそれぞれと，社会的情報処理との関連が検討されている。社会的情報処理の測定は，仮想の葛藤場面を呈示し，登場人物がとった行動に対する「反応評価」と「結果予期」について，リッカート尺度を用いた回答を求めている。分析の結果からは，高反応的表出性攻撃児は表出性攻撃反応，道具的関係性攻撃児は関係性攻撃反応に関する社会的情報処理に，それぞれの攻撃反応を容認する方向のゆがみを示すことを確認している。また，各攻撃性が社会的情報処理に影響するという方向の因果関係を仮定した興味深い検討を行っており，構造方程式モデリングを用いた分析によりこの因果関係の妥当性を確認している。

　近年，反応的攻撃性（知覚された脅威に直面したときの怒りに動機づけられる衝動的な攻撃）と道具的攻撃性（他者を支配し道具的，関係的目標を得るために行使される怒りをともなわない攻撃）とを積極的に区別することの重要性が国内外の研究において強調されている。それぞれの攻撃性と社会的情報処理との関連については，相対的に反応的攻撃は手がかりの符号化や解釈にかかわるより早い情報処理段階（敵意帰属バイアスなど），道具的（能動的）攻撃は目標や反応決定にかかわるより遅い情報処理段階（攻撃的行動に関する効力感など）の問題と関連することを示す知見がある（たとえば，Crick & Dodge, 1996; Dodge et al., 1997）。

　阿部・高木（2003）は第5段階における自己効力と結果予期に焦点を当て，従来の社会的情報処理の研究ではなされてこなかった実験的操作を用いた方法で検討を行っている。2人一組で行う実験において，まずペアのサクラから否定的な評価を受ける。その後，サクラが課題に失敗したとき，その罰として電気ショックを受ける可能性のある実験を用意し，実験参加者がその実験に参加して報復しようとするかを攻撃行動への積極性の指標に用いている。自己効力の操作として，サクラが電気ショックを受ける可能性が高い条件と低い条件を設定し，結果予期の操作として，相手に電気ショックを与えたときに自分も同じ電気ショックを受ける可能性がある条件とない条件を設定している。その結果，自己効力が高い場合には，ネガティブな結果予期がある条件よりもない条件において攻撃行動への積極性が高まるが，自己効力が低い場合には，結果予期の2条件に積極性の

差が生じないことが明らかにされている。本研究は，個人差としての認知のゆがみを測定するものではないものの，実験的に社会的情報処理のしかたを操作する（ゆがめる）ことによっても，攻撃行動の実行可能性が変化することを示したという点で，意義ある知見を提供している。

これらの研究は児童期以降を対象とした研究であるが，より年少の幼児における社会的情報処理のエラーやバイアスを検証した研究も存在する。丸山（1999）は，幼稚園児を対象に紙芝居を用いた対人葛藤場面を呈示し，相手の敵意の理解・認知を測定するため，相手が意地悪をしようと思っている程度を表した複数の大きさの○カードから，自分の答えを選択させている。また，社会的情報処理方略は，同じく絵を用いたカードのなかから選択させることで測定している。分析の結果，3歳6か月から4歳児という低年齢ですでに相手の敵意の有無に関する理解・判断が行われていることが明らかにされている。社会的問題解決方略は，年齢が上がるに従って非言語的・他者依存的方略から言語的主張・自律的方略へと質的に変化していることが見いだされているが，こうした問題解決方略の使用は相手の敵意の有無によって大きく左右されることが明らかにされている。

第4節　認知のゆがみの類型化理論

前節までの研究は認知のゆがみのプロセスを重視する理論であるのに対し，認知のゆがみの内容的側面を重視する理論に基づく研究も存在する。Gibbs は反社会性的人物に共通するゆがんだ思考パターンに着目し，それらの特徴を認知的歪曲として概念化している（たとえば，Gibbs et al., 2001）。Gibbs et al.（2001）は，利己的な認知的歪曲を一次的な自己中心性と，二次的な責任の外在化，過小評価／誤ったラベリング，最悪の仮定に区分しており，一次的な認知的歪曲を支持するために二次的な認知的歪曲が機能するとしている。認知的歪曲の下位概念の測定は，Barriga & Gibbs（1996）の開発した「How I Think（HIT）Questionnaire」を用いて行われる。同尺度では，表4-1に示すようなリッカート尺度の項目への回答が求められ，得られた回答は認知的歪曲の下位概念ごと，もしくは行動を指示する下位概念ごとに得点化される。行動指示下位概念には，反抗挑戦性，身体的攻撃，虚偽，窃盗の4概念がある。

尺度の妥当性と信頼性を検討するため，破壊性行動障害をもつ精神病院入所

❶表4−1 "How I Think Questionnaire"の質問項目例（Barriga & Gibbs, 1996より）

自己中心性
- 何か気に入ったものを見ると，それを手に入れる
- 人にウソをついても，それは自分の問題で誰にも関係ない
- 自分が本当にしたいことがあれば，それは法律で決められているかどうか気にしない
- 腹が立った時は，誰が傷つこうが気にしない

過小評価／誤ったラベリング
- 逃げられることがわかっていれば，盗みをしないことはばかげている
- 誰もがウソをつくものであり，大した問題ではない
- 自分に敬意を示さない者には仕返しをすべきである
- 時には人に暴力を振るう必要がある

最悪の仮定
- 盗みが悪くないこともある。もし自分がしなくても，誰かがするだろうから
- ウソが悪くないこともある。本当のことを言っても，人はどうせ信用しないから
- 人はいつも自分を苦しめようとしている
- 自分が傷つけられる前に，まず相手を傷つけるべきである

責任の外在化
- もし財布を失うことに十分に注意していなければ，盗まれるのは当然である
- あまりに多くの質問をされる時は，ウソをつかずにいられない
- 自分が腹を立てるのは，人が自分を怒らせようとしているからである
- 人が助けてくれないのであれば，誰かが傷ついても自分の問題ではない

者，少年院入所者，裁判所から精神鑑定を求められた青年，都会の高校生，大学生など900名弱の青年を対象とした調査を実施している。尺度の妥当性に関しては，内容的・表面的妥当性，因子的妥当性，収束的・弁別的妥当性，構成概念妥当性など多面的な検討がなされている。内容的・表面的妥当性の検討では，10人の評定者が各項目を各下位概念へ分類する方法で対応性を検討しており，評定者間に70〜80％の高い一致率が確認されている。因子的妥当性の検討では，1因子モデルよりも下位概念を想定したモデルの適合度が高いことが確認されている。その他の妥当性に関しても，多様な他指標との関連性から，認知的歪曲尺度の構成概念妥当性が確認されている。また信頼性に関しては，尺度全体と下位概念ごとの内的整合性が確認されており，尺度全体については $\alpha = .92$ から $.96$ の高い信頼性が得られており，下位概念については $\alpha = .63$ から $.92$ といったおおむね許容可能な信頼性が得られている。

　HIT質問紙は妥当性，信頼性の確認に加え標準化もなされており，尺度としての完成度が高いといえる。同時に，臨床レベルを判断するカットオフ・ポイントも設定されていることから，問題性のある少年の治療計画の策定にも用いられ

るよう工夫されている。オランダ人サンプルを対象とした Nas et al.（2008）においても，同様の信頼性と妥当性が確認されている。ただし，この研究では Gibbs らの先行研究とは異なり，学力レベルの低い一般少年においても認知的歪曲が高い割合で認められることを指摘している。

　Gibbs の提唱した認知的歪曲と類似した概念に，Bandura の提唱した（選択的）道徳不活性化がある。Bandura はモデリングや自己効力感といった概念を導入した社会的学習理論で有名であるが，近年は同理論を拡張した社会的認知理論の立場を取り，行動決定にいたる自己調整による媒介過程に関する検討を積極的に行っている。こうした自己調整過程は既存の概念として「道徳性」とよばれるものであるが，この自己調整過程が個人差や社会的文脈により機能しなくなる現象を道徳不活性化として説明し，多様な非道徳的行為や反社会的行為を説明する概念として提唱している。

　道徳不活性化の概念は，行為の認知解釈に関する「道徳的正当化」「婉曲なラベル」「都合の良い比較」の3下位分類，危害を加えている主体としての役割をあいまいにしたり，過小評価したり，否認するなどの機能を果たす「責任の転嫁」「責任の拡散」「結果の無視や矮小化」の3下位分類，被害者に関する「非難の帰属」「非人間化」の2下位分類に整理されている。Bandura et al.（1996）は，これらの下位分類に即した測定尺度として表4-2に示す道徳不活性化尺度を開発している。

　尺度開発では，251名の小学生，249名の中学生，315名の高校生を対象に予備調査が行われ，膨大な項目候補からあいまいさや内的整合性を基準とした項目選定が行われている。最終的な尺度は，多様な社会的文脈や対人関係における異なるタイプのネガティブな行為から道徳的な不活性化を起こす傾向を測定する多面的尺度となっている。道徳不活性化の各メカニズムはそれぞれ4項目で構成され，全体で32項目のリッカート尺度が作成されている。各メカニズムを測定する下位項目には，身体的な傷害や破壊をともなう行為，暴言，欺瞞，盗みのいずれかの逸脱行為に関連する内容と，教育，家族，地域社会，仲間関係のいずれかの社会的文脈に関連する内容が含まれている。直交回転（バリマックス回転）をともなう修正分析の結果から，同尺度には一因子の単純構造が確認されている。因子の寄与率は16.2％であり，高い内的整合性も確認されている（$α = .82$）。

　道徳不活性化尺度においては，明確に妥当性の検討を行った研究が存在しない

●表 4-2　道徳不活性化尺度の質問項目 (Bandura et al., 1996より)

婉曲なラベル
- 人をたたいたり押したりすることはただの冗談にすぎない
- 気に入らないクラスメートをたたいても，それはただ「ものごとの善悪」を教えているにすぎない
- 許可なく誰かの自転車をとっても，それは「借りている」ことにすぎない
- たまには「ハイになる」ことは悪いことではない

結果の無視や矮小化
- 誰にも害を与えないような小さなウソをつくことは問題ない
- からかわれても，それは興味をもたれていることになるので，子どもは気にしない
- 誰かをからかってもその人に害を与えていることにはならない
- 子どもの間で侮辱しあったとしても誰も傷つかない

責任の転嫁
- 悪い環境で生活していれば，荒っぽい行動をするようになっても仕方がない
- しつけがされていなければ，その子どもが間違った行動をしても仕方がない
- 友だちみんなが汚い言葉をつかっていれば，子どもが汚い言葉をつかうことを責められない
- 友だちにそそのかされたのならば，間違った行動をしても責められない

責任の拡散
- 不良は不良仲間が引き起こした問題の責任をとがめられるべきではない
- 先に規則を破っている子がいれば，規則を破ろうとしているだけの子はとがめられない
- 人に害を与えるようなことをするのを仲間と一緒に決めたのならば，その中の誰かだけが責められるのは公平ではない
- 仲間がおかした危害のほんの一部にしか関係していない子を責めることは公平ではない

都合の良い比較
- 人をたたいたりすることに比べれば，ものを壊すことは大したことではない
- 大金を盗むことに比べたら，少しのお金を盗むことはそれほど深刻ではない
- たたいたりすることのほうがもっとひどいので，クラスメートを侮辱することぐらいは問題ない
- 悪質な違法行為に比べたら，お金を払わず店からものをとることはそれほど深刻なことではない

道徳的正当化
- 友だちを守るためにケンカをすることは問題ない
- 家族の悪口を言う人を黙らせてもよい
- 仲間の面目がつぶれるようなことがあればケンカをしてもよい
- 友だちをトラブルに巻き込まないためにウソをつくことは問題ない

非難の帰属
- 子どもがケンカをしたり間違った行動をとるのは教師の責任である
- 不注意でものを置き忘れていたら，盗まれたとしてもその人の過ちである
- 虐待を受けた子どもはたいていそれに見合うことをするようになる
- 親があまりに無理強いをするのならば，間違った行動をしても子どもには罪はない

非人間化
- 動物のようにあつかって当然の人もいる
- 虫けらのような人はひどい扱いを受けても仕方がない
- 気に入らない人は人間として扱われる価値はない
- 危害を与えられたことに気がつきにくい人は乱暴に扱われても仕方がない

ものの，向社会的行動，怒りの反すう傾向，短気，罪悪感や自責感，攻撃行動，非行との関連から予測的妥当性を示唆する研究（Bandura et al., 1996），死刑を執行する刑務所の看守において通常業務を行う看守よりも高い道徳不活性化がみられることを示す研究（Osofsky et al., 2005），企業の違法行為において道徳不活性化が起きていたことを示唆する事例研究（Bandura et al. 2000）などがある。これらは HIT 質問紙ほどの厳密な妥当性検討とは言えないまでも，一般社会にも広範に認められる現象として道徳不活性化が提唱された理論的背景をふまえると，合理的な検証方法が用いられているといえる。

　道徳不活性化尺度の一因子構造は，Bandura et al.（1996）のイタリア人を対象とした研究と比較する目的で行われたアフリカ系アメリカ人低所得者層のシングルマザーの子どもを対象とした研究でも確認されている（Pelton et al., 2004）。また，366人のイタリア人青年を対象に道徳不活性化の発達的変化を縦断調査した Paciello et al.（2008）では，14歳，16歳，18歳，20歳のすべての時点において一因子構造が確認され，さらに各時点間の因子構造と因子負荷量が等しいとする制約を置いたモデルの適合度の高さも認められている。以上の知見から，同尺度の一因子構造は多様なサンプルを通じて頑健であることが確認されたといえる。第10章において詳しく紹介されるが，道徳不活性化の発達に異なる4タイプの発達的軌跡が存在することも確認されている。第1のタイプは，14歳時点の初期に低い値を示し，その後も顕著な減少を示す非不活性化群である。第2のタイプは，初期に中程度の値を示し，その後減少を示す一般群である。第3のタイプは，初期に中程度から高い値を示し，14歳から16歳で増加した後，20歳にかけて急激な減少を示す後期更生群である。第4のタイプは，中程度から高い値を維持し続ける慢性群である。これらの群のなかで，慢性群が頻繁な攻撃行動や暴力的行動を示すことが確認されている。

　道徳不活性化尺度は，多様な社会現象に広範に認められる認知のゆがみを概念化し測定可能にしたという点で評価できる。因子構造の安定性や信頼性も十分に満足できる基準を満たしているといえよう。ただし，厳密な妥当性検討がなされていないといった問題や，一因子構造がゆえに道徳不活性化の8つのメカニズムを詳細に区別して検討できないといった問題が指摘される。

　認知的歪曲や道徳不活性化とは異なり，社会的情報処理過程の特定の段階である潜在的な知識構造としてのスキーマに特化し，それを類型化して測定可能にし

た概念に，Huesmann の提唱した規範的攻撃信念がある（Huesmann & Guerra, 1997）。Huesmann は習慣的な攻撃行動を身につけ持続させる上で，社会的情報処理や認知的スキーマの果たす役割に着目し，Dodge ら（たとえば，Crick & Dodge, 1994）とは異なる攻撃性に関する統合的情報処理モデルを提案している（Huesmann, 1998）。このモデルでは，個人の記憶に貯蔵され，行動や社会的問題解決を方向づける際に用いられる認知的スクリプトにより，社会的行動の大部分が制御されるといった仮定が組み込まれている。スクリプトが形成されると，それらは最初「統制された」心的過程として子どもの行動に影響を及ぼすが，こうした過程は子どもが成熟するにつれて「自動的」になるとしている。子どもの行動レパートリーのなかで持続的に用いられるスクリプトは，それらがくり返し用いられ，実行され，一定の成果を生むことで，しだいにより修正，変更されにくくなるとする。その理論化のなかで，攻撃行動の制御において中心的な役割を果たすと仮定されている第2の認知的スキーマが，規範的信念である。規範的信念は攻撃行動の適切性に関する認知であり，認知された社会規範と関連するものの，「自分にとって何が正しいか」ということが重視されるという意味では社会規範とは異なっている。Huesmann & Guerra（1997）によれば，規範的信念は他者の行動を評価する際に用いられるスキーマをプライミングし，社会的スクリプトの検索を方向づけ，不適切なスクリプトや行動をフィルターにかけることで除外する役割を果たすとされる。

　攻撃行動にかかわる規範的信念を測定する尺度として，Huesmann & Guerra（1997）が規範的攻撃信念尺度（normative beliefs about aggression scale: NOBAGS）を開発している。小学1年生784名と4年生766名を対象に，1年間の期間を空けた2回の縦断調査を実施し，信頼性および妥当性の検討と，攻撃行動との縦断的な関連を分析している。規範的攻撃信念尺度は，攻撃を是認する信念を測定する目的で，その信念を特定の文脈における特定の攻撃行動の受容度に関する認知として概念化している。攻撃行為については，行為者，標的者，挑発の程度により，その特徴に多様性をもたせている。とくに各項目は，挑発の強度，挑発に対する反応の強度，挑発者の性別，反応者の性別の4側面において多様化させている。当初は35項目の尺度であったが，小学生対象の実施を可能とすべく項目数を減らし，挑発の高低，標的者の性別（男・女）を組み合わせた12項目を報復に関する規範的信念の下位尺度として残している。さらに，一般的な規

● 表 4-3　規範的攻撃信念尺度の質問項目（Huesmann & Guerra, 1997より）

報復攻撃信念
ある男の子がA君に悪口を言っているところを想像してください
・A君が彼に向かって怒鳴りつけることは問題だと思いますか
・A君が彼をたたくことは問題だと思いますか
ある男の子が他の女の子に悪口を言っているところを想像してください
・その女の子が彼に向かって怒鳴りつけることは間違っていますか
・その女の子が彼をたたくことは間違っていますか
ある女の子がB子さんに悪口を言っているところを想像してください
・B子さんが彼女に向かって怒鳴りつけることは問題だと思いますか
・B子さんが彼女をたたくことは問題だと思いますか
ある女の子が他の男の子に悪口を言っているところを想像してください
・その男の子が彼女に向かって怒鳴りつけることは間違っていますか
・その男の子が彼女をたたくことは間違っていますか
ある男の子がA君をたたいているところを想像してください
・A君がたたき返すことは間違っていますか
ある男の子が他の女の子をたたいているところを想像してください
・その女の子がたたき返すことは間違っていますか
ある女の子がB子さんをたたいているところを想像してください
・B子さんがたたき返すことは間違っていますか
ある女の子が他の男の子をたたいているところを想像してください
・その男の子がたたき返すことは間違っていますか

一般攻撃信念
・一般的に，他の人をたたくことは間違っていますか
・腹が立った時，他の人に意地悪なことを言うことは問題だと思いますか
・一般的に，他の人に怒鳴りつけて悪口を言うことは問題だと思いますか
・いらいらしている時に他の人を押しのけたり，こづきまわすことは問題だと思いますか
・他の人をばかにすることは間違っていますか
・いらいらしている時に意地悪なことを言って他の人に八つ当たりすることは間違っていますか
・一般的に，他の人と殴り合いのけんかをすることは間違っていますか
・一般的に，腕力にものをいわせて他の人に当り散らすことは問題だと思いますか

範的信念を測定する8項目を追加し，表4-3に示す最終版を完成している。

尺度分析では，全項目（$a = .86$），一般攻撃信念（$a = .80$），報復攻撃信念（$a = .82$）のそれぞれで十分な内的整合性が確認されており，1年の期間を空けた再検査信頼性においても有意な継続性が確認されている。仲間のノミネートや教師評定による攻撃性とも有意な関連が認められており，成長するにつれ子どもは攻撃をより是認する傾向にあり，この是認傾向の増加は攻撃行動の増加と相関していることが確認されている。これらの知見は，規範的攻撃信念尺度の妥当性を支持するものであるとみなすことができる。さらに縦断調査を用いたことで，

1年生のより年齢の低い子どもにおいては，攻撃行動の個人差がその後の規範的信念の個人差を予測する一方，4年生のより年齢の高い子どもでは，規範的信念が攻撃行動を予測するといった逆の因果関係を示す興味深い知見も得られている[★1]。

★1　認知と行動の因果関係に関しては，第12章においても詳しく分析される。

　Huesmann & Guerra（1997）により開発された規範的攻撃信念尺度は身体的攻撃をおもな対象としているとして，Werner & Nixon（2005）は異なる形態の攻撃の1つである関係性攻撃における規範的攻撃信念を測定する尺度を開発した。この研究では，NOBAGSに基づき，関係性攻撃，言語的攻撃，身体的攻撃の3つの攻撃形態を弁別する項目を作成している。他の攻撃形態に関する項目は元尺度に含まれていたため，関係性攻撃に関する規範的信念を測定する項目が追加されている。この改訂版尺度では，3つの攻撃形態に対応した挑発と，それへの反応としての3つの形態の攻撃を組み合わせて項目を作成している。研究1では，中学校1年生および2年生の女子122名が対象とされている。尺度分析では，主成分分析により，報復信念には関係性攻撃，言語的攻撃，噂の流布，身体的攻撃の4因子が抽出され，一般攻撃信念には身体的攻撃と2つの異なるタイプの関係性攻撃の3因子が抽出されている。各下位尺度の信頼性は，身体的攻撃の報復攻撃信念や，一般攻撃信念の下位尺度において低い値（$a = .49 \sim .64$）を示すものがあり，十分であるとは言いがたい。研究2では小学校5年生および6年性の男女1208名を対象とした調査を行い，確認的因子分析を用いて研究1の尺度分析と同様の因子構造が確認されている。ただし両研究において，妥当性の検証指標として，自己報告の攻撃性しか測定されていないといった問題もある。想定した概念と異なる因子構造が得られたことも考慮すると，尺度としての完成度に一定の限界がある。

　攻撃形態だけではなく攻撃の機能的側面を導入した尺度改訂も行われている。Bailey & Ostrov（2008）は，攻撃形態としての身体的攻撃と関係性攻撃の2パターンと，攻撃機能としての能動的攻撃（目標志向的で，多くが周到に計算された行動として実行される）と反応的攻撃（衝動的，攻撃志向的で，脅威への反応として実行される）の2パターンを組み合わせて，4つの下位尺度から構成される攻撃サブタイプ規範信念尺度（normative beliefs of subtypes of aggression scale: NBSAS)を作成している。165名の大学生を対象とした調査結果から尺度分析を行っているが，各下位尺度および尺度全体の信頼性ともに低い値（$a = .69$以下）であり，下位尺度の因子構造を検討する分析も行われていない。重回帰分析により，能動的関係性攻撃や反応的身体的攻撃からNBSASに有意な正の影響が認められているものの，Werner & Nixon（2005）同様に自己報告の攻撃尺度のみが用いられているという問題が指摘されている。攻撃のサブタイプを重視して改訂された規範信念尺度であるにもかかわらず，下位概念の構造的差異が明確にされておらず，尺度を改訂した意義に一定の限界がある。

　国内の研究においては，類型化理論に基づく尺度を用いた研究は少ない。先述の吉澤・吉田（2004）は，Gibbsの提唱した認知的歪曲の測定尺度であるHIT質問紙を参考に，日本文化に対応した認知的歪曲尺度を開発している。大学生381名を対象とした調査結果の尺度分析により，先行研究同様の一次的な自己中心性，二次的な責任の外在化，先行研究とは異なる虚偽過小評価の3因子を抽出している。同様の3因子はGibbsの初期の研究においても見いだされていることから，妥当な因子構造であると考えられる。各下位尺度の信頼性に関しては，高くはないものの一定の内的整合性が確認されている（$a = .68$〜.77）。また，自己報告ではあるが，社会的逸脱行為の悪質性を軽視する程度や実際の過去経験との間に有意な中程度の正の相関が見いだされている。同様の因子構造や社会的逸脱行為との関連は，中学生や高校生（吉澤・吉田，2010）を対象とした研究においても一貫して認められている。

　道徳不活性化を対象とした日本の研究は存在しないが，規範的攻撃信念は吉澤ら（2009）にて扱われている。大学生を対象に地域共同体における集合的有能感（近隣の住人が居住者の共通の価値観を認識し，効果的な社会的コントロールを維持する際の弁別的な能力）と暴力事象とが，青年の反社会的な行動傾向に及ぼす影響を検討する研究であり，両者を媒介する社会的情報処理の指標の一部として，NOBAGSを邦訳して用いている。尺度の信頼性に関しては，十分高い内的整合性が確認されている（一般攻撃信念：$a = .84$；報復攻撃信念：$a = .90$）。また，吉澤・吉田（2004）と同様の社会的逸脱行為との関連の検討では，認知的歪曲よりは低いものの有意な正の相関が報告されている。

第2部

認知のゆがみと社会的適応

第 5 章

認知のゆがみと攻撃行動

　揉め事や諍い，争い事は，肉体面・精神面・経済面などのさまざまな側面でコストをともなう。そのため，多くの人が，そういった葛藤のない平穏な日常を望むであろう。けれども，実際にはそれは避けられず，深刻化・長期化してしまうこともある。

　Anderson et al.（2008）によれば，二者以上がかかわる葛藤の激化には，両者が被害者と加害者の両方の役割を演じることでくり返されるサイクルがみられる。人々は葛藤下で被害を受けたならば報復しようとするし，挑発につりあった報復は正当なものと認められることが多い。だが，葛藤激化のサイクルの下では，両者が相手の行為を不適切で不当なものと見なし，それに対して行った公正回復のための報復は，やはり相手側から不適切で不当なものと見なされる。その結果，両者が自分の被害を訴えるのみで，激化のサイクルは循環し続けることになる。

　DeWall & Anderson（2010）は，葛藤激化のサイクルが持続する原因の1つに認知の誤りをあげている。たとえば，他者の行為の原因を相手の内的属性に帰属し，自分の行為を外的環境に帰属する基本的帰属錯誤は，社会心理学では古くから指摘されてきた。仮に，相手の行為が状況的条件に起因するのであれば，それに基づく被害はしかたがないものとして我慢できるのかもしれない。だが，もしもそれが相手の内的属性に起因するものであるならば，今後の被害を防ぐためにも相手に罰を与えたくなるであろう。当事者たちのこのような基本的な認知過程のかたよりが，いつ終わるともしれない報復の応酬や，膨大な数の被害者を生みだす可能性を孕むのである。

　この簡単な例のように，認知過程のゆがみは，加害者の攻撃行動や，結果とし

ての葛藤の深刻さに直接的な影響を及ぼすことになる。認知過程は，その他の人間行動と同様に，攻撃行動においても重要な役割を果たしており，このゆがみの性質を知ることは，攻撃行動の制御や，結果としての葛藤の早期解決に寄与することになるであろう。この章では，攻撃や関連領域での研究で明らかにされてきた知見や理論を基に，加害者の認知過程で生じうるゆがみとその結果に焦点を当てる。

第1節　認知のゆがみの個人内過程：社会的情報処理のゆがみと攻撃

1. 攻撃の情報処理モデル

攻撃は，「被害を避けたい人物に対する危害意図をもったあらゆる行動」（Baron & Richardson, 1994）と定義され，たとえば，身体的―言語的―関係的，直接的―間接的，積極的―反応的など，その様態や機能によってさまざまに分類することができる（Bushman & Huesmann, 2009）。相手に危害を加える意図をもって実行されるという定義の通り，攻撃はどのような状況でどのような手段を選択するかなどの点で，実行までにいくつかの認知過程の存在を仮定することができる。

攻撃研究者たちは，この過程を詳細に分析するためにいくつかの情報処理的モデルを提案してきた。（DeWall & Anderson, 2010; Huesmann & Kirwil, 2007; Pettit & Mize, 2007）。これらによれば，攻撃行動の実行にかかわる認知過程には，攻撃の被害者となる対象やその周囲の状況等の手がかり情報を符号化して解釈する段階と，それに対して反応を生成する段階とに分けることができる。

最初の段階では，対象や周囲の環境についての情報を符号化する作業が行われる。ここでは，挑発や扇動要因，自分の被害，被害者となりうる対象，攻撃反応，抑制要因など，環境中のどの情報に注意を向けるかという点が問題となる。この時点での入力状態がその後の情報処理に影響を与えることになるため，挑発事象そのものだけでなく宥和的手がかりに気が付くか否かという点は重要である。また，この段階でもう1つ重要なのは，入力された手がかり情報を解釈し，意味づけをする過程である。手がかり情報は心的に表現されて，相手の行動には，敵対的意図があったか，その動機は何なのかなどが，推論・意味づけされる。こういった状況解釈は，時には意識をともなわずに行われる（Dodge, 2010）。

次の段階では，まず，前の段階で同定された状況や対象によって行動目標が設定される。ここでは，前段階で心的に表現された刺激情報にともなって感情反応が発生し，報復による公正回復や強制による利益獲得など，行動によって達成されるべき目標が喚起される。この目標選択過程も，当事者が意識することなく進行する場合もある（Dodge, 2010）。続いて，その目標を達成するための反応決定過程へと進む。刺激情報の心的表現と，それによって選択された目標は，攻撃，あるいは撤退や回避など，行動反応の引き金となる。こうして生み出された反応は，衝動的に即時に表出されることもあるが，その反応の効率性，社会的価値，結果の得られる見込み，得られる結果の価値などの点でじっくりと評価された上で実行される場合もある（Dodge, 2010）。

　これらの処理過程の検討には，ある仮説的状況を表現したエピソード記述文やビデオ刺激を用いて，研究参加者に質問に回答させるという手法が典型的に用いられてきた。次の文章は，葛藤状況での反応の結果についての期待を検討する研究で用いられた刺激文の例の1つである（Crick & Ladd, 1995, Study 2）。

【わたしに起こったこと】：ある日学校で，あなたは休み時間が始まって教室から出ようとするクラスメイトたちの列に並びます。あなたが列に並ぼうとするちょうどその時に，クラスの子の1人が，「僕はここがいい」といって，あなたの前に割り込みました。
【質問】：もしもあなたが，「列のうしろに並べよ」といったら，どうなると思いますか？

　研究参加者はこういったエピソードを読み，主人公としてこの状況を考え，その後，相手の行為の原因や行いうる反応についての質問に回答する。とくにこの研究では（Crick & Ladd, 1995, Study 2），主人公がいくつかの葛藤状況で身体的攻撃，言語的攻撃（威嚇），命令，譲歩，公平性などの社会規範の明言，ていねいな要請などの方略を用いた場面を設定して小学3年生と5年生の男女に読ませ，どの程度目的を達成できると思うか，どの程度相手との関係が悪くなるか，などの質問を行っている。そして，生徒たちの中でもクラス内で友人から拒絶されている子どもとそうでない子どもとの間で，これらの行動方略の有効性についての認知を比較している。その結果，拒絶されている子どもは，身体的攻撃や威嚇・命令などの敵対的な方略を肯定的に評価する傾向があることが示されていた。

　問題行動や攻撃的行動が顕著な人々に対してこれらの手法を用いた研究で明ら

かにされてきたことは，彼らは，そうでない人々と比較して，攻撃的な反応を引き起こすような特徴的な情報処理を行っているという点である。社会的情報処理アプローチの研究者たちは，それらの特徴的な認知を引き起こす要因に焦点を当てて検討を進めてきた。

2．攻撃の情報処理に影響する要因：期待と覚醒水準

　社会的情報処理モデルの重要な特徴が，個々人がもつ期待が情報処理に影響すると仮定する点である。人々がある対象に対して抱く期待（たとえば「裕福な家庭の子どもは学力が高い」「黒人は暴力的だ」など）は，客観的に見てあいまいな情報が与えられた時ですら，その対象に対しての判断を期待に一致する方向にゆがめることが実証されている（Darley & Gross, 1983; Sagor & Schofield, 1980）。

　これらの期待は個々人に固有の知識構造を反映するもので，Huesmann & Kirwil（2007）はそのような知識として，スクリプト，世界スキーマ，規範的信念をあげている。たとえばある人は，「バカにされた人は，その後に必ず相手を殴りつける」と考えているかもしれない。このように，「こういう場合にはこうなる」という規則によって，ある場面で起こると期待できる行動・反応の系列を表す知識はスクリプトとよばれている。スクリプトによって，ある環境の中でどのような出来事が起こるか，これらに対してどのようにふるまうべきか，そして，そのふるまいによってどのような結果が生じるかが示される。上記のようなスクリプトをもっている人物は，侮辱される経験をした際には殴りつけるという反応が最も心に浮かびやすいであろう。また，他にも，「世の中のたいていの人は自分勝手で意地悪だ」と思い込んでいる人がいるかもしれない。これのような，環境的手がかりを評価したり，他者の行為の意図を帰属するためにもっている知識のデータベースが世界スキーマである。敵対的なスキーマをもっている人は，相手の行動の意図や動機を敵対的に帰属することが多くなり，そのために報復的に敵対的な応答をすることが増えると考えられる。そして，規範的信念とは，「その個人にとって正しいこと」を表現するような，行動の適切さについての認知スキーマのことをいう。規範的信念は，他者の行動を解釈することや状況に対する反応を選択することだけでなく，不適切な思考や反応が思い浮かんだ際にそれを否定することにも用いられる。したがって，「どんなことがあっても暴

力を用いるのはよくない」と信じる人物は，たとえ他者に対して暴力的な反応が思い浮かんだとしても，それの実行を拒否するであろう。

　社会的情報処理の研究からは，これらの知識構造に基づく期待が情報処理をどのようにゆがめるのかという点も明らかにされてきた。Darley & Gross（1983）は，対象に対して抱いた期待が，知覚者にそれを確証するような認知を引き起こす過程として，期待に一致する情報に対して選択的に注意を向けさせたり，それを再生させたりすること，相手の行動を期待に一致するように解釈させること，それらの行動を優先的に相手の内的属性に帰属させたりすることをあげている。これらの認知のゆがみをもたらす過程は攻撃の情報処理でも仮定されており，攻撃的反応を導く過程として実証的知見が積み重ねられてきている（Pettit & Mize, 2007）。

　Pettit & Mize（2007）は，学校の駐輪場で仲間たちにからかわれた少年の例を用いて，情報処理過程で期待による認知のゆがみが生じるポイントをあげている。第一に，状況的手がかりに対する注目と符号化の過程では，他の仲間が薄笑いを浮かべたり声を出して笑ったりしていたかどうかなど，どのような手がかりに目が向けられるかという点が重要となる。第二に，符号化された手がかりを心的に表現して解釈する過程では，仲間の笑いを挑発とみなすか，それとも害のないたんなる悪ふざけとみなすかなど，手がかりをどのように帰属するかが焦点となる。第三に，状況に対して目標を設定して反応を選択する過程では，怒る，笑い飛ばす，立ち去るなど，さまざまな反応が可能であるうちでも，行為者からどのような反応がアクセスされるかが問題となる。そして第四に，アクセスされた反応が評価される過程では，それらの反応で果たして望むような結果が得られると予測できるのかどうか，道徳的規範に照らして適切とみなすことができるのかどうかなどが考慮される。それぞれの過程で起こりうる認知のゆがみ（敵対的手がかりに対する選択的な注意，他者の行動の敵意的な帰属，攻撃的反応に対する即時的なアクセス，攻撃的反応に対する肯定的な評価）のすべてが，結果的に攻撃的反応が現われる確率を増加させることになる。

　知識やそれに基づく期待は，本来は円滑な情報処理を促進する役目を果たしているが，このように情報処理をゆがめる原因ともなりうる。仮にわれわれが実世界に氾濫する膨大な量の情報のすべてを逐一精密に処理しなければならないとすると，それはあまりにも効率が悪く，時間がかかりすぎてしまうはずである。わ

れわれは，知識という解釈の枠組みが与えられることによって，当面のところで不要な情報に目を向けずにすみ，不必要な思考で判断に時間をとられてしまうことが防がれている。だが，まさにこの点こそが，ゆがみを生み出す原因といえるであろう。攻撃の情報処理過程で，攻撃的反応以外の反応を発生させるために必要な情報が見過ごされたり，あるいはその情報がゆがめられて処理されてしまうことによって，攻撃的反応が生み出されやすくなってしまうのである。

　攻撃の社会的情報処理モデルにおいて，情報処理に影響することで攻撃を増加させると仮定されるもう1つの重要な要因に，覚醒水準があげられる（Huesmann & Kirwil, 2007）。われわれの日常でも「カッとして」「頭に血が上る」「我を忘れる」などの言葉を耳にするように，怒りやその他の感情が引き起こす高覚醒状態は，攻撃を増加させることが指摘されている（Bushman & Huesmann, 2009）。高覚醒状態は不快な体験を引き起こすためにそれだけで攻撃を動機付けるが，覚醒が情報処理に影響を及ぼすことで攻撃を増加させる可能性は他にも三点が考えられる。その第一は，覚醒が高められると，心的に容易にアクセスが可能なスクリプトを用いる傾向が強められてしまうことである。高覚醒状態は，複雑な認知課題の遂行を妨げ，不適切と見なされうる反応を抑制する認知過程を阻害する。高覚醒のために，その状況で最も支配的な反応，最も優勢な反応が引き起こされることが示されており（Zajonc, 1965），たとえば，たいていの人が攻撃的に反応するような場面では，高覚醒状態にある人物に対してそのような反応を抑制することは期待できなくなるであろう。覚醒が攻撃的情報処理を導く可能性の第二は，注意の幅が狭められてしまうことである。敵対的手がかりが顕著な場面では，狭められた注意のために，相対的に目立ちにくい宥和の手がかりには気づくことができなくなり，攻撃を抑制する方向での情報処理は起こりにくくなってしまう。そして，可能性の第三は，生理的覚醒が挑発的な条件の下で敵対的感情を増加させることで，覚醒転移とよばれる（Zillmann, 1988）。感情の二要因理論によれば，ある感情の体験は，その状況を評価することによって，喚起された生理的覚醒に対する感情のラベリングが行われて成立している（Schacter & Singer, 1962）。そのため，たとえば激しい運動後などのように挑発とは無関係に喚起された生理的覚醒であっても，その場面に挑発が存在してその状況が評価されたならば，その覚醒は怒り感情によるものとして誤ってラベル付けされる可能性がある。そうすると，結果として強い敵対的感情と攻撃的反応が引き起こされてしま

うであろう。高覚醒状態を引き起こす場面の多くで，攻撃を行う当人は，覚醒状態が自分自身の認知過程にそのような影響を及ぼしていることには気が付かないと考えられる。したがって，この点での攻撃的な反応の増加は非意識的に導かれているということができる。

　高覚醒状態が情報処理に対して引き起こす影響と類似した効果を及ぼす要因として，アルコールがあげられる。攻撃の情報処理過程にアルコールが及ぼす特徴的な影響の1つは，行動抑制を低下させることである（Bushman & Huesmann, 2009）。アルコールは，われわれが行動を行う際の計画や組織化，推論，目標達成，情動統制，行動統制などの高次の認知機能（実行機能）を妨げるといわれている。Bushman & Huesmann（2009）は，アルコールは攻撃行動のアクセルを踏むというよりも，そのブレーキを効かなくしてしまうと説明している。彼らによれば，攻撃行動やその他の行動の統制にはたくさんのエネルギーが必要であり，それを司る脳活動では多くのグルコースを消費する。だが，アルコールは脳や身体のグルコースを減少させてしまうために，攻撃的衝動を抑制するために必要な自己統制が損なわれてしまうのである。また，アルコールが攻撃的情報処理過程に及ぼすもう1つの影響は，注意を狭めて近視眼的判断を引き起こすことであり，これはアルコール近視とよばれる（Clements & Schumacher, 2010）。アルコールは社会的手がかりに対する注意の能力を狭めるため，行為者の注意を挑発場面で顕著な挑発的手がかりに集中させてしまう。すると，攻撃抑制手がかりや自分自身の内的な行動規範には注意が向けられなかったり，他者の行動や状況の別の側面を誤って知覚したり，あるいは，暴力行為によって生じるネガティブな結果にも思いがいたらないということが起こる。たとえば，他者の表情に現れる感情をアルコール中毒患者と健常者とに読みとらせて比較した研究では（Philippot et al., 1999），アルコール中毒患者は表情に現れる情動の強さを基本的に過剰に見積もる傾向があり，また，さまざまな情動表現を誤って知覚することが示されていた。とくにアルコール中毒患者たちは，幸福の表情をネガティブな情動の表現として，また，嫌悪の表情を怒りや侮蔑の表情として読み取っていた。このことは，アルコール摂取によって，他者の反応をネガティブに，そしてそれを強いものと認知するために，当事者はその場面を暴力の引き金となる状況として認知する可能性が増加することを示唆している。

　ただし，アルコール摂取はそれ自体が直接的に攻撃を引き起こすわけではな

く，むしろ，それは情報処理に影響することで攻撃が増加する可能性を高めるという点に留意する必要がある。Bushman & Huesmann（2009）は，アルコールは，暴力の引き金となる挑発や欲求不満などの要因と組み合わせられることで暴力行為を増加させる役割を果たしており，それらの要因がなければ，攻撃行動に及ぼすアルコールの効果はほとんどないと述べている。攻撃を増加させる根本的な原因となっているのは，行為者の攻撃的な期待を通じて反応実行が導かれる情報処理過程であり，アルコールは行動統制を弱めたり，あるいは注意を狭めることによって，それが行われやすい状態を形成する手助けをしているのである。

　同様に，感情的覚醒を引き起こす例としてあげた怒り感情も，それ自体が必ずしも攻撃を導くわけではない（Bushman & Huesmann, 2009）。たとえば，Bushman et al.（2001）の研究では，与えられた薬（実際には偽薬）のためにしばらくは怒りの気分が消失しないと教示された参加者は，怒りを経験してもそれによって攻撃が増加することはなかった。つまり，攻撃が怒りを解消する手段として有益であると判断できる場合に人々はそれを実行しているのであり，従って，怒りそれ自体が必ず攻撃を引き起こしているということはできない。むしろ怒り感情は，覚醒水準の高まりをともなうことや，先に述べた攻撃的なスキーマやスクリプト等の期待を利用しやすくすることのために，攻撃統制に関する認知過程をゆがめたり妨げたりしていると考えられ，このことが結果として攻撃の増加を導いているのである。

　攻撃の社会的情報処理モデルによれば，個々人の攻撃的認知・反応は，その時点で抱いている期待やその時点での覚醒水準，あるいは認知的統制の状態など，その状況での情報処理がどのように展開されていくのかという点に依存する。ここまでに述べてきたように，情報処理がゆがめられたり妨げられたりするポイントはいくつかあり，これに沿って，たとえば符号化過程のゆがみによる被害妄想的認知や，反応評価過程の阻害による衝動的攻撃，あるいは解釈過程のゆがみによる猜疑心や易怒性など，攻撃的と見なされる反応・傾向のさまざまなタイプを仮定することができる。ある場面での反応に関するこういった個人による違いは，たんにその人物が先だって目にしたものが，一時的に利用可能になった攻撃的スクリプトやスキーマを通じて反映されているだけなのかもしれないし，あるいは，その人物の性格特徴として深く刻みこまれたものが現われているのかもしれない。これらの反応における個人差の性質や，その形成過程に関心を向けて検

討を行って来た研究者たちは，観察や経験等を通じて暴力に接することが，攻撃反応・傾向の個人差に対して強い影響を与えていることを明らかにしてきた（Dodge, 2010; Huesmann & Kirwil, 2007; Pettit & Mize, 2007）。

3．攻撃的情報処理の形成に影響する要因：暴力に接することの効果

　生活の多くの場面で「暴力はよくない」という規範が存在しながらも，情報メディアの発達によってさまざまな情報が飛び交う現代社会では，暴力に接する機会が少ないとは言えない。とくに，TVやインターネット，あるいはTVゲーム等のメディアを通じて観察される暴力が実際の攻撃行動や反社会的行動に及ぼす影響については，研究者たちは以前から関心を向けてきている（Krahé, 2001; Paik & Comstock, 1994）。メディア暴力の研究，あるいは虐待された経験のある児童に対する研究等が明らかにしてきたことは，暴力に接することによって，その人物が攻撃や暴力を実際に行う可能性が高められるということである（Huesmann & Kirwil, 2007; Pettit & Mize, 2007）。

　Huesmann & Kirwil（2007）は，暴力に接することの効果を短期的に生じる効果と長期的に形成される効果に分けて議論している。情報処理に影響することで攻撃的な反応を導くと仮定される効果のうちでも，短期的効果はその状況で見たものや内的状態に反映される即時的な効果であり，長期的効果はくり返して行われた観察や経験によって学習され，知識や反応体系として結晶化することによる効果である。

　暴力に接することで短期的に生じる効果として，3つをあげることができる（Huesmann & Kirwil, 2007）。第一は，観察した暴力によるプライミング効果である。認知心理学では，人の心の中でさまざまな概念が相互にネットワークを形成しており，1つの概念が活性化すると，それに結びついた他の概念も活性化すると仮定されている。活性化した概念は，その後の情報処理に利用されやすくなることが示されており，これをプライミング効果とよぶ（北村, 2001）。観察した暴力は，攻撃的な期待や情動に関連する概念を活性化し，そのために，それらのアクセスが一時的に高められて，その後の情報処理に利用されやすくなると考えられる。たとえば，暴力のプライミングが暴力に関連する期待を活性化することで，先に述べたように相手の行動意図があいまいな状況では，その行為が挑発と解釈されることが起こりやすくなるであろう。第二は，観察者がその暴力を模

倣することである。児童を対象にした古典的研究では，児童たちは暴力を観察するとそれを容易に模倣して攻撃的反応を増加させることが示されている（Bandura et al., 1961, 1963）。第三は，暴力を観察することで生理的覚醒が高められることである。暴力の観察によって引き起こされた高覚醒状態は，すでに述べたように覚醒転移などを通じて，攻撃的な反応が生み出される可能性を高めるであろう。

　暴力に接することで長期的に形成される効果には，2つが考えられる（Huesmann & Kirwil, 2007）。第一は，攻撃的な期待が，パターン化された思考・判断傾向やパーソナリティ特性などの持続的な特徴として固定化されることである。上述のプライミング効果や模倣は，たとえ当人の意識がなくても生じるため，攻撃的スクリプトやスキーマなどは必ずしも意識することなく利用される。これらの攻撃的期待は，心の中で思い浮かべることや視聴することなどで何度もくり返し活性化して利用されることによって，容易にアクセスすることが可能になる。そして，観察や経験，あるいは推論による変化が加えられることにより，それらは特定的で単純な内容（たとえば「バカにされたならば，殴りつける」というスクリプト）から，より一般的で複雑な内容（たとえば一般的に「どんな場面でも相手に対して暴力を用いるならば，相手は自分の言う事を聞くようになるので，望み通りの結果が得られる」というスクリプト）に発達する。そして，さらに情報処理でくり返して利用されて，自己確認されることによって，攻撃的期待は，より強固な信念（たとえば「目的を達するためには暴力が必要だ」）や世界観（たとえば「この世界で最後に得をするのは，他者に有無をいわせない腕力をもつ者だ」）として結晶化することになる。固定化した信念や世界観は，それをもつ当人に一貫して攻撃的な反応傾向を引き起こすであろう。

　人々は，このように暴力にくり返し接していくにつれて，それに対する抵抗や不快感を失っていくと考えられる。もともと，人はネガティブな感情や覚醒を避けたくなるため，仮に暴力的場面がそのような状態を喚起すると予測されるならば，その人はその暴力的場面を避けようとするであろう。だがわれわれは，最初は強い衝撃を受けた刺激であっても，しだいにそれに慣れていって，最後には飽きてしまう。暴力についても同様で，それに見慣れてしまうということが起こりうる。このことが，長期的に暴力に接することで生じる第二の効果で，脱感作効果とよばれる。

ある事象からネガティブな感情や覚醒を経験するようになるプロセスを感作効果，逆に，そのような事象からネガティブな感情や覚醒を経験しなくなっていくプロセスを脱感作効果とよぶが，暴力の脱感作効果は，認知的側面・感情的側面の両面で，暴力に慣れていくプロセスである。認知的側面としては，上で述べたような信念の変化がある。たとえば，「暴力はまれで起こりにくい出来事である」という信念が，「それは日常的で当たり前で避けられない出来事である」という信念に変化することが考えられる。この結果，暴力に対する肯定的な評価や，それの正当化が起こりやすくなるであろう。また，感情的側面での脱感作効果としては，暴力に慣れることでそれを不快に思わなくなり，それを実行する際にも不快な経験をともなわなくなる可能性が示唆されている。たとえば，Carnagey et al. (2007) は，暴力の観察や暴力的思考に対して発生するはずの苦痛に関連した生理学的な反応が，くり返してそれらに接することによって減少することを示した。また，感情的反応性が低い精神病質者（サイコパス）と，攻撃や反社会的行動との関連は長く指摘されてきているし (Fowles, 1993)，Raine et al. (1997) による男性を対象にした長期的研究では，15歳時点でのベースラインの覚醒水準が低いほど，その後の14年間で反社会的・攻撃的行動に携わることが多くなると示されている。

　これらのことが示すのは，攻撃的な情報処理傾向の発達には，観察や経験に基づく学習の影響が十分に大きいということである。ある人物の個性について考える場合には，われわれには遺伝的生来的要因が原因として思い浮かびやすいかもしれない。たとえば，環境からの刺激に対する反応の敏感さなどの点で，それらの要因も暴力的な反応を引き起こす素地として見過ごすことはできないであろう。しかし，攻撃的な期待の発達や脱感作効果にみられるように，反社会的・暴力的傾向は，生まれもった要因という土台の上で，それぞれが生活する文化的・社会的環境で暴力やそれに類する反応に接することによって，「育てられていく」のであるといえよう。

　ここまでは，攻撃行動を導く個人内の情報処理過程に焦点を当ててきたが，攻撃・暴力の発生を規定する要因として，研究者から注目されてきたのは個人内要因のみではない。攻撃的情報処理傾向の発達に環境的影響が強く作用することからも明らかなように，個人内の情報処理のゆがみは，その個人が置かれた社会的状況にも影響される。次節では，そのような社会的過程に目を向けて議論する。

第2節 認知のゆがみの社会的過程：
肯定的自己定義をめぐる相互作用と攻撃

1．人間の行動の両極端と基本的欲求

　葛藤の結果，目を背けたくなるような悲惨な出来事が起こると，われわれの多くが「なぜそんなことになってしまったのか」と疑問をもつはずである。とくに，周囲からの評判もよい人物がそれを引き起こしたという意外な事実が判明したりすると，人々は驚くことになる。強盗，殺人，集団リンチ，大量殺人，集団虐殺など，現代社会では，非道徳的で陰惨な話題にも事欠かない。だが，その一方で，激甚災害の被災者たちのために多額の義援金が寄せられることや，多数のボランティアが被災地で活動することなどのように，われわれは，人間の道徳的で善良な側面も頻繁に目にする。研究者たちも，人間行動にみられるこのような多様な側面を生み出す心理に関心をもってきた。

　心理学者たちは，人間の感情，思考，行為の強力な源として，基本的欲求を仮定してきた（大渕, 2000; Staub, 1996）。基本的欲求は，生物学的欲求と心理学的欲求に大きく分けることができる。生物学的欲求は衣食住や身体の安全などにかかわり，心理学的欲求は，他者との良好な結びつきを維持しながら，効果的に外界にはたらきかける独立した自己という感覚に関係がある。基本的欲求は，だれもがそれを満たすことを望み，満たされなければ強い不安や飢餓感を感じるものであることから（大渕, 2000），人間が示すさまざまな行動の根源をここに見いだすことができる。

　基本的欲求のために，人々は破壊的な欲求充足行動に駆り立てられることがある（Staub, 1999）。Staub（1999）によれば，極端で持続的な暴力事例の多くは，たいていが基本的欲求充足の妨害から生じている。極度の経済的困難，政治的葛藤や大きな社会的変動などは，物質的剥奪，混沌，社会秩序の崩壊を引き起こすため，人々の欲求充足は著しく妨げられる。このとき人々は，ある欲求を犠牲にして他の欲求を満たすことや，あるいは，他者の欲求充足を妨害したり，他者を傷つけることで，自分の欲求を満たそうとする。このような人々にとって，搾取や暴力といった強制的な行動は，即時的に欲求を充足させるための有効な手段となりうる。

　だが，人間は欲求充足のために攻撃的な方法ばかりを用いているわけではな

い。人間にとって，他者と関係を結んで社会を形成し，それに貢献するような向社会的行動を取ることは，個々の欲求を充足するためには合理的と考えられる。食料を収集し安全を確保するためには，1人よりも集団で生活した方が，効率がよいはずである。集団内で向社会的行動を示すならば，集団内の他の個体に受け入れられ，よい仲間あるいはパートナーとして認められて，集団生活の恩恵にあずかることができるであろう。つまり，向社会的行動を通じて周囲からよい評価を得ることは，われわれにとって重要な意味をもつといえる。

われわれは日常生活のさまざまな場面で肯定的な自己定義を求めようとするが，じつは，その理由はここにある。自分に対する肯定的な感情や評価は人間の基本的欲求の1つと考えられており（大渕，2000; Staub, 1996），われわれはそれを維持するための行動に動機づけられることが多くの研究から指摘されてきた（Leary, 1999）。Leary（1999）のソシオメーター理論によれば，自尊心は，個人が他者から受け入れられているかどうかを示すモニターのような役割を果たしている。厳しい外的環境を他の個体と協力することで生き延びてきた人類の祖先たちにとって，他者からよい仲間として受け入れられるかどうかという問題は，自分自身の生命や子孫繁栄と直結する。もしも他者から嫌われるようなことや，失敗をしてしまうようなことが起こった場合には，他者からの拒絶を引き起こす可能性がある。そのため，そのような場面に直面した人物は，自尊心に脅威を感じることになる。この結果，おびやかされた自尊心は不快な感情を引き起こし，その人物に状態を改善する行動を動機づけることになる。このような理由から，人々にとって肯定的な自己評価は重要な関心事であり続けてきた。

次節では，肯定的な自己観の追求によって生じる認知傾向と，そのために起こりうる否定的な結果について見ていく。人々は集団内外の他者との相互作用を通じて，肯定的な自己観を獲得しているが，それはわれわれが意識することのない日常的なゆがみに基づいている場合がある。そして，そういったゆがみのために，本来ならば自己評価を危機にさらしかねないような結果，つまり他者を傷つけるという結果が引き起こされる可能性もある。

2．肯定的な自己定義を求める認知と，それが引き起こす危険性

われわれは，さまざまな社会的状況を利用して肯定的な自己評価を獲得しているが，その1つには他者との比較場面があげられる。Tesser（1988）は自己評

価維持モデルを提示して，この過程を説明している。Tesser（1988）によれば，他者との相対的な比較に基づく肯定的な自己観の維持に関連するのは，比較対象と自分との心理的距離，課題が自己定義にどれだけ関連するか，比較対象がどれだけの遂行レベルを示しているかという3つの要因である。たとえば，部活動の陸上競技に打ち込む人物は，いつも競い合っている友人がマラソン大会で自分よりもよい成績を収めたとき，自我に対する脅威を覚えるであろう。すると，この人物は，さらに練習に打ち込んでもっとよい成績をめざすかもしれないし，または，友人と距離を置いて比較するのを避けようとするかもしれないし，あるいは，「たかが部活じゃないか」として自分にとっての陸上競技の重要性を下げるかもしれない。Tesser et al.（1984）によれば，上の3つの要因でどれかが変化すると，人々は認知的・行動的に他の要因を変化させることによって，心的脅威を避けて肯定的な自己評価を維持しようとする。

対人相互作用において，人々が自尊心に対する脅威に対処し，肯定的な自己観を維持するための認知・行動的方略は他にも示されてきた。たとえば，人々は自分の成功の原因は自分自身の能力や努力のような内的な要因に，失敗の原因は自分の特性ではなく外的な状況要因に帰属しようとする（自己支持的帰属：Bradley, 1978）。そして，そのような失敗の可能性が前もって予想されるならば，もっともらしい言い訳や障害をあらかじめ表明しておいて（セルフ・ハンディキャッピング：Berglas & Jones, 1978），自己評価の低下を緩和しようとすることもある。

だが，自我防衛的対処方略のために，他者に対する否定的な反応が強められることもある。Crocker et al.（2004）は，自我脅威下の人々は，自分自身の価値や評価のこと，あるいは低い自己評価にともなうネガティブな感情で頭がいっぱいになって，他者の関心や欲求に注意が向けられなくなり，結果として他者に対する友好的な反応が減少すると述べている。同様に，たとえば Fein & Spencer（1997）の実験では，自分が重視する次元での成績が不振だったことを告げられた参加者たちが，外集団に所属する人物を貶めて，自分たちの評価を高めていた。自我脅威状況下におかれた個人にとって，比較対象を否定的に見ることで自分の評価を相対的に上昇させることは，脅威に対処するための手軽な手段であろう。

自我脅威下の人々の行動からは，高い自己評価が維持されるならば，当人に

とって好ましい結果がもたらされ，逆に，低い自己評価に陥った際にはネガティブな反応が引き起こされるという関係が示唆される。これに一致して，肯定的な自己評価は精神的健康や心理的幸福感と関連があるといわれており，その一方で，低い自己評価は対人不安や抑うつ，逸脱集団への加入や薬物乱用等の不適応的行動に結びつくことが示されている（Leary, 1999）。攻撃研究者たちもこの関係に関心をもち，特性的な自尊心の高さと攻撃的傾向との関連についての検討を行ってきた。Ostrowsky（2010）によれば，これらの研究では長い間，自尊心の低い人物が，自分自身の不適応感，劣等感や，恥感情などに対応するために，あるいは，他者の関心を集めて自尊心を高めるために，問題や失敗について他者を非難したり攻撃的になると考えられてきており，実際，この関係を示す研究は多くみられている。

けれども，自尊心の低さと攻撃との関連性を示す研究の一方で，攻撃的傾向と関連があるのはむしろ自尊心が高い方であることも主張されている（Ostrowsky, 2010）。自己評価が肯定的な者は，それが否定的な者よりも，自己評価をおびやかすような脅威は不当なものと感じられ，怒りを覚えやすい（Kernis et al., 1989）。これによって引き起こされた怒りは，攻撃的反応を生み出すことも多くなるであろう。このように，高い自尊心と攻撃との関連を説明する根拠も存在し，それを示す研究も多い。とくに，Baumeister や Bushman などの研究者たちは，攻撃や暴力が引き起こされやすいのは，ナルシシスティックに高く誇張された自己観をもった人物（自己愛傾向者）が，他者にそれを傷つけられた時であると主張している（Bushman & Baumeister, 1998）。

現在のところで，自尊心と攻撃的傾向との関連についてはまだ結論が出ているわけではなく，それのもつさまざまな側面を考慮するという点で今後の詳細な検討が必要とされている（Ostrowsky, 2010）。たとえば，高い自尊心をもつ人たちの中でも，それが不安定な人物や（Kernis et al., 1989），潜在的にはそれが低い人物の場合に（Sandstrom & Jordan, 2008），攻撃と関連しやすいことが示唆されており，高さ以外の自尊心の次元にも注目する必要がある。また，攻撃に関連する自己愛は，自尊心の高さと必ずしも一致するわけではない。自尊心は，自分自身の価値に関する全体的な評価のことをいうのに対して，自己愛は，自分は優れていて特別な扱いを受けるのにふさわしいとする感覚である（Taylor et al., 2007）。そのため，自己愛傾向が高い人物は自尊心も高いことが多いが，高い自

尊心をもつ人は必ずしも自己愛的ではない。そして，そういった自己愛にも，主張性や独立性，自己の確信などといった適応的な側面と，特権意識や搾取性などの不適応的な側面があり，攻撃に結びつくのは後者であるという主張もある (Barry et al., 2007)。

　これらの研究が示唆するのは，高い自己評価を求める傾向が孕む危険性である。自尊心が高いことは，心理・行動のさまざまな側面でよいものと考えられ，臨床現場でもそれをもつことが推奨されてきた (Leary, 1999)。けれども，自尊心や自己愛と攻撃との関係を扱う研究は，高い自尊心は望ましいという単純な仮定に注意を喚起する結果を示している。それらは，他者に対する敵対的な反応を形成し，結果としてわれわれを葛藤の泥沼へと陥らせる可能性すらも含むのである。

　われわれが肯定的な自己観を獲得する社会的状況には，所属集団に対する意識が高められる場面もあげられる。われわれが自己定義する方法の1つは，たとえば「わたしは心理学を専攻している」などのように，性格特性・能力や好み，あるいは持ち物などを通じて他の人とは区別される個人としての自分を認識する場合で，これを個人的アイデンティティという。これに対して，自分が所属する社会集団に基づいて他者との区別を行う場合もあり，これを社会的アイデンティティという。たとえば，野球のWBCやサッカーの日本代表，あるいはオリンピック等で日本選手が活躍すると，けっして自分自身が何かをしたわけではなくても自分のことのように嬉しく，同じ日本人として誇らしげな気持ちになるであろう。これは，日本人という国籍に基づいた社会的アイデンティティが顕在化することによってもたらされる感情である。

　とくにわれわれには，集団に所属するだけで，その集団を好ましく見ようとする傾向があることが示されている。Tajfel et al. (1971) が行った研究では，参加者たちは実験上で2つの集団のうちのどちらかに所属することになった。この時の集団所属の基準は，絵の好みやコンピュータ画面上で彼らが数えたドットの数のような，実験中あるいは実験後にまでも実質的な意味をもたない最小限のたんなるグループ分けであり，これは最小条件集団と呼ばれている。だが，その後の課題では，彼らは同じグループの人物（匿名で，実験中に顔を合わせることはなく，実験後も会うことは期待できない）に対して，相手グループの人物に対するよりも多くの利益が得られるように報酬を分配していた。この傾向は内集団び

いき（ingroup-favoritism）といわれており，集団所属がたとえ無意味なカテゴリー化によって決められた場合ですら，自分の集団（内集団）を通じて自分自身を好ましいものに見なそうとする心理を反映していると考えられる。

また，これとは別に近年の研究では，まっとうな人間としての特徴を兼ね備えているという点で，自分を含めた内集団の成員だけを特別に見なそうとする傾向がわれわれに存在することも見いだされている。Demoulin et al.（2009）によれば，われわれは，人間と動物とを区別するような，人間を特徴づける本質的な特徴というものを認識しており，知性，言語とともに複雑で洗練された感情がそれに該当すると考えている。これらは二次感情とよばれ，愛情，歓喜，憎悪，罪悪感，恥などが含まれている。これに対して，怒り，恐れ，驚き，喜び，悲しみなどの感情は一次感情とよばれて，人間と動物の両方に共通するものと考えられている（Demoulin et al., 2004a）。DemoulinやLeyensなどの研究者たちは（Demoulin et al., 2004b），人々が二次感情を自分たち内集団だけに特有の特徴と見なし，外集団に対してはそれを否定する傾向をもっていることを実証して，これを劣等人間化（infra-humanization）とよんでいる。

劣等人間化において，外集団の二次感情を否定することにともなう行動的傾向は，外集団に対して有害な結果を引き起こす可能性がある。Vaesらの研究の参加者たちは，外集団成員が二次感情を表明した際に援助しなかったり，同調を拒否していた（Vaes et al., 2003）。同調の拒絶は，相手との心的な隔たりを意味し，これは相手に対して視点取得したり，相手に対する共感が作用する機会を失わせるため，結果として適切な援助や攻撃抑制を阻害することが考えられる。また，そのために引き起こされうる被害に対しても，外集団の場合には見過ごされる可能性もある。Castano & Giner-Sorolla（2006）の研究の参加者たちからは，歴史上で外集団に起こった被害に対して，自分たちの集団にその被害の責任があると聞かされた場合にのみ，相手集団の二次感情を否定する傾向が示されていた。Castanoたちはこの結果を，被害者の人間的特徴を否定することによって自集団が与えた被害の責任を感じまいとする防衛的心理と解釈している。

われわれは，所属集団がわれわれにもたらす効果に対して無自覚であることが多い。「差別や偏見は悪いこと」とする平等主義的な価値観が正当なものとして浸透した現代社会では，たとえば外国人や障害をもつ人などに対して，露骨に差別的態度が表明されることは少なくなった。実際，ほとんどの人が，外集団に対

する敵対的な反応をあからさまに表明しようとはしないであろう。けれども，だからといって，偏見や差別がまったくなくなったというわけではない。偏見研究では，集団間に存在する潜在的な偏見的態度が，直接明瞭に表現されるのではなく，偏見かどうかを判断しにくいような状況で間接的に微かな形として現われることが示されている（Dovidio & Gaertner, 2004）。これは，偏見の表明に対する意識的な抑制が弱められる状況が存在し，そこでは潜在的態度が表れてしまうことを意味する。内集団びいきや劣等人間化といった認知・行動傾向も，その根源はわれわれの潜在的な態度にあるため，それを表明する当人はそのことを自覚していない場合が多いであろう。このことは，所属集団から肯定的な自己観を獲得することの恩恵と，それ自体が相手を傷つけ葛藤を引き起こす原因ともなることの両方に対して，われわれは気が付きにくいのだということを意味する。

　ここまでに見てきたような，自分自身を定義し，肯定的に評価しようとするわれわれの欲求と，それを達成するための敵対的・攻撃的手段との間には，矛盾が生じる。人々が時に用いるこれらの手段は，基本的欲求を満たす手段ではあるけれども，葛藤を悪化させたり，周囲からの拒絶を引き起こすことで，長期的にはそういった欲求充足を阻害する逆効果をもたらす可能性がある。また，その行為にともなう罪悪感や後悔のために，自分に対する否定的な評価が引き起こされるならば，その点でもこれらは健全で効果的な手段とは言えないであろう。Bandura（1999）によれば，人々は自分が行う行為によって，それらの感情を含めた否定的な結果が生じることが予測される場合には，それを行わない。つまり，攻撃等の敵対的な手段が自分自身に対してよくない結果をもたらすならば，その手段は控えられるはずである。けれども，現実的には暴力や反社会的行動のために多くの痛ましい結果が引き起こされており，それらの行為のすべてが思いとどめられているわけではないことは明らかである。このような矛盾に対して，攻撃研究者たちは加害者に生じる認知的メカニズムを仮定して，説明を試みてきた。

3．選択的道徳不活性化による攻撃の激化

　攻撃や反社会的行動など，われわれの道徳的規範に反する行為は，行為を統制するわれわれ自身の認知メカニズムのために通常は抑制されるが，そういった道徳的抑制も完全ではないことが指摘されている（Bandura, 1999）。Bandura

（1999）によれば，われわれの道徳性は，同一の基準をもちながらも，状況や相手に応じて柔軟に活性化・不活性化する。攻撃的反応に対する道徳的抑制は，われわれがその対象を道徳的規範の適用範囲内に存在するものと認めた場合にのみ作用して，対象を適用範囲外のものと見なした場合には，それに対する抑制は機能しない（Opotow, 1990）。われわれの道徳的範囲はさまざまな状況において容易に狭められることが明らかにされており，その行為が行われる状況によっては対象に対する道徳的規範が適用されない場合も現れる。多くの心理学者たちが，道徳的範囲が狭められる際には，行為者の心のうちでその行為を見過ごさせたり，あるいはそれを正当化させたりするための認知的な（選択的）道徳不活性化のメカニズムが作用していると考えている（Bandura, 1999; Baumeister, 1997; Opotow, 1990; Staub, 1999）。

　研究者たちのあげる（選択的）道徳不活性化のメカニズムは，大きく4つに分類することができる。その第一は，非難されるべき搾取や加害を社会的に受容可能なものと認知的に再評価することである。たとえば，行為を「仕事だから」「役目だから」として正当化したり，遊びやゲームのようにみなすことによって，自分が非道徳的な行為に従事していることから目をそらすことがある（Baumeister, 1997）。また，たとえば，兵士の殺人を「消す」，戦争での非戦闘員の死者を「二次的被害」と言い換えることは，行為の残酷さ，非道さを薄める効果があるとされている（Bandura, 1999）。また，破壊的カルトや集団暴力の場面では，集団イデオロギーや社会理念の達成などの高邁な目標を強調することによって行為の非人道性を覆い隠すことが行われてきた（Bandura, 1999; Opotow, 1990）。

　第二のメカニズムは，行為に対する行為者の責任を弱めることである。権威が結果に対する責任を負うことを保証してくれるならば（Bandura, 1999; Staub, 1990），行為者は権威に責任を転嫁できるために，搾取や加害をたんなる代理行為とみなすことができる。また，匿名化や作業分担（Baumeister, 1997; Opotow, 1990）が行われる状況では，観察者あるいは被害者が有害な結果の最終的な責任をもつ人物を特定できないために，社会的制裁や報復の恐れが軽減される。

　第三のメカニズムは，行為による有害な結果そのものを無視したり軽視することである。被害者の不満や苦痛という結果に注意が向けられないならば，加害者には残虐な行為ですらも抵抗なく遂行しやすいであろう。これには，たとえば，ハイテク兵器によって遠隔地から正確に目標を爆撃することのように，行為とそ

の結果が物理的，時間的に離れている場合や（Bandura, 1999），ただ爆撃機を操縦することやタイミングよくミサイルの発射ボタンを押すことだけを考える場合のように，行為の全体や意味ではなく作業手順のような低次の思考に没頭することなどが考えられる（Baumeister, 1997）。

　第四のメカニズムは，被害者に対する認知を変えることである。被害者の方が先に挑発したのだから罰は当然と考えるならば，搾取行動だけでなく，攻撃行動ですら報復または防衛として正当化される（Bandura, 1999; Opotow, 1990）。また，被害者を野蛮で劣った，あるいは不可解で危険な対象として蔑視する場合も，これに対する攻撃行動は選択されやすいであろう。さらには被害者を非人間化することにより，これを人間性，尊厳，感受性をもたない物体のように扱う加害者からは，被害者に対する思いやりどころか，攻撃することへの躊躇すらも失われる。実際，利益獲得のために積極的に攻撃に動機づけられた加害者にとっては，被害者に対してたんに非人間的な名前が付与されるだけでも十分であり，その非人間的ラベリングのために被害者に対する攻撃を激化させて，被害の責任を被害者に帰属することが示されている（田村，2010; 田村・大渕，2006）。

　こういった認知的メカニズムの作用で道徳的抑制を欠いた加害者の行為が甚大な被害を生み出すことは明らかである。これらのメカニズムの一つひとつは，単独に作用しても十分に強力で，それだけでも人々を容易に搾取，加害へと向かわせるであろう。だが実際には，これらのいくつかが組み合わされて作用する場合が多く，そしてそのことによって，加害者側では道徳不活性化がより強力に行われ，時に目を覆うばかりの恐ろしい惨劇が引き起こされることにもなる。

　けれども，われわれが注意せねばならないのは，これらの道徳不活性化のメカニズムはなんら特別なものではないということである。Staub（1999）は，大量殺戮や集団虐殺のような，通常の人間の行動という枠組みでは理解しがたいような極端な破壊的行動すらも，人間の基本的でふつうの心理学的過程とそれの進化によって生じると述べている。われわれのうちでも，正当な理由があれば強制的な手段を取ることもやむを得ないと考える人は少なくないであろうし，われわれのだれもが，都合の悪いことは他人や状況のせいにしたくなったりするであろう。遠い外国の建物が空爆で破壊されるニュース映像をただぼんやりながめていたり，気に入らない人物を「サル」とか「クズ」などとよんで価値を落とすことなどは日常生活でもみられる。けれども，われわれが驚愕し，戦慄を覚えるよう

な出来事を引き起こす根源は，日常で生じるそういった心理過程なのである。

第3節　終わりに

　少なくとも客観的な第三者としてのわれわれならば，葛藤激化のサイクルに陥ってしまった当事者たちが抱いているであろう認知のゆがみに気がつくはずである。日常での暴力の応酬や，世界中で繰り広げられる宗教間・民族間などの対立と葛藤激化のサイクルに対して，直接的な関与のないわれわれは，当事者たちが掲げる「正義」に違和感を覚えたり，そこに「不適切な応酬」を見いだすであろう。

　だが，同時にわれわれは，「客観的」と信じている自分自身の認知に生じるゆがみには，なかなか気がつきにくいかもしれない。われわれは，葛藤下でそういったゆがみを示す人々を特異なものと考えがちである。たとえば，おびただしい数の被害者を出すような大虐殺の加害者たちや自爆テロ犯たちは，その行為の残虐さのために，われわれにはどこか異常な心理的特性の持ち主であるかのように見えてしまうであろう。そのときわれわれは，われわれに見えている不適切な応酬やゆがみを当人たちの属性に帰属するかもしれない。それこそは，この章の最初に指摘した基本的帰属錯誤である。

　葛藤の当事者たちは，必ずしも特別な人々なのではない。この章の冒頭で述べたように，長期化・深刻化した葛藤のさ中の人々の目には，自分がかかわった暴力がたとえ甚大な被害を生み出すものであろうとも，それらは挑発に対して適切に行われたもので，公正さに基づいた報復と映っている可能性がある。こういった認知が必ずしも特異な人々に限定されるものではないことは，この章で見てきたとおりである。彼らは，たんに，認知のゆがみに嵌り込んでいるだけのことであるのかもしない。そのような認知が特別ではない彼らに起こりうるものである以上は，それは，われわれにとっても日常生活で十分に起こりうることのはずである。

第6章

認知のゆがみといじめ

第1節　いじめ問題と研究動向

　日本国内では，1980年代から，いじめによる自殺が大きな社会的注目を集めてきた。しかし，その社会的注目は一過性のもので，いじめに関する研究の学会発表もその社会的関心に連動して増減してきた（戸田，2010）。日本では，欧州諸国のように各学校に恒常的な予防対策が導入されていることも少なく，いじめに関する県教育委員会などによる研修についても，研修担当者によるいじめの現状の推認の影響を受けてしまう（阪根・青山，2011）。

　欧州諸国において，ノルウェーでは1982年にいじめ自殺が連続し，大規模な調査が行われるにいたった。英国では1980年代後半にいじめ自殺が続き，「欧州のいじめ王国」とタブロイド紙に揶揄され，1990年代に対策がすすんだ。フィンランドでは2008年の学校銃乱射事件の犯人が，かつていじめ被害者だったと判明し，社会にショックを与え，現在では全国規模でいじめ対策プログラムが導入されている（戸田・ストロマイヤ，2013）。

　そのような経緯から，世界のいじめ研究の重心は欧州にあり，青年期研究のなかで，移民の問題とも重ねながら研究が展開されてきた。Smith（2011）によれば，いじめ研究は4つの時期に区分される。第一期は1970年から1988年ごろで，起源の時期である。これより早い時期にも研究が散見されるが，学校でのいじめの系統的な研究は1970年代のおもにスカンジナビア諸国での研究にさかのぼる。第二期は1989年から1990年代半ばで，調査プログラムの確立期である。第三期は1990年半ばから2004年までで，国際的な共同研究の確立期である。第四期は2004年以降で，ネットいじめ研究の登場による研究領域の発展変革期であり，アメリ

カでとくにネットいじめ関係の研究が急激に増加してきた。アメリカでのいじめ研究増加の背景には，銃乱射事件の犯人がいじめ被害者であったことが判明したという事情もある。

　このネットいじめ研究が，従来のいじめ研究のあり方まで問い返している。今までの研究におけるいじめ定義の多くは，いじめを攻撃の一種とし，いじめには多様な形態があり，攻撃の一方向性（けんかは双方向）と継続性を特徴としてあげている。ところが，ネット上では1回の書き込みを何度も見ることで結果的に継続性が生まれてしまうことなどから，ネットいじめが従来型のいじめ（traditional bullying）と形態だけが違うという素朴な理解は疑問視されている（Smith, 2012）。また，いじめ問題はないと思われていたフランスで，中・高校生738名にいじめについて半構造化面接を行った研究（Kubiszewski et al., 2012）によれば，従来型の学校でのいじめでもネットいじめでも，それぞれ4人に1人がいじめる側・いじめられる側・その両方のいずれかの立場で関与していた。従来型いじめとネットいじめの重なりは少なく，相当数の生徒のいじめ関与が示唆されている。このことからも，従来型のいじめとネットいじめについては，安易な包含関係を仮定しない方が賢明と思える。日本国内のいじめ研究については，鈴木（1995），向井・神村（1998），戸田（2010）などの展望論文がある。森田（1998）は国際的ないじめ研究ネットワークの最初の大きな成果であり，土屋ら（2005）がその後のより緊密な相互の議論の結実である。ネットいじめおよび関連する諸問題とその対策については，小野・斎藤（2008）や戸田ら（2013）が詳しく論じている。

　さて，ここからは従来型のいじめについて，その定義と本質について論じておきたい。いじめと翻訳される英語であるbullyingに該当する14か国の言葉のニュアンスの違いを検討した研究（Smith et al., 2002）によれば，それらにはかなりの多様性がある。各国のいじめ研究は，いわばローカルな用語でなされており，厳密には異なる現象の研究が行われている。そのため，いじめの定義は研究者のあいだでも微妙に異なるものの，従来の定義の多くは先述の，多様な形態，一方向性，意図的くり返しに言及している。ただ，そこには欠けている観点があった。それは，「関係性の中での」攻撃という観点である。カナダの研究者が「関係性の問題」（relation problems）としていじめをとらえ（Pepler, 2006），欧米の研究者もクラスや学校や友人関係のあり方を近年は重視しているが（たとえ

ば，Salmivalli, 2010)．じつは，そもそも，日本でのいじめの定義にはこの観点がはいっており，そのことが指摘されていた（詳しくは，滝，2007）。

　森田・清永（1986／新版1994）の定義では，「同一集団内の相互作用過程において優位に立つ一方が，意識的に，あるいは集合的に，他方にたいして精神的・身体的苦痛を与えることである」としている。もちろん，社会的排除が心理的ダメージを与えるのは，たとえ希薄であっても仲間集団のつながりが前提になってのことなので，多くの定義は仲間のなかでいじめが起きる可能性を無視しているわけではないが，森田・清永の定義ではこの点を当初から明示していた。この「同一集団内の相互作用過程において」という観点は重要である。見知らぬ人からの攻撃であれば，くり返されてもいじめとはよばないだろうし，やられたら大人や，場合によっては警察などに通報することになると思われる。関係の中でなされる関係内攻撃であるがゆえに被害者が第三者に告げず，被害を非可視化し深刻化させてしまう。いじめと犯罪などの区別の提案も，ようやく海外の研究者との共同の中でも論じられるようになり，また，いじめ問題の深刻さが継続的な関係内攻撃によることも最近議論されている（Toda, 2011; 戸田ら，2008）。

　また，いじめは，たんに攻撃の問題として憂慮されるだけではなく，抑うつとの関連も指摘されている（詳しくは，戸田，2012）。さらに，関係内の攻撃という点で，いじめは虐待やセクハラなどとも共通しており（Toda, 2011），さまざまな状況下での力の乱用の問題を統一的に理解しようとする動きがみられる（Meyer, 2008; Monks & Coyne, 2011）。

第2節　いじめと認知のゆがみはどのようにかかわるのか

　通常，だれかを攻撃すると，まわりの友だちから被害者が可哀そうだと非難されたり，自分自身の良心が痛んだりするため，加害者は被害者を攻撃し続けることができなくなる。にもかかわらず，ニュースで取り上げられるような深刻ないじめはどうして起こるのだろうか。いじめが生起し，深刻化するメカニズムの中に，認知のゆがみがかかわっていると考えられる。

　本節では，第1部の2章で紹介したBanduraの選択的道徳不活性化（selective moral disengagement）の理論を基に，いじめの加害者にみられる認知のゆがみについて具体例をあげて紹介する（Osofsky et al., 2005）。道徳不活性化は，行

動側面 (the behavior locus) と発動側面 (the agency locus), 結果側面 (the outcome locus), 受容側面 (the locus of the recipients or objects) の4つの側面に分けられる。

まず, 道徳不活性化の行動側面には, 道徳的正当化, 都合の良い比較, 婉曲なラベルがあり, いじめ場面で人に生じる可能性のある認知的ゆがみの様相は, 以下のように考えられる。

■**道徳的正当化**

私たちは, 幼いころから親や先生に, 他者を傷つけたり, 嫌な思いをさせたりするような言動をしてはいけないということを教わっているため, いじめの善悪を問えば, 小学校1年生でもそれが悪い行いであるということを知っている。しかし, 道徳的正当化は, その判断をゆがめる働きをする。いじめの加害者が被害者をいじめる理由として「あの子は我がままだから, それをわからせるために仲間外れにするの」「あいつは遅刻が多いから, これからはちゃんと時間通りに来るように皆でからかったんだ」などと, いじめ行為を教育の手段だと主張する場合がこれにあたる。すなわち, 道徳的正当化とは, 目的の良さと比較することで, 手段の悪さを過小評価するための言いわけである。こうして, よい目的を達成するための手段としていじめを行うのであれば, そのいじめは許されると, 自他の認知がゆがめられる。

■**都合の良い比較**

都合の良い比較とは, 他者や外集団の行為と自分の行為とを比較して, 自分の行為による被害を過小に見積もることである。いじめ場面の例としては, A君の教科書をゴミ箱に捨てているB君を見たC君が「僕はB君の鉛筆を隠してやろう。A君よりはひどくないからいいよね」と考えた場合, C君の道徳に関する認知は都合のよい比較によってゆがめられているといえる。テレビドラマでのいじめ場面に比べたら, こんなものはいじめとはいえない, と考えるのも, 同様の心理である。

■**婉曲なラベル**

同じ行為でも, 呼び方が変わると印象が変わることがある。たとえば, 複

数で1人を蹴ったり，殴ったりすることを「いじめ」とよぶのと，「怪獣ごっこ」とよぶのとでは印象がかなり異なる。婉曲なラベルとは，ある行為の実際上の悪質さよりも，印象上の悪質さを小さく感じさせる呼称を使用して，印象上の操作を行うことである。いじめは許されない行為だと思っている児童でも，「これはそういう遊びなの」と他者に言われることで，加害行為を許容してしまうことがある。この時，その児童の道徳的な判断は婉曲なラベルによってゆがめられているといえる。

次に，道徳不活性化の発動側面である責任の転嫁と拡散と，結果側面である結果の無視や矮小化が，いじめ場面で人に与える認知的影響について説明する。

■**責任の転嫁と拡散**

責任の転嫁と責任の拡散とは，加害者が行為の責任を他者に押しつけたり，加害者どうしで分け合ったりすることで，自分の責任を軽くすることである。いじめ場面で責任の転嫁と拡散が生じる背景には，いじめが分業と共同での意思決定，共同行為によって行われるということがある。たとえば，A君の顔に落書きをするという場合に，A君を抑える役，A君の顔に落書きをする役，先生が来ないか見張る役という具合に役割分担をしたとする。その1人が「僕は先生を見張っていただけで，A君の顔にはなにもしていない。僕は悪くない」などと言う時には，いじめの分業によって責任の転嫁や拡散が生じているといえる。また，そのうちの1人が「K君がやろうって言い始めたんだ。僕のせいじゃない」「みんなで決めたんだから，僕だけが悪いわけじゃない」などと言う時には，共同で意思決定をしたことにより，責任の転嫁や拡散が生じているといえる。

■**結果の無視や矮小化**

結果の無視や矮小化とは，加害者が被害者の身体的・精神的苦痛を無視したり，小さく見積もったりすることである。いじめの被害者は，身体的・精神的苦痛を感じていても，自分が泣いたり騒いだりすることで被害がさらに大きくなることを恐れて，苦笑いや無表情で耐えていることが多い。それを見た加害者は，「この子は何をやっても大丈夫」「そんなに痛くないはずだ

よ。笑っているぐらいだもん」などと被害者の苦痛を適切に判断しない傾向がある。

最後に，道徳不活性化の受容側面である，非人間化と非難の帰属がいじめ場面で人に与える認知的影響について説明する。

■非人間化
　非人間化とは，被害者を真っ当な人間として扱わないことである。わたしたちは親や教師から人をいじめてはいけないと教わる。そこで，いじめる相手を，虫や可愛くない動物にみたてることで，罪悪感を減らすという工夫をすることがある。たとえば，加害者が被害者のことを豚や，カマキリ，ゴキブリなどとよび，「あいつは人間じゃないから，蹴っても叩いてもいいんだ」「あの子は豚だから仲間に入れないでおこう」などという場合，道徳的な認知や判断が非人間化によってゆがめられているといえる。

■非難の帰属
　非難の帰属とは，被害者に被害を受けても相当な非があるとすることで，加害行為を正当化することである。このような理由に基づくいじめは，制裁的いじめ，正義のいじめなどともよばれる。いじめの加害者が被害者をいじめる理由として「あの子は，嘘つきでみんなを困らせるから仲間はずれにしたの」「あいつは遊びのルールを守らないから，みんなでこらしめたの」などと，被害者の非を主張する場合がこれにあたる。非難の帰属が，教師や保護者の認知までゆがめてしまうと「あの子は我がままで協調性に欠けているから，いじめられてもしかたがない」などと考えるようになり，いじめの解決を遅らせることになる。

ここで，具体的な事例をもとに，考えてみたい。下記の事例は，中学生のいじめ場面である。このなかに，どのような認知のゆがみがあるのかを考えていただきたい。

事例　遅刻しがちな女子へのいじめ

　　被害者は中学校2年生のP子，加害者はP子と同じクラスの生徒たちである。P子はあまり社交的ではなく，自分の気持ちを言葉にするのが苦手であった。体格は，ふっくらとしている。趣味はテレビを観ることで，アニメに関する知識は豊富である。学校があまり好きではないため，担任教師が出席をとる朝の会に遅刻して来ることが多い。ある時からP子が教室に入ると，他の生徒から「おそよう」と声が飛ぶようになった。「おはよう」ではなく，遅い時間だから「おそよう」である。生徒たちのからかいは日に日にエスカレートし，P子が教室に入ると「おそよう！ブタさん」「おそよう，今何時ですか〜」「おそよう！　ぶーぶー」などと罵声が飛ぶだけでなく，机を蹴ってP子の行く先を阻んだり，P子の鞄を引っ張ったりするようになった。最初のころは，他の生徒たちを注意していた担任教師も，生徒たちのからかいが続く中で，P子の遅刻のみを注意するようになった。P子が担任教師に被害を訴えると，担任教師は「P子さんが遅刻するから，皆がふざけるのよ。まず，自分の行いを改めなさい」とアドバイスをした。

　　スクールカウンセラーがP子の相談を受けて，担任教師と話し合い，P子が欠席した日に認知のゆがみについての授業を行った。その後，P子に対するいじめは解消していった。

　さて，この事例の中にある加害生徒や教師の認知のゆがみに気づくことができただろうか。また，いじめを止めるために，直接的に行為の禁止をするのではなく，行為を正当化する論理に働きかけることの必要性に気づいていただけただろうか。いじめはどのような理由があろうと，してはいけない悪い行為である。P子の遅刻を止めさせるためになら，いじめてもよいという理屈は通らない。また，P子は遅刻が多いから，いじめられてもしかたがないという考えも認知のゆがみを含んでいる。

第3節　いじめと認知のゆがみに関する研究

1．いじめる理由

　ここでは，いじめと認知のゆがみに関する研究を紹介する。国内では，井上ら（1986）が，小中学生にだれかをいじめる時の理由を質問紙で尋ね，得られたデータの因子分析を行っている。その結果，小学生の回答から「こらしめ」「異質者排除」「不条理」の3種類の因子が抽出された。「こらしめ」のいじめは，加

害者は被害者側に落ち度があると認識し，相手を制裁することを目的としているため正義のいじめともよばれているものである。たとえば，テストで100点をとったことを自慢してテストを見せびらかした者や，あいさつをしても返事をしない者に対して行われる。「異質者排除」は劣位にある少数者を排除しようとするいじめであり，仲間関係の等質性を損なう態度をもつ者を仲間から排除することを目的としている。「不条理」は加害者側の恣意的ないじめである。これは，いじめる側がもつストレスの発散や快楽を満たすことを目的としている。

この井上ら（1986）の研究を基にして，大西ら（2009）は小学生と中学生を対象にいじめに関する調査を行った。なお，この研究では，名称が若干変更されており，こらしめを「制裁」，不条理を「享楽」と言い換えているが，それらの意味するところは同じである。下記に大西ら（2009）の研究の詳細を紹介する。

2．教師の指導態度といじめに否定的な学級の集団規範，罪悪感の予期がいじめの加害傾向に与える影響

大西ら（2009）は，小学校5，6年生と中学校1～3年生の646名を対象に調査を行い，教師の指導態度といじめに否定的な学級の集団規範，罪悪感の予期といじめの加害傾向（制裁，異質性排除，享楽）との関連を検討した。

▶いじめの加害傾向について

いじめの加害傾向（制裁，異質性排除，享楽）については，井上ら（1986）のいじめる理由を参考に中学生にそれぞれの理由に基づく加害行為（制裁，異質性排除，享楽）を自分ならすると思うか否かについて尋ね，因子分析を行った。その結果，いじめの加害傾向は「制裁的いじめ加害傾向」と「異質性排除・享楽的いじめ加害傾向」の2因子にわかれた。各項目を表6-1に記す。

▶教師の指導態度について

教師の指導態度は，三島・宇野（2004）の項目を参考にして調査を行った。分析の結果，因子は3因子にわかれた。1つめの因子は，「担任の先生はうれしいとき，いっしょに喜んでくれます」「担任の先生は，生徒が口答えや反抗をしてもしっかり指導します」「担任の先生は，生徒が話しかけやすい感じがします」など，受容的で親近感があり，自信と客観性がある態度に関する項目であった

表6-1 制裁的いじめ加害傾向，異質性排除・享楽的いじめ加害傾向の各項目

制裁的いじめ加害傾向	異質性排除・享楽的いじめ加害傾向
・そうでもしないと，自分の性格の悪さに気がつかないから ・いつも自分勝手なので，こらしめたい ・嘘つきで何度も困らされたから ・他の子をいじめたことがあり，いじめられる気持ちを知るべきだから ・髪や服装を清潔にしていないから	・自分たちと違って，先生にいつも叱られているから ・服装がみんなと違って変だから ・落書きをされたノートを観たときの反応が楽しいから ・みんなと違って，動作が遅いから ・仲間はずれにしたときの反応がおもしろいから ・そうすると気分がスッキリするから

（受容・親近・自信・客観）。2つ目の因子は，「担任の先生は，ふだんは怖くないけれど，怒っているときはすごく怖いです」「担任の先生は，怒ったときの表情や声が怖いです」など，先生の怖い態度に関する項目であった（怖さ）。3つ目の因子は，「担任の先生は，言うことを聞かないと成績を下げます」「担任の先生は，言うことを聞かないと親に言いつけることがあります」など，教師の権力を不適切に行使する態度に関する項目であった（不適切な権力の行使）。

▶いじめに否定的な学級の集団規範について

　集団規範とは，集団のメンバー間に共有される明文化されていないルールである。すなわち，学級の集団規範とは，児童・生徒の間で暗黙の了解として共有されている学級内のルールのことである。たとえば，「授業中にこっそりと机の下からお弁当を食べるのは大丈夫だが，堂々と食べるのは好ましくない」とか，「掃除の当番を5分ほどサボるのは大丈夫だが，まったく掃除をしないのは許されない」などといった集団規範が存在する可能性がある。近年，いじめの加害者の行動に周囲の児童や生徒が影響を及ぼすことが明らかにされている（Atlas & Pepler, 1998; Gini, 2006）。大西（2007）では，いじめに否定的な集団規範が存在している学級では，そうでない学級よりも生徒のいじめの加害傾向が低いことが明らかにされている。

▶罪悪感の予期について

　Mancini & Gangemi（2004）は，罪悪感を強く予期する人は，罪悪感をもつこ

とを恐れるため，慎重に吟味した安全な方策をとる傾向があることを示している。罪悪感を予期することで生じる罪悪感への恐れは，児童・生徒のいじめ加害傾向を抑制する上で効果的に働くと考えられる。

　教師の指導態度といじめに否定的な学級の集団規範，罪悪感の予期が，制裁的いじめ加害傾向と異質性排除・享楽的いじめ加害傾向に与える影響を分析した結果が図6-1である（詳細な数値は原著を参照）。まず，教師の不適切な権力を行使する態度は，制裁的いじめ加害傾向と異質性排除・享楽的いじめ加害傾向を促進することが明らかになった（①）。日常的に教師が生徒に不適切に権力を行使するのを見ている児童・生徒は，いじめ被害者にも同様に不当な力を行使しようとするのだと考えられる。そして，いじめに否定的な学級の集団規範は，制裁的いじめ加害傾向と異質性排除・享楽的いじめ加害傾向を抑制することが示された（②）。これは，大西（2007）と同様の結果であり，いじめに否定的な学級の集団規範には，いじめを防止する効果があることが確認されたといえる。さらに，罪悪感の予期も制裁的いじめ加害傾向と異質性排除・享楽的いじめ加害傾向を抑制することが明らかになった（③）。罪悪感は，非常に不愉快な自分に対する軽蔑

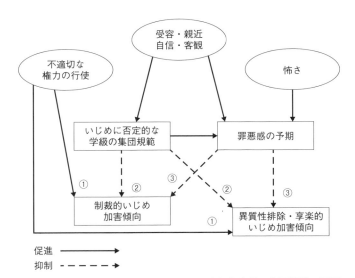

○図6-1　教師の指導態度といじめに否定的な学級の集団規範，罪悪感の予期がいじめの加害傾向（制裁，異質性排除・享楽）に与える影響

の感情である（Hoffman, 1998）。そのため，いじめに対して罪悪感をもつことを強く予期する児童・生徒ほど，その不愉快な感情状態を避けたいと欲し，他者をいじめることを選択しないと考えられる。

さらに，児童・生徒の自己愛傾向がいじめに否定的な学級の集団規範意識と罪悪感の予期の効果を抑制することで，制裁的いじめ加害傾向と異質性排除・享楽的いじめ加害傾向を促進することも明らかにされている（Onishi et al., 2012）。

海外の学級のいじめの構造と認知のゆがみに着目した研究では，たとえばMenesini et al.（2003）は，セビリア・フィレンツェ・コゼンツァの3つの地域の9歳と13歳の179人について，いじめの加害者，被害者，無関与者が仮想のいじめ場面でいじめ加害者の立場になったときに，どのような道徳的な感情や認知を示すのか比べている。その結果，いじめの加害者が他群に比べ，自己中心的な道徳不活性化を行っていることを示している。また，Caravita et al.（2012）も，児童期後半から青年期前半の男女を対象に，いじめの加害者と仲裁者のそれぞれの役割と道徳性の認知（道徳的違反の受容と道徳不活性化）との関連について検討している。その結果，青年期前半のいじめの加害者は，道徳的違反の受容と道徳不活性化の両方が高いことが示され，児童期後半の女子では，いじめの仲裁者の道徳不活性化が低いことが示されている。

第4節　いじめと認知のゆがみに関する研究の拡がり

前節では，いじめの加害者の認知のゆがみに関して詳説したが，いじめの被害者や無関与者にも，程度の差こそあれ，認知のゆがみがある可能性がある。Hymel et al.（2005）は，いじめに関する道徳不活性化を，中程度のいじめ被害者（「なし」「数回程度」「毎週あるいはそれ以上」のうちの「数回程度」の被害者）において確認している。つまり，いじめ被害者の一部が，いじめられている自分自身を責めている可能性を示唆している。Obermann（2011）も，純粋被害者（いじめ加害者，被害者，被加害者に分けた場合の被害者）における道徳不活性化を報告している。このような結果は，加害側のもつ認知のゆがみを，被害側も取り込んでいることを示唆しており，そうであれば，被害者はさらにいじめの状況から逃げにくくなり，通報しにくくなると思われる。

いじめは加害者，被害者の二者関係だけでなく，いじめをはやしたてる観衆と

しての児童・生徒と，見て見ぬふりをする傍観者としての児童・生徒が相互に影響し合うことで生起するといわれている（森田，1985）。橋本（1999）は，小学生と中学生では加害者，被害者，観衆者，傍観者の役割やその構造や性質が異なることを示している。すなわち，小学生のいじめ集団は，成員全員の均質なコミットメントを特徴としており，被害者が固定化している場合に，保身の心配のない傍観者は観衆になる。加害者が固定化し，被害者選別が恣意的な場合には，多くの傍観者は保身の心配から黙認・不介入を保つが，加害者に近い位置にいる傍観者が仲裁者になって事態を収束する。しかし，中学生では，当事者（加害者・被害者）といじめに興味がない傍観者との間が分断される形をとり，いじめが周囲からわかりにくいため深刻化しやすいという。いじめにおける役割の変化もふまえると，加害側や被害側だけではなく，こうした観衆や傍観者の認知のゆがみや，発達の各段階で陥りやすい認知のゆがみなどについても，さらに検討する必要があるだろう。

さらには，戸田ら（2008）の指摘する，いじめにおける多数派幻想も認知のゆがみの一種といえる。いじめの加害側は，被害側がいじめられるに値するという認知のゆがみをもつだけではなく，その自分の考えが多数派であるという幻想を抱くことがある。そのような思い込みをもつ結果，周囲の児童・生徒が自分にいじめの被害がおよぶのを恐れて，愛想笑いをしたり目を逸らしたりしていたとしても，「みんなも自分と同じように楽しんでいる」「みんなも自分と同じで被害者を嫌っている」と解釈してしまう。この認知のゆがみは，加害者のいじめへのモチベーションを高め，いじめを長期化させる可能性がある。

今後は，ネットいじめにおける道徳不活性化も，重要な研究テーマになると考えられる。Williams & Guerra（2007）は，いじめを肯定する規範的信念とネットいじめの関連を報告している。Pornari & Wood（2010）は，7年生から9年生に過去半年のいじめ経験を尋ね，道徳不活性化と従来型およびネット上の攻撃との関連を検討している。その結果，道徳不活性化はネット上の攻撃を予測したが，従来型の攻撃の予測と比較すると低い説明率であったことを示している。Takeuchi et al.（2013）は，ネット上で誹謗などの書き込みをする意図や行動が，その行為を犯罪であると知らないという知識不足とも関連しているが，道徳不活性化とも関連していることを示している。

最後に，いじめや虐待などの世代内・世代間連鎖や学校以外の場でのいじめに

も，認知のゆがみがかかわっている可能性もある。しかし，その可能性は，まだ十分に検討されてはいないようだ。たとえば，Hong et al.（2012）は，虐待といじめの媒介要因・緩和要因に関してレビューを行い，媒介要因としては情報の調節不全（emotional dysregulation），抑うつ，怒り，社会的スキルの不足をあげ，緩和要因としては親子関係，仲間関係や先生との関係のそれぞれの質をあげている。そこでは，感情や行動スキルや関係性に着目しているものの，認知的要因への焦点化はされていない。おそらく，感情側面を重視する研究動向とも関連していると思われるが，認知のゆがみを媒介要因として入れていくことも，今後の課題なのではないかと思われる。いじめなどの関係内攻撃（Toda, 2011; 戸田ら，2008）が問題になるのは，学校や家庭だけではない。South & Wood（2006）は，刑務所内でのいじめに焦点をあて，132名の男性服役者にインタビューをしている。その結果，社会的地位の重視が道徳不活性化を介していじめにつながっていることを示唆している。

このような研究結果から，「いじめはいけない」ということをくり返し伝える等の訓示的な対策のみでは，いじめ抑止の効果は薄いことが推察できる。いじめの初期においては，いじめという認識がないこともあるだろうし，規範の訓示が効果をもつこともあるだろう。しかし，犯罪レベルにまで至るいじめをやめることができないのは，規範をわかっていない愚かさの問題ではなく，規範を無化する道徳不活性化という高度な言い訳ができる賢さの悪用問題といえる。このような認識にたってのいじめ対策が，悲劇を防ぐと思われる。

第7章

認知のゆがみと少年非行

第1節　少年による事件と認知のゆがみ

　平成17年度の犯罪白書においては，少年非行の特集が組まれており，非行少年の質的分析として，少年院教官を対象とした処遇の困難化に関する調査結果が報告されている（法務省法務総合研究所，2005）。勤務年数が6年以上の法務技官546名（男性424名，女性122名）への調査の結果，63.5％の教官が最近の非行少年の抱えている問題の中身が変化したと報告しており，処遇の困難化の原因として資質の問題が38.8％と最も多く指摘されている。資質面の問題のなかで最も指摘の多いのが，「人に対する思いやりや人の痛みに対する理解力・想像力に欠ける」という回答（63.2％）である。他者の意図など社会的な情報の正確な理解に欠けるとする指摘であり，本書の主題である認知のゆがみの問題とみなすことが可能である。従来から指摘される衝動性やセルフコントロールの問題に関する指摘をしのぐ多くの回答があることからも，現代の非行少年の特徴として認知のゆがみの問題が深刻化している現状を読み取ることができる。

　少年院教官の指摘のみならず，マスメディアをにぎわす少年による多くの凶悪な犯罪においても，認知のゆがみの問題を示唆する事例は多い。序章で紹介した少年犯罪者の多くが口にする「だれでもよかった」というコメントには，被害者の人間性を否定することで，みずからの欲求を優先した反社会的行動を正当化する認知のゆがみが反映されている。こうした極端な事件ばかりではなく，非行少年の犯行動機に関するコメントの多くには，認知のゆがみで説明できるケースが散見される。本章では，少年非行に関する古典的アプローチとして中和の技術論を紹介した後，社会的情報処理，認知的歪曲，（選択的）道徳不活性化の各理論

に基づき認知のゆがみと少年非行の関連を検討した研究を紹介する。

第2節　中和の技術論と少年非行：古典的アプローチ

　非行少年一般に広くみられる認知のゆがみについて，それらを類型化して理論化する試みは古くから行われている。伝統的な決定論的犯罪・非行理論を批判し，その批判から理論を発展させたものが，Sykes & Matza（1957）の中和の技術論と Matza（1964）の非行漂流理論である。中和の技術論では，非行少年が既成の社会秩序をまったく否定するものではなく，自分の行為が社会において違反行為であると知っているという点が前提にある。彼らが違反行為を行うのは，それらの行為を正当化し，合理化する「中和の技術」を活用するためであると説明される。中和の技術では，責任の否定，危害の否定，被害者の否定，非難者への非難，高度の忠誠心への訴えの5つのパターンを用いることで，正当化や合理化が行われるとされる。

　責任の否定では，非行少年が自分の行った逸脱行為の責任が自分にないととらえられるがために，自分や他者を非難することで彼らの逸脱行為を抑制する効果は明確に低下するとされる。責任の否定を用いることは，逸脱行為が「偶然である」とか，個人的な説明責任に値しないとするような彼らの考えをさらに助長することにつながる。愛情のない親や，悪い仲間，スラム街の隣人のように，個人の外側にあり，コントロール不能ななんらかの圧力が原因で，非行をすることになったという主張が彼らによってなされるのである。

　危害の否定では，非行少年がそれ自体悪質な行為と，違法ではあるものの道徳的には問題のない行為とを区別しているとする前提があり，自分の行為の悪質性評価においても同じような区別がなされているとする。こうした悪質性の判断のしかたは，非行少年に，「みずからの逸脱行為によって明らかにだれかが傷つくとはいえないのではないか」といった疑念を生じさせる可能性がある。こうした問題はとらえ方しだいではどうとでもなるといった考えを彼らに抱かせることとなる。たとえば非行少年は，公共物破壊をたんなる「いたずら」とみなし，みずからの財産が破壊される人は結局，それを取り戻す金銭的な余裕を十分にもっているといった弁解を行うことが指摘されている。

　被害者の否定では，非行少年が自分の逸脱行為への責任を受け入れ，その行為

が危害や苦痛をともなうことを認めようとする際においても，その行為が状況によっては悪いことではないといった主張をすることで，自分や他者に対する道徳的な憤りを中和化するとされる。彼らは危害が実際には危害になっておらず，むしろ正当な報復や罰であると主張する。被害者をその危害に値する人物であるとみなし，被害者の存在を否定することが，この現象の極端な形態として認められる。

　非難者への非難では，非行少年の注意はみずからの逸脱行為ではなく，みずからの違反を認めなかった人物のもつ動機や行動に向けられるとされる。自分を非難する人物は，偽善者や，偽装した逸脱者，個人的な恨みをもっている人とみなされる。このような彼らの世の中に対峙しようとする姿勢は，支配的な社会の規範を押しつける，もしくは表明するような役割を担う人物（警察や教師など）に向けた辛辣な皮肉へと発展する場合において，とりわけ重要な意味をもつようになる。

　高度の忠誠心への訴えでは，非行少年がみずからが所属するきょうだい関係，ギャング，友人グループなどのより小さな社会集団の要請のためにより大きな社会の要請を犠牲にすることで，彼らの内的・外的な社会的統制は中和化されるとする。非行少年は支配的な規範システムに従えないにもかかわらず，必ずしもそのシステムの規則を否認しているのではない。むしろ非行少年は，みずからが法を犯すコストの下で解決しなければならないジレンマに巻き込まれているとみなされている。ある規範からの逸脱は，その規範が放棄されたから起こるのではなく，より高度な忠誠を強要する，もしくはそれとかかわる他の規範が優先されたことによって起こるという点が重視されている。

　さらに第1章でも紹介したMatza（1964）の非行漂流理論では，非行の可能性は，法の束縛が中和の技術によって中和化された少年が，漂流したときに生じるとされ，非行に結びつくためには，違法行為を行おうとする意思が必要となると主張されている。中和の技術をより発展させた理論であり，認知のゆがみが逸脱的な行動を促進する際の意思の役割を強調する考え方とみなすことができる。

第2部　認知のゆがみと社会的適応

第3節　社会的情報処理と少年非行

　中和の技術論や非行漂流理論は古典的理論であり，数々の批判を受けてきている。なかでも中和の技術の測定や検証が困難であることを背景に，これらの理論に立脚した実証研究が圧倒的に少ないといった問題がある。田舎と都会の若者を対象に行われた Hindelang（1970）の実証研究においても，これらの理論を支持する知見は得られていない。

　こうした批判の結果，長らく非行少年の認知的側面の問題に焦点を当てた研究は見受けられなかったが，「認知革命」を背景に生まれた社会的情報処理理論に基づく研究の台頭により，認知的側面の問題に再度注目が集められるようになった。社会的情報処理理論に基づく実証研究においては，非行少年の認知的側面の問題は攻撃性の高い少年に関して得られた知見に基づいた分析や解釈がなされている。そのため，非行少年のみに着目し，少年院や少年鑑別所に入所している若者を対象としている研究は少ない。わずかにある実証研究においては，おもに非行少年と一般少年とで社会的情報処理のさまざまなバイアスの違いを比較する研究手法が用いられている。

　非行少年における社会的情報処理の問題を扱った先駆的研究である Hains & Ryan（1983）では，14歳から15歳の非行少年20名と一般少年20名，さらに10歳から11歳の非行少年14名と一般少年20名を対象として，道徳的推論，社会的問題解決に関する知識，社会的問題解決における対人方略やセルフコントロール方略に気づけているかを問う社会的なメタ認知における非行少年と一般少年との比較を行っている。分析の結果，一般少年においては社会的問題解決のレパートリーに発達的上昇が認められる一方で，非行少年においては発達的上昇が認められなかった。道徳的推論や社会的なメタ認知には，非行少年と一般少年の間で得点の差異や発達的差異が認められなかった。こうした結果は，他者との葛藤が生じる社会的問題解決場面において行われる情報処理過程の差異が，非行少年と一般少年を弁別する上で有効であることを示している。少年非行の予測において，社会的情報処理理論が他の認知理論と比較して優位であることを裏付ける知見である。

　攻撃性のきわめて高い青年として，重警備の刑務所に入所している少年犯罪者を対象に敵意帰属バイアスの検討が行われている（Dodge et al., 1990）。14歳から19歳の少年犯罪者128名を対象に，ビデオ撮影された社会的な葛藤場面におけ

る敵意帰属傾向と，攻撃行動傾向，暴力的・非暴力的な刑事罰の記録などが測定されている。敵意帰属傾向は相関分析により，行為障害傾向，反応的攻撃傾向，対人的な暴力犯罪歴と有意な正の関連があることが確認されている。アメリカ精神医学会の診断基準（DSM-Ⅲ）に基づいて分類された報酬への関心が強く行動抑制の効かない社会化されていない行為障害者91名，社会化された行為障害者24名，非行為障害者4名の3グループ間の比較では，社会化されていない行為障害者は他のグループと比較し，敵意帰属傾向が1.5倍高い得点を示すことが明らかとなっている。また，敵意帰属傾向を予測する重回帰分析を行った結果，社会化されていない行為障害傾向による予測性は有意である一方，社会化された攻撃性による予測性は有意でなかった。暴力犯罪歴数は敵意帰属傾向を有意に予測する一方，非暴力犯罪歴数による敵意帰属傾向の予測は有意ではなかった。反応的攻撃傾向および道具的攻撃傾向を説明変数とした同様の分析では，反応的攻撃による予測性は有意である一方，道具的攻撃による予測性は有意でなかった。敵意帰属傾向は社会的情報処理のバイアスの主要な側面であるが，とくに社会化されていない反応的・暴力的な反社会的行動との関連が強いといえる。この研究は重大犯罪を犯した非行少年を対象とした点で意義ある知見を提供しているものの，社会的情報処理の指標が敵意帰属に限定されている問題がある。

　反社会的かつ攻撃的な違法行為により少年院に入所している青年男女と一般高校生を対象に，多様な社会的情報処理指標を測定し，一般高校生における攻撃性の高低者と少年院入所少年の3群間の比較研究も行われている（Slaby & Guerra, 1988）。15歳から18歳の暴力的な犯罪行為を1度以上犯した少年矯正施設入所青年156名（反社会的攻撃群），体育教師の評定による攻撃性の上位30%の高校生68名（攻撃性高群），下位30%の高校生70名（攻撃性低群）を対象に，他者との葛藤が生じる仮想場面における社会的問題解決方法の回答を求め，問題状況の定義（敵意的もしくは非敵意的回答として分類），行動目標の選択（問題状況の定義と同様の分類），事実状況確認数，解決方略数，最善の解決方略（実験者が方略の有効性を評定），第2位解決方略（最善の解決方略と同様の評定），結果予期数を社会的情報処理に関する認知的スキルとして指標化している。さらに，認知の質的側面を把握するため，Huesmann, L. R.の規範的攻撃信念の概念を参考に，攻撃行動の行使を支持する信念を測定している。併せて，Bandura, A.の道徳不活性化の概念を参考に，他者に害を加える行動への自責感の不活性

化傾向を測定している。具体的には，攻撃行動の正当化，攻撃行動の自尊心高揚効果，攻撃行動のネガティブイメージ回避効果，被害者が攻撃を受けるに値するとする考え，被害者の苦悩を否定する考えを支持する程度をリッカート尺度への回答により指標化している。3群間の指標得点の差異を比較する分散分析の結果，反社会的攻撃群は他の高校生2群と比較し最も敵意的な方法で問題を定義し，敵意的な目標を設定し，状況確認や代替案の捻出をしようとせず，ネガティブな結果を予期せず，彼らの考える最善や第2位の解決方略の有効性は低く評定されるという結果が確認された。一方で，攻撃性低群はこれらの傾向が低いことが示されている。さらに，反社会的攻撃群は，最も攻撃行動を正当化し，自尊心を高揚する効果があるととらえ，攻撃にネガティブイメージをもたず，被害者の苦悩にもつながらないととらえることが確認されている。3群を目的変数，問題解決スキルの7変数と攻撃行動の信念に関する指標の合成変数を説明変数とした判別分析の結果では，事実状況確認数，攻撃信念の合成変数，問題状況の定義，結果予期数，第2位解決方略の有効性の各変数に有意な判別力があることが明らかになった。以上の結果は，攻撃性の高い一般青年と比較し，少年院に入所する暴力性の高い非行少年において，顕著な社会的情報処理のバイアスがあることを示す知見である。

　非行少年における社会的情報処理の問題は，近年サイコパスとの関連から検討されることが多い。サイコパスは，脳の機能不全から反社会的行動を説明する概念として注目を浴びており，冷酷性，希薄な感情，利己性，無責任，衝動性，表面的魅力などの特徴を有する人格障害と定義される（Cleckley, 1976）★1。Pardini et al.（2003）では，少年院入所青年を対象に，サイコパス特性の2側面である冷淡さ・感情のなさに関する因子（callous/unemotional factor: C/U 因子）と衝動性・行為上の問題に関する因子（impulsivity/conduct problems factor: I/CP 因子）と，社会認知的問題との関連が検討されている。有罪判決を受け居住施設に入所している169名の青年に対して，サイコパス特性，行動制御の問題，共感性，青年期初期の気質，社会的認知の問題として仲間に対する攻撃行動による報酬を期待する程度と同様の行動によって生じる結果に価値を見いだす程度を測定する尺度への回答を求めている。

★1　サイコパスに関しては，第3章にて詳しく紹介されている。

サイコパス特性の2側面を説明変数，共感性，気質における恐怖感受性，行動制御の問題を基準変数とした重回帰分析の結果，I/CP因子は共感性の個人的苦悩や恐怖感受性，行動制御の問題と正の関連がある一方，C/U因子は共感性の各指標や恐怖感受性と有意な負の関連があることが示されている。同様の分析を基準変数を社会的認知の問題の各指標に変更して行った結果では，ほとんどの指標においてC/U因子との有意な関連が認められた一方で，I/CP因子との関連は認められなかった。この研究で扱われていた社会的情報処理指標はおもに結果期待や結果の価値に関するものであるため，状況判断などの即時的な情報処理のバイアスではなく，行動にともなって生じる結果に関する信念を測定していたと考えられる。結果期待における情報処理のバイアスは，みずからが用いる攻撃行動に報酬がともなうといった信念に関連するという意味で道具的攻撃傾向と密接なかかわりがある。サイコパス特性のC/U因子は冷淡さ・感情のなさを意味し，こうした傾向の高さは他者に害を加えることで他者が示す苦痛への反応（共感性）を弱め，それゆえに自己利益を追求する道具的攻撃性を高めることにつながる。こうした解釈から，この研究で得られた結果は他の先行研究とも整合する妥当な知見を提供しているといえる。ただし一方で，C/U因子は社会的情報処理傾向とは独立した攻撃性への説明力を有することを示す研究（Stickle et al., 2009）もあることから，C/U因子と社会的情報処理との関連を整理するさらなる研究が求められる。

　非行少年における社会的情報処理の問題を生じさせる先行要因に関しては，親の養育（Palmer, 2000）や，仲間集団との相互作用，近隣住民から受ける暴力経験や暴力事象の目撃などの影響が確認されている。非行少年対象の研究ではないが，縦断研究により家庭における身体的虐待と攻撃的行動との関連を情報処理が媒介することが明らかとなっている（Dodge et al., 1990; Dodge et al., 1995; Weiss, et al., 1992）。早期に身体的虐待を受け，敵意的な手がかりに対する過敏さが高まるようになり，敵意的な帰属のバイアスをしやすくなることで，対人関係において攻撃的な問題解決法を多く用いるようになるとされる。

　Dodge et al.（2003）は259名の5歳から8歳の子どもを3年間にわたって縦断調査し，ソシオメトリック法を用いた社会的な排斥と，仮想場面法を用いた社会的情報処理パターン，教師評定によるCBCL（child behavior checklist: Achenbach, 1991）を用いた子どもの反社会的行動との関連を分析している。早

期の仲間からの排斥が後の攻撃行動を予測する結果が，異なる対象者を用いた複数の研究において一貫して確認されている。また，排斥が反社会性の発達に及ぼす効果は一様ではなく，早期に攻撃性の高い子どもにおいてとくに排斥の効果が強まるという結果が得られている。社会的情報処理については，排斥が後の攻撃行動に及ぼす影響が攻撃的な反応生成傾向により媒介されることが，異なるサンプルを通じて確認されている。早期の仲間からの排斥は，社会的情報処理にゆがみを生じさせ，社会的コンピテンスを高めるような社会的経験の機会を制限することで，さらに情報処理を強くゆがめ，反社会的行動をもたらすと解釈されている。仲間に対するネガティブな信念が仲間への攻撃行動を助長し，さらにこうした攻撃行動が仲間へのネガティブな信念を強めるといった情報処理のゆがみと反社会的行動との双方向的影響を示す知見もある（MacKinnon-Lewis et al., 1999）。

　Thornberry et al.（1996）の研究では，時系列に沿った変数間の因果関係を分析するため3時点の縦断パネル調査を実施し，初回に13歳から14歳であった生徒987名を対象に，授業をさぼることから火器の強盗までの広範な非行行為を行ったことのある仲間の割合，みずからの非行行為に対する仲間の肯定反応，非行行為を肯定する信念，非行行為の自己報告の4指標を測定している。因果モデルのパス解析の結果から，非行行為を行う仲間が多いほど，非行行為を肯定する信念が高まり，結果として非行行為を行う可能性が高くなることが示されている。みずからの非行行為を仲間が肯定するほど，それらの行為に従事する割合が高くなることも明らかにされている。また，非行行為を肯定する信念が高く，それらの行為を行っている者ほど，後に非行行為を行う仲間が増えるといった過程も見いだされている。この結果には，仲間の非行行為の影響を受けてこうした行為を肯定する信念としての社会的情報処理のバイアスが生じ，その情報処理のバイアスが非行行為を行う仲間を増やすといった情報処理を媒介する双方向的な因果関係が示唆されている。

　Shahinfar et al.（2001）は横断研究により，攻撃性の過度に高い13歳から17歳の施設入所者110名を対象として，過去の暴力経験と多様な社会的情報処理指標を測定し，両者の関連を検討している。暴力経験は，自分が被害に遭った経験と暴力事象を目撃した経験により測定されている。社会的情報処理は，Huesmannの規範的攻撃信念，敵意帰属バイアス，仲間との葛藤状況の仮想場面で設定する社会的目標，攻撃行動がもたらす結果期待により測定されている。階層的重回帰

分析の結果，深刻な暴力の被害者となることで，攻撃的な社会的反応を容認する傾向や，社会的手がかりを理解する際の問題，不適応的な社会的目標を設定する傾向が高まることが確認された。一方でたんに深刻な暴力を目撃した場合には，攻撃的な手段を用いることでポジティブな結果が得られると考える結果期待が高まることが確認された。

　国内の研究では，非行少年における社会的情報処理の問題や，非行傾向と社会的情報処理との関連を検討した研究はほとんど見受けられない。第4章で紹介した吉澤・吉田（2004）は，社会的情報処理の問題が非行傾向を予測することを示した研究として位置づけられる。さらに，吉澤・吉田（2010）では，中学校1年生から3年生153名と高校2年生288名を対象に，社会的逸脱行為（問題行動や非行）へとつながる社会的情報処理の各段階において，親友や仲間集団との反社会的傾向の相互影響が生じる過程が検討されている。高校生を対象とした研究1において，回答者の主観的評定から得られた相互影響のモデルをパス解析を用いて検討した結果，仲間集団からの影響が単一の親友からの影響よりも強いことが示された。中学生を対象とした研究2において，個人データとその親友や仲間集団のデータとを対応付けたより客観的な指標に基づく相互影響を検討した結果（仲間集団との相互影響モデル分析結果：図7-1），親友や仲間集団との反社会的傾向は，逸脱行為の行動傾向のレベルではなく，おもに社会的ルールの知識構造★2や認知的歪曲といった社会的情報処理のレベルにおいて，図中の破線のパスで示されるように相互に影響することが示された。親友と仲間集団とで影響の方向が異なることを示す結果から，単一の親友との相互影響は，個人が逸脱的な他者を親友として意図的に選択することを意味し，仲間集団との相互影響は，個人が仲間集団から逸脱性のトレーニング（Capaldi et al., 2001）を受けていることを意味する可能性が示唆されている。吉澤・吉田（2010）は，仲間集団との反社会的傾向の相互作用において社会的情報処理に注目することの重要性を示したThornberry et al.（1996）の知見を支持すると同時に，単一の親友と仲間集団とでは相互作用における影響の方向性に差異があることを示したという点でより拡張的な知見を提供している。

★2　社会的ルールの知識構造に関しては，第4章で詳しく紹介されている。

　吉澤ら（2009）は，地域社会との相互作用が青年の社会的情報処理の問題に及

第2部　認知のゆがみと社会的適応

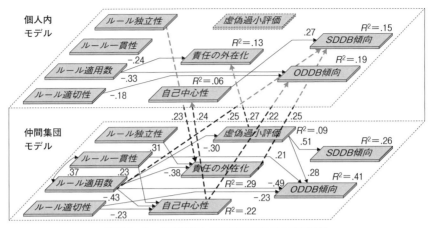

●図7-1　仲間集団との相互影響モデル分析結果

注1）2つのモデルが平行に2層を形成する立体イメージであり，モデル内のパスを────▶（実線），モデル間のパスを－－－▶（破線）で表現している。
注2）SDDB：自己影響型逸脱行為（主に非行）　ODDB：他者影響型逸脱行為（主に問題行動）

ぼす影響を包括的に検討している。大学生766名を対象とした回顧法による調査を実施し，地域共同体における集合的有能感と暴力事象とが，青年の反社会的行動傾向に及ぼす影響を検討している。社会的情報処理や自己制御能力などの子どもの望ましい社会化の程度を反映する指標と，他者から妨害されず規則や慣習を侵害できる反社会的文化への接触機会を増加させるような構造化されていない日常活動（街角，広場，公園，ショッピングモールなどでの活動）に関する指標による2ルートの媒介過程が検証されている。集合的有能感は小中学校時代の隣人の「非公式の社会的統制」と「社会的凝集性・信頼」に基づき測定し，暴力事象は中学高校時代の地域での暴力経験が測定されている。社会化は，規範的攻撃信念，認知的歪曲，社会的ルールの適切さ，自己制御による，ポジティブ・ネガティブ両側面の指標が用いられている。反社会的行動傾向は，社会的逸脱行為の深刻さを軽視する程度と過去経験に基づき測定されている。構造方程式モデリングを用いて反社会的行動傾向への影響を分析した結果，集合的有能感は社会化指標を完全に媒介して影響する一方，暴力経験は日常活動を部分的に媒介して影響することが明らかになった。これらの結果からは，地域住民の有能感をもった地域の子どもへの働きかけが，その子どもらの反社会的傾向を抑制するためには，

社会的情報処理の問題の改善がともなわなければならないことが示唆されている。また，分析結果を詳細に検討すると，社会的情報処理の指標は，自己制御指標を経て反社会的行動傾向に影響している。この結果は，社会的情報処理が社会的自己制御を因果的に先行することを示す知見であり，反社会的行動傾向を抑制する上で社会的情報処理を優先的に改善すべきであることが示されている。

第4節　認知的歪曲と少年非行

　Barriga et al.（2001）は認知的歪曲を測定する HIT 質問紙の尺度開発において，非行少年サンプルを対象として妥当性を検討している。少年院や鑑別所に入所している多様な青年約500名を対象に，HIT 質問紙で測定した認知的歪曲と他者評定および自己報告による問題行動傾向，自己報告による非行行為，施設入所中の問題行為などとの関連が検討されている。妥当性の検討を目的とした相関分析の結果，自己報告の問題行動傾向における下位尺度の外在化問題行動との間に異なるサンプルを通じて有意な正の相関が認められている。また，自己報告の非行行為との間にも，有意な正の相関が認められており，保護者報告の問題行動傾向における外在化問題行動や，施設入所中の問題行為の頻度との間にも有意な正の相関が認められている。

　Barriga & Gibbs（1996）では，15歳から20歳の矯正施設入所男子少年55名と14歳から18歳の一般少年92名とで，認知的歪曲の得点を比較する分析が行われているが，明確な有意差は認められていない。同様の比較は，オランダの少年矯正施設に入所している311名の非行少年と142名の一般少年を対象とした Nas et al.（2008）においても行われている。認知的歪曲の各下位尺度におけるグループ間の比較では，学力レベルの低い一般少年においても認知的歪曲が高い割合で認められているが，認知的歪曲の全得点においては，非行少年の得点が最も高く，続いて学力レベルの低い一般少年，学力レベルの高い一般少年の順に得点が有意に低くなることが確認されている。

第5節　選択的道徳不活性化と少年非行

　Bandura et al.（1996）は道徳不活性化を測定する尺度を開発し，道徳不活性

化が非行行動を助長するメカニズムを検討している。10歳から15歳の小学生124名と中学生675名を対象に質問紙調査を実施し，道徳不活性化，攻撃性，向社会性，短気，敵意的反すう（敵意的な思考が頭から離れない傾向），罪悪感や過ちを償いたいと感じる傾向，非行傾向などを測定している。構造方程式モデリングを用いたパス解析を行った結果，道徳不活性化は向社会性や罪悪感を抑制し，短気や敵意的反すうを促進することで，最終的に非行傾向を高めていることが確認されている。また，最終的な従属変数を攻撃性に変えても，非行と同様のメカニズムが見いだされている。

　Bandura et al.（1996）が縦断調査による因果分析を行っていない点をふまえて，Bandura et al.（2001）は他の変数と同時期だけでなく2年後にも逸脱行為を測定することで，道徳不活性化との因果関係をより明確にした検討を行っている。さらに，道徳不活性化の先行要因として，学業的，社会的，自己制御的側面の3側面における効力感を想定した因果モデルを検証している。構造方程式モデリングを用いた因果モデルのパス解析を行った結果，学業的効力感および自己制御的効力感が道徳不活性化を抑制することが明らかとなった。また，道徳不活性化は，Bandura et al.（1996）同様に短気や敵意的反すうを促進することで，逸脱行為傾向を高めていることが確認されている。他変数と同時期の逸脱行為を統制した上で，2年後の逸脱行為が道徳不活性化から有意な影響を受けていたことから，道徳不活性化は逸脱行為の時間的変化を予測する要因として位置づけられる可能性も示唆されている。この因果モデルは男女の比較結果においても等質性が確認され，複数の代替モデルよりも適合度が高いことが示されていることから，モデルの頑健性が確認されたと述べられている。

　非行傾向や逸脱行為傾向などの反社会的行動傾向の変化に対して，道徳不活性化が影響を及ぼすことについては，Shulman et al.（2011）が重罪犯を対象とした検討を行っている。重罪判決を受けた時点に14歳から17歳であった少年1169名を対象として，初回から6か月ごとに36か月間にわたる7回の面接調査を実施し，道徳不活性化，冷淡さ（冷淡さや感情の欠如傾向を測定），自己報告の犯罪歴，犯罪の公的記録などが測定されている。冷淡さが測定された理由は，こうした傾向の高い者は犯罪が問題のある行為であると認識する感情に欠けており，容認的な態度をもつ傾向が高いことから，同時に道徳不活性化でも高い得点を示す可能性が考えられたことにある。ただし，その感情の浅薄さゆえに，自己非難を

するのに必要な感情の豊かさに欠けていることから，冷淡さの高い者は道徳不活性化をそもそも必要としない可能性も想定された。そのため，純粋な道徳不活性化の影響を検証するには，冷淡さの影響を統制する必要性が考えられたことから，測定変数として加えられている。

　道徳不活性化と自己報告犯罪歴との縦断的な相互影響関係を検討するため，2変量潜在変化得点（bivariate latent change score）モデル（McArdle, 2009; McArdle & Hamagami, 2001）を用いた分析を行った結果，道徳不活性化の縦断的な減少は冷淡さを統制してもなお，自己報告の犯罪歴を有意に減少させることが確認された。また，道徳不活性化の減少は，公的記録による犯罪傾向の減少とも関連していた。道徳不活性化と犯罪歴は全般的に時間の経過とともに減少する傾向にあることから，反社会的行動への態度の変化は非行少年の犯罪への抵抗感を高めることにつながる可能性が示唆されている。このように非行少年における道徳不活性化は減少していく傾向にあるが，一般少年を対象とした Paciello et al. (2008)では道徳不活性化の発達に異なるサブタイプの発達的軌跡が存在することが確認されている★3 ことから，非行少年における発達的軌跡も一様にとらえるべきかという点については慎重な解釈が必要である。

★3　第4章参照

　Alleyne & Wood（2010）は，ギャングへの所属のしかたと道徳不活性化との関連を分析した結果を報告している。ギャングに所属する少年の心理的特徴を明らかにする目的で，犯罪活動，集団における地位の重要度，道徳不活性化，外集団からの脅威の知覚，権威への態度について，所属形態ごとの比較を行っている。12歳から18歳の学校に通う少年789名を対象に質問紙調査を実施し，ギャングメンバー59名，周辺的にギャングにかかわっている者75名，非ギャングメンバー664名が選択されている。3グループ間で，道徳不活性化の得点を下位概念ごとに比較した結果，婉曲なラベルや非難の帰属においてギャング群が非ギャング群よりも有意に高い得点を示すことが確認されている。また，責任の転嫁においては，周辺的ギャング群が非ギャング群よりも有意に高い得点を示している。婉曲なラベルの高さは，ギャングが過度の暴力を浄化させてしまうことにつながるメカニズムとして解釈されている。周辺的ギャング群においては得点の高さがみられないことから，ギャングの成員として認められていく過程のなかで，婉曲

なラベルを身につける発達的変化として考察がなされている。周辺ギャング群における責任の転嫁の高さは，この群における暴力的な犯罪歴の高さと関連があるとされる。周辺的なかかわりをもっている段階は年少であり，暴力的な行為を求められる可能性が高いが，成員として認められていくなかで他メンバーからの暴力行為の要求が減り，暴力行為の責任を置き換える必要性が減少することを反映するものと解釈されている。非難の帰属の高さは，敵対ギャンググループに向けられたものとして解釈されているが，その解釈にはあいまいな部分が多いことも指摘されている。ただし，これら以外の下位概念や道徳不活性化全体の得点には群間の有意差が見いだされていないことから，ギャングへの所属を弁別する概念としての道徳不活性化の有効性は限定的である。

　反社会的行動はギャンブル，アルコール乱用，薬物使用，非行など多様な行為を網羅するが，各行為は互いに相関があり，それらに共通した先行要因が存在する可能性が高い。Barnes et al.（2005）は多様な反社会的行動に共通した先行要因を，社会人口学的要因（年齢，人種，社会経済的地位など），個人差要因（衝動性，道徳不活性化），社会化要因（養育における監視，仲間の非行）の3説明領域に分け，2度の縦断調査による検討を行っている。研究1では，6回の縦断調査における5回目の調査のデータを中心に用い，初回に13歳から16歳，第6回目に18歳から22歳であった522名（男子226名，女子296名）の一般青年を対象とした分析を行っている。反社会的行動については5回目のデータ，先行要因については初回から4回のいずれかの回に測定したデータが用いられている。研究2では，18か月ごとに3回実施された縦断調査データを用い，初回に16歳から19歳であった625名の一般男子を対象とした分析を行っている。反社会的行動については2回目のデータ，先行要因については初回に測定したデータが用いられている。各研究において，構造方程式モデリングによるパス解析を用いて先行要因の影響を検討した結果，研究1では道徳不活性化からの有意な影響が認められなかった。一方で研究2では，ギャンブルと薬物使用に対して有意な正の影響が認められた。他の先行要因に関しては，仲間の非行が一貫して多様な反社会的行動に対して有意な正の影響を及ぼしていた。異なるサンプルを対象にした2つの研究により検討が行われているものの，研究間の結果の齟齬に関しては十分な考察がなされていない。齟齬の理由としては，研究2のみで十分な男子のデータ数が得られたことにより，研究1との有意性の差異が生じたものと推察される。

道徳不活性化は人間に普遍的にみられる現象とされており，社会的，情緒的，認知的スキルが身につくに従い一般的に減少するものとして，その発達的変化が縦断研究などで検証されている。ただし，その発達的変遷における普遍性が重視されるがゆえに，道徳不活性化を助長する環境的要因の影響を検討する研究は少ない。そのなかで Hyde et al. (2010) は，道徳不活性化の発達的な先行要因に関する分析を行っている。人種に多様性のある187名の低所得者層の少年男子とその両親などを対象として，1歳半から17歳にかけての家庭訪問による縦断調査を実施している。各年齢における調査内容としては，拒絶的な養育（1歳半，2歳），両親間の互いへの攻撃傾向（3歳半，6歳），近隣の貧困（6，8，10歳），社会的情報処理（敵意帰属バイアスおよび不適応的な反応生成；10歳，11歳），共感性（12歳），道徳不活性化（15歳），反社会的行動（16，17歳）とその他の統制変数（IQ など）が測定されている。階層的重回帰分析等を用いた因果分析の結果，拒絶的な養育は共感性を低めることで，道徳不活性化を促進していることが確認された。また，近隣の貧困は直接的に道徳不活性化を促進することも示された。反社会的行動へのこれらの環境的要因の影響は，道徳不活性化を介さないと成立しないことが明らかにされている。同じ認知的要因である社会的情報処理の反社会的行動への影響は，道徳不活性化による媒介過程とは独立しており，IQ の低さが社会的情報処理の問題を生じさせ，反社会的行動へつながる過程が見いだされている。道徳不活性化の高さは，初期の家族や近隣住民からのネガティブな影響に，子ども自身のリスク要因が合わさることで生じると解釈されている。

　以上，少年非行と認知のゆがみとの関連を検討した研究を紹介したが，国内の研究においては社会的情報処理との関連を中心に検討を行っている吉澤らの一連の研究のみが行われているにすぎない。これらの研究では認知的歪曲や規範的攻撃信念との関連も併せて検討されているものの，吉澤ら以外の認知のゆがみに関する研究数は圧倒的に少ない。冒頭の少年院教官の指摘にあるように，近年の非行少年における問題の背景に認知のゆがみが増加しつつあることは確実である。次章で紹介するように，認知のゆがみを修正する試みが国内の研究で行われ始めているものの，こうした心理教育プログラムの開発の前提として，非行少年における認知のゆがみを解明する知見の蓄積が求められている。

第3部

認知のゆがみの修正と予防

第8章

犯罪者・非行少年を対象とした
認知のゆがみの修正

第1節　米国を中心とした海外の実践研究

　犯罪者や非行少年など反社会的傾向の高い若者は，適切な介入が行われず放置されることで，その反社会性が深刻化する。Krahé（2001）は，特別な介入プログラムがなければ，攻撃的・反社会的な傾向は長期にわたり持続することを指摘しており，こうした見解からも青少年を適応的な方向へ導くための心理教育的なプログラムの必要性が高まっているといえよう。反社会的な傾向をもつ青少年の改善や更正を目標とした近年の試みでは，非行や問題行動を未然に防止しようとする予防的介入の有効性が指摘され始めている（たとえば，浜井・浜井，1993; 松尾，2002; Nation et al., 2003）。

　予防的観点からの介入プログラムに関するレビュー論文では，プログラムの方法論や背景とする理論モデルを明確にすべきであることが一貫して主張されている（たとえば，浜井・浜井，1993; Kazdin, 1987; 松尾，2002）。さらにKazdin（1997）は，行為障害をはじめとする反社会的行動の心理社会的治療に対する有効性の観点から，方法論や理論的背景が明確なプログラムを整理している。有効なプログラムとしては，問題解決スキルトレーニング，親の管理能力のトレーニング（parent management training: PMT），家族機能回復療法，多組織的療法をあげている。しかし有効性が指摘されている家庭を中心とした介入の試みについては，青年期に入ると介入途中での脱落者が非常に多くなり，治療的介入を始めた家族における40％から60％が早期に脱落するといった問題が報告されている（Armbruster & Kazdin, 1994; Wierzbicki & Pekarik, 1993）。

　以上の研究から得られた知見や実務的な要請をふまえ，近年，認知行動的なス

キルトレーニングの有効性が確認され始めている。認知行動的スキルトレーニングでは，反社会的行動に限定されない，さまざまな内容のプログラムが包括的に網羅されている。Hawkins et al.（1991）のSeattle Social Development Projectでは，2年間にわたり，教室において社会的問題解決のトレーニング，主張性トレーニング，親の管理能力のトレーニングなどが実施されている。Tremblay et al.（1995）のMontreal Longitudinal Experimental Studyにおいても，2年間にわたって，親の管理能力のトレーニングと社会的スキルトレーニングが実施された。Families And Schools Together（FAST）track programでは（Conduct Problems Prevention Research Group［CPPRG］，1999a, 1999b），10年間にわたる教室での介入を中心に，親の管理能力トレーニング，家庭訪問，認知行動的スキルトレーニング，勉強の個別指導などが行われている。従来から反社会的行動を示す子どもは，家族，近隣，学校，仲間関係などにおける機能不全の結果，顕在的な行動の問題，社会関係上の問題，学業面での問題を含む多様な領域での問題を同時に呈することが多いとされている（Donovan et al., 1988）。したがって，介入プログラムの効果を上げるためには，上記のプログラムや多くの先行研究で指摘されているように（Kazdin, 1995, 1997; Nation et al., 2003），多側面・多要素を同時に改善することを目的とした介入法が適しているといえよう。

　反社会的傾向の改善に有効な介入プログラムの特徴は上述のように整理されるが，認知的ゆがみ以外の問題への介入内容も多く含まれている。したがって本章では，とくに認知のゆがみへの介入に焦点を当てたプログラムに限定して以下に紹介することとする。認知行動療法的な枠組みに基づいて開発された初期のプログラムに，Lochman, J. E.らのCoping Powerがある（Lochman, 1992; Lochman et al., 1984, Lochman & Wells, 2002）。このプログラムは長年にわたる実践を経て改訂が続けられているが，比較的新しいLochman et al.（1996）に基づいて内容を紹介する。プログラムは1年3か月の実施期間を要し，学校における通常時間を用いて実施される。週ごとに行われる33回の集団セッションがあり，1年目に8回の介入セッション，2年目に25回の介入セッションが行われる。1回の集団セッションは，プログラムの専門家スタッフと学校カウンセラーにより，40分から60分間で実施される。プログラム内容は，おもに18セッションの怒りのコーピングプログラムにより構成される。具体的な内容としては，行動的・個人的な目標設定への注目，感情やそれに関連する心理学的覚醒への気づき，コーピング

に関する自己陳述の使用,挑発を受けたり怒りを感じたりしたときに使用する抑制法やリラクゼーション法の習得,組織力や学習スキルの習得,視点取得や帰属の再訓練,社会的問題解決スキルの習得,(断るスキルを用いた)仲間からの圧力や近隣で発生する問題への対処方法の習得がある。子どもたちはセッション中に,社会的な他者との遭遇場面(葛藤場面など)について評価し,その場面における他者の社会的な手がかり(怒りの表情など)や行動の動機について互いに話し合う。それから場面における対人的な問題を同定し,これらの問題についての代替案を考え,向社会的な判断基準に基づいてその解決方法を評価する。介入ではおもに仲間と関連した問題へのコーピングに焦点が当てられるが,教師や親との関係における視点取得や問題解決を直接扱うセッションもある。Coping Powerには,親を対象としたプログラムも開発されている(Wells et al., 1996)。

　Coping Powerの効果については,教師から攻撃性が高いと評定された9歳から12歳の小学生男子76名を対象に,怒りコーピング実施群,目標設定実施群,怒りコーピング・目標設定実施群,未介入統制群の4群を比較する研究が行われた(Lochman et al., 1984)。効果測定の結果,怒りコーピング群と怒りコーピング・目標設定実施群においてのみ,教室での破壊的・攻撃的行動の有意な減少が確認されている。3年後の追跡調査の結果においてもプログラムの効果が確認されており,怒りコーピング実施群は統制群と比較し,物質乱用(ドラッグやアルコール)への関与度が低下し,自尊心や社会的問題解決スキルが上昇したことが示されている(Lochman, 1992)。また,Coping Powerの問題行動の改善効果は反社会的リスクの高い子どもに対して一様に有効ではなく,介入でターゲットとされた各認知的側面の問題が改善された者に限定されることも確認されている(Lochman & Wells, 2002)。教師評定による攻撃的,破壊的行動の上位22%に該当する男子小学生4年生から5年生の183名を対象に,子どもと親の両方にCoping Powerを実施し,プログラムにおいてターゲットとされている社会的認知プロセス(敵意帰属,攻撃行動の結果期待),スキーマ(内的統制,対人認知),親のしつけ(一貫しないしつけ,養育への関与)といった指標の介入による変化が,1年後の非行,物質乱用,学校行動(行動上の問題,問題解決・怒りのマネージメントについての教師による評定)の3つの従属変数に及ぼす影響が検討されている。パス解析の結果,介入が従属変数である問題行動を改善する効果は,直接効果を仮定したモデルよりも,社会的認知プロセスなどのターゲット

指標の改善を媒介する間接効果を仮定したモデルの方が適合度が高いことが確認されている。この結果は，介入によりターゲット指標に変化が生じた子どもにおいてのみ，反社会的行動が改善することを示唆する知見である。

Lochmanらは一般の学校に通う子どもを対象とした研究であるが，Kazdinらは攻撃行動や反社会的行動問題のある精神科施設に収容されている若者を対象に，認知的問題解決スキルのトレーニング（problem-solving skills training: PSST）を実施している（Kazdin et al., 1987; Kazdin et al., 1992）。PSSTは20セッションにより構成されており，1セッションあたり約45分の実施時間で，1週間に2回もしくは3回行われる。プログラムでは，子どもが対人状況に対処する際に用いることができる問題解決スキルを教えるため，認知的手法と行動的手法（代替的解決法の考案，手段・目的や結果についての熟考，他者視点取得など）が併用して実施される。プログラムの最初の段階では，学習課題やゲーム形式の問題解決アプローチを用いるように教えられる。セッションが進行するにつれ，課題の難易度は徐々に高くなる。プログラムの大部分は，ロールプレイを通じて，問題解決アプローチを用いなければならない（特定の問題解決ステップを喚起させる）対人場面での演技に時間が割かれる。各セッションでは，問題解決スキルを向上させるために，練習，モデリング，ロールプレイ，修正のフィードバック，社会的な強化が用いられる。問題解決アプローチを実行した際の誤答（問題解決ステップを飛ばすなど）に対しては，報酬（チップ）が減額されるコストがともなう。各セッションの最初に与えられるチップは，セッションの終わりに小さなおもちゃや景品に交換される。またプログラムの一部として，日常生活において問題解決アプローチを用いることができる状況を見つけたり，最終的にみずからがそのアプローチを実際の状況で利用したりするといった宿題が課される。宿題を完成する（子どもの自己報告やセッション中の宿題の再現による）ことでも，チップは獲得できるようになっている。

Kazdin et al. (1987) では，反社会的行動を理由に精神科施設に収容されている7歳から13歳の男子少年56名を対象に，PSST実施群，関係性セラピー（少年との親密な関係を築き，共感や無条件の好意的関心，温かさを伝えるセラピー）実施群，統制群の3群を比較する研究を行っている。3群を比較する効果測定の結果，PSST実施群は他の群と比較して，外在化問題行動，攻撃行動や家庭・学校における行動上の問題が減少し，向社会的行動の増加や学校への適応度の上昇

が認められている。また,その効果は,1年後のフォローアップにおいても確認されている。PSST は PMT と組み合わせた実施もなされている（Kazdin et al., 1992）。PMT では,家庭や学校での子どもの向社会的行動をうながすため,親の育児法,親子の相互作用や家庭内での出来事に対して介入するトレーニングがなされる。この研究では,攻撃的行動や反社会的行動を理由に精神科施設に収容されている7歳から13歳の少年97名（女子21名,男子76名）とそのおもな養育者を対象に,PSST,PMT それぞれの単独での効果と,両者を組み合わせた効果が比較されている。CBCL などで測定された効果測定指標の変化を分析した結果,PSST と PMT を組み合わせた実施群が他の2群と比較し,事後測定から1年後のフォローアップにかけて,子どもの攻撃行動,反社会的行動,非行や,親のストレス,抑うつ,その他の親としての機能不全に関する症状に顕著な減少を示すことが確認されている。

　先に紹介した FAST track program は,包括的な発達モデルに基づいて,学校や家庭など多様な場面において,社会的スキルトレーニングや学習指導,親のトレーニング,家庭への訪問など,多様な側面に介入するプログラムである。そのなかで,学校場面で教師により実施される介入法として,PATHS（promoting alternative thinking strategies）カリキュラム（Kusché & Greenberg, 1994）が用いられている。PATHS カリキュラムは,幼稚園から小学校6年生を対象とした選択的問題解決カリキュラムであり,自己コントロール,感情理解,自尊感情の構築,人間関係スキルや,対人的問題解決スキルの向上がねらいとされている。カリキュラムの単元は,「レディネスと自己コントロールのユニット」「感情と関係のユニット」「問題解決のユニット」「補足のユニット」の4つにわかれているが,とくに対人場面における認知的方略を教えることをめざした社会―認知モデル（Greenberg & Kusché, 1993）を用いたユニットが「問題解決のユニット」である。具体的には,問題解決の形式的な段階を,①止まって落ち着く,②問題認識,③感情認識,④目標設定,⑤効果的解決法の生成,⑥解決法のポジティブな結果の評価,⑦よい解決法の選択,⑧よい解決法の計画,⑨考案した計画の実施,⑩結果の評価,⑪（結果が失敗の場合）他の解決法や計画の実施,選択的な目標の試行,といった全11ステップごとに学習する。実際に子どもが抱えている問題や葛藤場面を教材として用いることもある。

　Greenberg & Kusché（2006）のレビューでは,PATHS カリキュラムの効果

として，情動の理解力や社会的認知能力，社会的コンピテンスを高めることで，攻撃行動などの外在化問題行動を減少させることが報告されている。PATHS カリキュラムを中核的なプログラムの要素として用いている FAST track program の反社会的傾向の予防効果は，高い反社会的リスクがあると判定された幼稚園児対象の研究（CPPRG, 1999a），幼少期に行為障害と診断された子どもへの介入により 4 年後の改善を認めた研究（CPPRG, 2002），幼少時の初期のリスクが高い者に限って10年間の介入による有益な予防効果が存在することを確認した研究（CPPRG, 2011），行為障害のリスクのある幼稚園児への10年間の介入により，12年後の身体的健康や精神的健康に関するサービスの利用率が統制群より有意に低くなることを示した研究（Jones et al., 2010）などで認められている。なかでもCPPRG（2002）では，介入による反社会的傾向の抑制効果が，介入で目的としたターゲット指標（敵意帰属バイアス，問題解決スキルなど）により媒介されることを見いだしている。この結果は，Lochman & Wells（2002）に整合的な結果とみなすことができる。

　理論的な根拠に直結した認知的側面への介入プログラムとして，Gibbs らが認知的歪曲の概念に基づき開発した EQUIP プログラムがある（DiBiase et al., 2012; Gibbs et al., 1995）★1。このプログラムは，特異な反社会的，攻撃的傾向をもつ若者への介入を目的とした一次予防的，二次予防的介入法である★2。プログラムの目的は，リスクのある若者の反社会的な認知的習慣を，責任感のある思考や社会的行動へと「再構成」することにあるとされる。スキルトレーニングを含むものの，社会的視点取得や認知の再構成が強調された集団実施型の包括的な認知行動的アプローチとみなされている。

★1　EQUIP プログラムについては，第12章においても，ヨーロッパの研究を中心に詳しく紹介される。
★2　一次予防で対象とされるのは，一般の少年の80%であり，深刻な行動上の問題を抱えないものの，状況によっては問題行動を起こす若者である。すべての児童や生徒を対象とした介入法であり，一般的なプログラムや学校規模でのプログラムが用いられる。二次予防で対象とされるのは，一般の少年の15%を占めるリスク行動を示す若者である。これらの少年においては，一次予防的介入の効果が表れにくいとされている（McGinnis, 2003, p.163）。

　中学生や高校生を対象としている EQUIP プログラムは，①道徳判断の発達的遅れ（developmental *delay* in moral judgment），②自己奉仕的な認知的歪曲（self-serving cognitive *distortions*），③社会的スキルの欠陥（social skill *deficiencies*）

の「3D」問題をターゲットとしている。プログラムでは3Dを改善するために，リスクのある児童・生徒に①成熟した道徳的判断（社会的意思決定），②怒りをマネージメントしたり自己奉仕的な認知的歪曲を修正したりするスキル（怒りのマネージメント），③バランスのとれた建設的な社会的行動を可能とする社会的スキル（社会的スキル）を身につけさせる試みが用意されている。

若者の責任感ある思考や行動をうながすため，EQUIPプログラムでは，学級内に応答的な対人的・社会的雰囲気（ポジティブな社会文化）をつくり，児童や生徒が他者の視点に立てる豊富な機会を提供し，自分自身の自己奉仕的な認知的歪曲や「思考の誤り」を見つけ出して修正する方法を教えている。

第1のポジティブな文化を醸成することの必要性は，多くの少年矯正施設や，少年拘置所，特異的な反社会性や深刻な行動上の問題をもつ児童・生徒のオルターナティブ・スクール★3において，互いへの思いやりのない，「格好よさ（クール）」を重視する（すなわち利己的で敵意的な）仲間の文化がとりわけ助長されることの反省から指摘されている。中流階級が主流となっている学校においてさえも，仲間によるネガティブな社会文化が介入プログラムの効果を損なってしまうことがある。

★3 フリースクール，ホームスクールなど，その社会で主流となっている学校とは異なる原理で運営される学校のこと。日本では，おもに不登校や発達障害の子どもを受け入れる形態のものが多い。

プログラムの最初のセッションでは，教室内のポジティブな文化をうながすために，以下に示す「スコットの問題状況」という仮想場面が用いられる。

スコットの家族は他の街への引っ越しを決めていました。その街のA学校かB学校のどちらに転校するかは，スコットが決めることができました。A学校は暴力が蔓延し，通学するには危険なところでした。その学校に通う子どもたちは，自分のことにしか気を払わず，他の子のことを傷つけることもいとわないとのことでした。B学校はより安全で，平和な雰囲気に満ちたところでした。その学校に通う子どもたちは，お互いのことを思いやっているとのことでした。B学校の子どもたちは，学校生活を楽しんでいますが，他の子を傷つけたときには困惑することもあります。また，その学校をよりよい場所にしようとしています。

あなたはスコットの友だちです。スコットはあなたにアドバイスを求めてきました。あなたはどちらの学校に通うようアドバイスすべきだと思いますか？（いずれかに○を

つけてください。)
　　Ａ学校　　　　Ｂ学校　　　どちらでもない

　この最初のセッションで，反社会的行動のリスクのある児童・生徒は，彼らの「格好よさ（クール）」を重視する考え方の陰に，思いやりの価値観をもち合わせていることをみずから発見することができる。適切な援助が行われることによって，学級集団は全員が一致してＢ学校を選択するという状態となりうる。
　実践家や実践を受ける児童・生徒いかんで，教室の文化は向社会的なカリキュラムをまじめに実践するＢ学校のような雰囲気に変えることができる。最終的には，プログラムを実施している集団のほぼ全員のメンバーが，スコットへのアドバイスとしてではなく自分自身のために，より安全で，互いを信頼し，思いやるような雰囲気を好むようになる。若者に共有されがちな「思いやりの気持ちは格好悪い（クールじゃない）」といった規範的な考え方を覆すためには，以下に記すような，思いやりは強みであるといった新たなラベルを貼るテクニックが求められる。

　自分のいるグループには，Ａ学校とＢ学校どちらのようなグループになってほしいですか。よくない雰囲気の学校ですか，よい雰囲気の学校ですか。自分のグループにＢ学校のようになってほしいと望むなら，あなたはその雰囲気にふさわしい行動をとれますか。みんながそうなるように努力しなければ，Ｂ学校は実現しません。さらに，Ｂ学校が実現するためには，勇気や強い意志が必要です。

　この最初のセッションで，Ａ学校やＢ学校がその集団でのキーワードになり，児童・生徒文化を比較する上で有益な手段となる。キーワードを使用することで，具体的な思考しかできない若者（行動面でのリスクのある児童・生徒）が，ネガティブもしくはポジティブな文化の意味をつかみやすくなる。
　第２の他者視点の取得については，３Ｄ問題のある若者には，肥大化した自尊心や権利の主張，即時的な自己の欲求充足を求める傾向があることから，その必要性が指摘されている。３Ｄ問題のある若者は，道徳判断の発達的な遅れによる自己中心的バイアス，怒りに関する自己奉仕的な認知のゆがみ，社会的スキルの欠陥により生じる他者軽視的な行動を示すとされる。Gibbs（2010）は，集団レベルで自己中心的な文化から互いを思いやる文化へと変換しなければならないの

と同様に，個々の児童・生徒も浅はかな自己中心性から，他者の視点に敬意を払う，より思慮深い非自己中心的な立場へとみずからを変換しなければならないと指摘している。

　自己中心性から脱却し，自発的に他者の視点を取るようになるために，社会的な視点取得の機会を提供し，自己中心的な態度を修正することが，怒りのマネージメントの中核的な要素となる。また，社会的な視点取得は，EQUIP プログラムにおける社会的スキルトレーニングにおいても中核的な要素とされている。同じく，社会的意思決定のトレーニングにおいても，社会的な視点取得をする機会が集団でディスカッションをするセッションに盛り込まれている。発達的に遅れのある児童・生徒は自分が決定した問題解決方法の内容について，より発達的に進んでいる仲間や，ディスカッションを進行している大人から疑問を呈されるなか，それらを正当化する必要がある。そのため，こうしたディスカッションを通じて彼らの社会的な視点取得が刺激されることになる。

　第3の思考の誤りの修正は，リスクの高い若者の自己中心的な態度が，ゆがんだ思考により生み出されるという考えに基づいている。EQUIP プログラムでは，集団レベルと個人レベルの双方において自己中心的な態度を克服させるために，たんに代替的な態度を提案するだけではなく，より指示的で規範的な方法を用いる。児童・生徒が自分の自己奉仕的な認知のゆがみや思考の誤りを修正することを手助けしている。

　「自己中心性」は，一次的な自己奉仕的認知的歪曲であり，思考の誤りである。ただし，自己中心性は唯一の思考の誤りではなく，先の章で紹介した二次的な他の思考の誤りにより支持されるものである。思いやりを「めめしいこと」と軽んじることや，他者を傷つける行動を「格好いい（クール）」と称賛することは，破壊的な行動における「過小評価／誤ったラベリング」を説明するよい例である。「自分に変な視線を送るやつは，けんかを売っている」と考えることは他者の意図に「最悪の仮定」をする現象を説明する例であり，「ものを盗まれても盗まれる方が悪い，その人が不注意で自分に盗みをするようそそのかしているからだ」と考えることは「責任の外在化」を説明するよい例となっている。こうした思考の誤りはあるものの，彼らも最初は共感する気持ちや悪いと思う気持ちをもち合わせている。児童・生徒の思考の誤りを修正する際には，彼らが被害者に対して感じる共感を妨げ，無効にしている悪い行いを正当化しようとする考え

に，自分自身で反論できるよう援助する必要がある。したがって，思考の誤りの修正は，社会的な視点取得の重要な前提条件とみなされる。

　思考の誤りの修正についてのプログラム内容を簡単に紹介する。このプログラムでは，怒りのマネージメントスキルの向上も同時にターゲットとした10回のセッションが行われる。初回以外の各セッションの最初には前回のふり返りがあり，最後には次回の予告が行われるしくみとなっている。怒りのマネージメントのカリキュラムにおいては，各セッションが進行するにつれて，しだいにその中身は参加者にとって身近で具体的な内容へと変化していく。初期のセッションでは，参加者は怒りや攻撃について「自分とは距離を置いた視点」からそれらをふり返ったり，学習したりする機会が与えられる。たとえば参加者は，怒りや暴力などで混乱した状態になるときに，心が中心的に果たす役割について学習する。一方で，セッションが進んで参加者が客観的な視点をもち防衛的でなくなるにつれて，参加者自身の攻撃行動やその攻撃行動がもたらした結果に特化した教示が行われるようになる。最後のセッションでは，学んだ内容のまとめとして全般的なふり返りが行われる。表8-1に各回の怒りのマネージメントにおけるカリキュラム内容を示す。

　ここではとくに，本書と関連の深い「思考の誤りの修正」に関するセッションを紹介する。このセッションでは，思考の誤りを修正するためのスキルを身につけ，それらを応用する課題を行う。さらに，自助的な日誌（self-help log）を用

○表8-1　怒りのマネージメントと思考の誤りの修正に関するスキルのEQUIPプログラム（10週間構成）

第1週	怒り・攻撃の評価と再ラベリング
第2週	怒り・心や身体のモニタリング・怒りの軽減における心の中心的役割
第3週	思考の誤りのモニタリングと修正
第4週	怒り軽減のためのリラクゼーション技法
第5週	怒り軽減に効果的なつぶやき技法：結果の事前思考と他者思考
第6週	前向きな結果の達成
第7週	自己評価
第8週	克服
第9週	被害者と加害者
第10週	全般的まとめ

いることで，日常行動におけるみずからの思考の誤りをモニタリングするといった目的で実施される。まず参加者には，「ゲイリーの思考の誤り」と題した資料が配られる。その資料には，ゲイリーを主人公とする以下の仮想場面が記されている。

> ゲイリーは彼のアパートの台所にいます。ゲイリーの妻のミーガンは，ゲイリーが彼女を傷つけたあることについてゲイリーに怒っています。彼女は彼に叫び，彼の肩を押しました。その時ゲイリーにはある考えが浮かびましたが，その誤った考えを正すことはしませんでした。ゲイリーは怒り狂い，ミーガンに怒鳴りつけました。そしてナイフをつかむと，彼女に突き刺しました。ミーガンはひどい怪我を負いました。

この仮想場面を提示した後，3人グループを構成し，「質問1．ゲイリーに浮かんだ考え」「質問2．その考えの誤っているところ」「質問3．考えの誤りを正すために彼が自分に言い聞かすことができたこと」「質問4．思考の誤りを正していたらミーガンを刺していたかどうか」の4つの質問への回答を求める。その後，グループ全体で参加者のさまざまな回答について議論させる。その際，ゆがんだ思考と暴力とのつながりや，早い段階で思考の誤りを修正することの重要性を強調する。

参加者の回答をリストアップしたのち，それらを思考の誤りの4カテゴリーへと分類する。その際，思考の誤りの定義についての表を参加者が見やすいよう掲示する。表8-2に，4カテゴリー別の思考の誤りの例と，その修正案を記載する。表の左列には暴力へとつながる自己中心的な正当化や他の思考のゆがみについての例を，右列には思考のゆがみを修正することで怒りを軽減する自分へのつぶやきの例を示してある。

「ゲイリーの思考の誤り」に関する議論のまとめとして，前述の質問4を参加者に考えさせる。この質問が，考えの誤りと暴力とのつながりや，考えの誤りに気づき暴力的な行いを避けるために正しい考えをすることの重要性について，参加者の気づきをうながす決め手となる。これらの体験内容についての参加者の理解をうながすため，セッションの最後に自助的日誌の活用法を紹介し，自己分析するよう求める。自助的日誌では，まず行動上のさまざまな問題について考えさせ，その基となっている思考の誤りを見いだすワークシート課題を最初に実施する。その後，自分の生活において経験した行動上の問題とその背景にある思考の

第3部 認知のゆがみの修正と予防

●表8-2　ゲイリーの思考の誤りの分析

ゲイリーが考えていたこと	ゲイリーが考えるべきだったこと
【自己中心性】	
俺がボスだ。	彼女と自分に優劣はない。
よくも俺に触ったな。	自分でも怒るだろう。
一体何様のつもりだ。	彼女はもっと良い扱いを受けるべきだ。
【過小評価/誤ったラベリング】	
あいつに思い知らせてやる。	人を刺すことで、その人への教訓となることはない。
自分の身を守らなければならなかったんだ。	肩を押されても死ぬことはない。
【最悪の仮定】	
彼女は俺を憎んでる。	彼女は今は怒っているが、自分が心から謝って変わるならば、いつまでも怒っていないだろう。
【責任の外在化】	
彼女がそうするのを望んだんだ。	彼女にひどいことをした自分が原因だ。
彼女がそのナイフを置いておいたんだ。	ナイフをつかむべきじゃなかった。私が悪かった。

誤りについて考えさせる日誌と、その問題行動をポジティブな行動へと変換させた経験を記述させる日誌とを作成させる課題を実施するといったセッションの流れになっている。

　非行少年を対象としたEQUIPプログラムの効果に関しては、おもに第12章にて詳しく紹介されているため、本章ではそこで引用されていない研究を抜粋して紹介する。Leeman et al.（1993）では、中程度の警備レベルの矯正施設に入所している15歳から18歳の57名の男子少年犯罪者を対象とした検討を行っている。EQUIPプログラムを実施した実験群と統制群との比較が行われており、後者と比べて前者において施設内での問題行動や再犯率において有意な改善が認めらたことが報告されている。ただしEQUIPプログラムの効果検証は、Gibbsらの研究と第12章で紹介されるオランダでの研究に限定されているため、効果の一般化を可能とするより多くの研究知見の蓄積が求められる。

第2節　国内の実践研究

　国内における認知的ゆがみの改善や修正にかかわる介入プログラムは圧倒的に

少なく，とくに犯罪者や非行少年を対象としたものは性犯罪者の矯正プログラムに限定される。したがって本節では，犯罪者や非行少年を対象とはしていないものの，認知のゆがみの直接的な解消をめざした研究として吉澤・吉田（2007）の実践を紹介する。

吉澤・吉田（2007）では，中学生を対象に社会的情報処理の問題を改善することで，彼らの反社会的傾向をも改善することを目的に，既存のプログラムを参考に独自に構成した心理教育プログラムを実践している。さらに，そのプログラムの効果測定として，事前と事後の社会的情報処理および反社会的傾向の変化の分析を行っている。

プログラムのセッション構成では，第4章で紹介した吉澤・吉田（2004）のプロセスモデルが基盤となっている。個人が広範な社会的生活を円滑に営むために有している認識の枠組みとしての「社会的ルール」に関する知識が，構造的，質的な問題を有することにより，利己的な「認知的歪曲」を引き起こし，社会的な逸脱行為の実行可能性を高めるというプロセスモデルに即して各セッションが配置されている。社会的ルールの適応性を高めることを目的として，吉田ら（2002, 2005）の開発したソーシャルライフがセッション内容に組み込まれている。社会の中での人間行動の特徴を体験的に学習させることで，人間や社会を考えるのに必要な力を高めることを目的としたプログラムであり，具体的には，原因帰属のバイアスや他者視点の多様性を経験するセッションを実施し，最終的に目前にいない他者や社会全体のことを考慮する能力を育てることを目標としている。また，認知的歪曲の改善を目的として，EQUIPプログラムの「思考の誤りの修正」セッションを参考に，日本の生徒向けに独自に開発したセッションを導入している。

中学校1年生213名を対象にプロセスモデルの各概念に対応した指標を測定し，社会的情報処理の適応性の向上と反社会性の改善における介入プログラムの効果が分析されている。事前・事後テストにおける各指標の変化を分析した結果，社会的ルールの知識構造における質的な側面であるルール適切性の得点が，事前テストから事後テストにかけてとくに女子を中心として上昇し，認知的歪曲の責任の外在化は男女ともに減少していることが明らかになった。さらに，統計的に有意ではないものの，認知的歪曲の下位概念はおおむね減少する傾向にあることが示唆された。以上の結果から，開発されたプログラムは全般的に社会的情報処理に関する指標を適応的な方向へ変化させていた。ただし，反社会的傾向に

関する指標は，全体として事前テストから事後テストにかけて得点が上昇しており，不適応的な方向への変化が認められた。とくに男子において，得点の上昇が顕著であることが見いだされた。これらの知見は大きく，情報処理の適応性の向上が逸脱行為傾向を減少させる効果に遅延がある可能性，プログラムの実施時期が反社会的傾向の高まりが顕著な時期と重なっていた可能性，長期間もしくは時間制限のないプログラムを実施することの必要性，実施に必要なスキルを習得した実施者の必要性の観点から考察がなされている。

このように萌芽的な研究は存在するものの，犯罪者や非行少年を対象に，認知のゆがみの改善を目的として行われた実践研究はいまだ少ない。その背景には，認知行動療法に基づく実践が矯正施設で多く採用されている点があげられる。したがって次節では，近年注目されている脳科学研究から得られた知見に基づき実践されている，神経学的認知トレーニング（neurocognitive training）を中心とした少年矯正施設での取り組みを紹介する。

第3節　脳科学に基づく修正の取り組み：少年矯正施設での取り組み

1．神経学的認知トレーニングの背景

低知能もしくは境界知能が反社会的行動のリスクファクターであるという報告はこれまで多くなされてきた（たとえば Dickson et al., 2005; Douma et al., 2007; Frize et al., 2008; Koenen et al., 2006; Koolhof et al., 2007）。少年矯正教育においても知的障害をもった非行少年への教育が国内外問わず課題となっている（Leone et al., 2002）。矯正施設入所中の少年たちの中には，視覚認知，聴覚認知，概念力，ワーキングメモリ（以下，WM と略す）などさまざまな認知機能に問題をもっているケースも多い。罪の意識や共感性などは道徳的発達課題の一部であるが，認知機能の障害は学業不振だけでなく，衝動抑制力，被害者への共感性や罪の意識，自己の行動の結果を予測する力，問題解決力などの乏しさに関係し，反社会的行動にもつながるものと考えられている（Foglia, 2000; Koolhof et al., 2007; Ross & Hoaken, 2010）。

現在，認知行動療法（以下 CBT と略す）は他国同様，日本においても非行少年の思考のゆがみを修正する手段の1つとなっている。CBT は適切な行為や思考を増やし不適切な行為や思考を減らすことや，対人スキルの改善などを目的と

する。一方，神経学的認知トレーニングは，注意機能，記憶力，学習能力，実行機能のような神経学的認知能力の向上を目的としたものである。CBT は思考の柔軟さ，注意力，WM，モニタニング，抑制などを含む幅広い認知機能が基礎となっており，認知機能に問題のある非行少年に対して CBT を効果あるものにするためには，これら認知機能に対する介入が必要である（Ross & Hoaken, 2010）。

　これまで犯罪者や非行少年への認知に関係した介入は，おもに問題解決スキルの向上や怒りのコントロール，認知のゆがみ（cognitive distortions）などをターゲットとしたものが数多く報告されているが，神経学的認知機能の向上を目的とした介入報告はほとんど見当たらない（Martin & Johnson, 2006; Miyaguchi et al., 2012; Smith & Sams, 2005）。

　一方，近年，犯罪・非行研究以外の領域において，神経学的認知機能の強化を目的とした児童・青年への介入研究が多く報告されている。注意欠陥多動性障害（ADHD）児に対する WM トレーニング（たとえば Klingberg et al., 2002, 2005），軽度知的障害もしくは境界知能の少年に対するコンピュータを使った認知トレーニング（Castelli et al., 1994; Van der Molen, 2010）などによる一定の効果が報告されている。これらの報告から，低い知的機能をもった非行少年に対してもこれらの神経学的認知機能への介入を行えば，認知機能の向上が予想され，それがもし可能であれば反社会的行動を軽減させることも期待されるのである（Ross & Hoaken, 2010）。

　本節では，まず精神科領域一般の神経学的認知トレーニングについて概説し，その後，国内の医療少年院で行われている非行少年に対する認知トレーニングについて紹介する。

2．精神科認知トレーニングの動向

　精神科領域における認知トレーニングの対象疾患としては統合失調症，認知症，高次脳機能障害，発達障害があげられる。このうち損なわれた機能を回復する（rehabilitation）のか，発達途上にある認知機能を強化する（enhancement）のかの違いがあるが，前者は広く認知リハビリテーションとよばれる。認知リハビリテーションは，もともと欧米のリハビリ医学分野における頭部外傷等の高次脳機能障害への介入研究が基盤となっており，多くの研究は1970年代から始まった。現在は認知機能のみならず，社会的行動，心理症状もその対象に含まれるこ

とが多い。後者は，児童における注意欠陥多動性障害（ADHD）や学習障害（LD）などの発達障害や知的障害児等を対象とした認知トレーニングをさす。以下に対象疾患別に概要を述べる。

（1）統合失調症患者への認知リハビリテーション

　統合失調症の約8割が認知障害を示していることから，認知機能障害の改善のための介入が注目されている。統合失調症への認知リハビリテーションはこれまでさまざまな経緯で発展し，さまざまな実施方法があるが，現在は単一の認知機能向上だけをめざすものではなく，精神症状や心理社会的機能の向上もめざした複数の認知機能をターゲットとする複合的なプログラムが主流である。代表的なものとして米国のMedalia et al.（2002）が開発したNEAR（neuropsychological and educational approach to cognitive rehabilitation）と，ドイツのMcGurk et al.（2005）によるThe Thinking Skills for Work Programがある。

（2）児童への認知トレーニング

　児童への認知トレーニングの思想的な源流はVygotsky L. S.の「発達の最近接領域」の概念から始まった。1950年代にはイスラエル人のFeuerstein, R.によって紙と鉛筆を使って試みられ，1980年には認知構造変容理論からなる認知教育強化教材（instrumental enrichment：IE）が発表された。その後80年代後半，ドイツを中心としさまざまな認知強化プログラムが発達した。その後，大きな変革を迎えたのは，2002年スウェーデンKarolinska大学のKlingberg, T.らによって報告されたADHD児へのWMをターゲットとしたコンピュータートレーニング（Cogmed, http://www.cogmed.com/）の成果であろう。これは世界31か国のクリニックや学校等で幅広く使用され，認知トレーニングソフトの中では最も成功を収めたともいわれている。Cogmed以外にも，Jungle Memory（http://www.junglememory.com/），やCognifit（http://www.cognifit.com/）といったゲーム感覚で取り組めるコンピュータソフトが開発されており，インターネット上で有料のトレーニングを受けることが可能である。

　近年，WMの向上が流動性知能を向上させるといった報告（Jaeggi, 2008）や，WMのトレーニングによる改善と大脳皮質のドーパミンD1受容体の密度の変化が関係しているといった報告（McNab et al., 2009）もあり，認知トレー

ニングには WM がますます重要視されるであろう。

（3）高次脳機能障害

東京都高次脳機能障害者実態調査（2008）によると，高次脳機能障害の原因の8割が脳血管障害，1割が頭部外傷とされる。高次脳機能障害はリハビリ医学と精神医学の境界にあり，今後精神科領域での発展が期待され，わが国において高次脳機能障害への認知リハビリテーションの手法は定着しつつある。

藤井・松岡（2006）は，脳機能そのものを回復させる目的をもって，ドリル形式の練習帳による訓練を，4原則（毎日行う，在宅で行う，家族と行う，査定を行う）を基に地域に沿った活動として進めている。その他にも，川上・中島（2007）による注意と記憶障害のグループ訓練，加藤（2009）による Tinker Toy とハノイの塔（変法）による実行機能訓練，和田ら（2004）による Raven 色彩マトリックス検査を用いた実行機能訓練，名古屋市総合リハビリテーションセンターによるインターネットを用いた双方向性（インタラクティブリハビリテーション）認知訓練，亀田ら（2010）によるゲームを利用した認知リハビリテーションの試みなども進んでいる。

（4）認知症患者へのトレーニング

薬物療法とともに，心身機能の維持・向上と介護負担の軽減などを目的とした認知症リハビリテーションの重要性も高まってきており，学習療法，記憶訓練，メモリーエイドの使用などがある。

認知症患者は前頭葉，側頭葉，頭頂葉における脳血流量の低下がみられることが特徴であるが，学習療法はとくに前頭前野の活性化と，その機能向上を目的としている。課題は認知症高齢者でも容易に取り組める課題として，音読と簡単な計算が使われており，その効果も検証されている。記憶訓練は，誤りなし学習理論に基づく訓練が効果的とされる。これは学習過程において極力誤りをおかさないよう正解を誘導する教示法であり，この点を利用した間隔伸張法，手がかり消去法などがある。メモリーエイドはメモやカレンダーなどの外的記憶補助手段を使って，記憶に関係した社会生活での障害を緩和する方法であるが，近年は市販の情報機器端末をメモリーエイドとして応用した研究もみられる。

3．医療少年院での取り組み
(1) 神経学的認知機能強化トレーニング

　現在，著者らが行っている神経学的認知機能強化トレーニング（Neuro-Cognitive Enhancement Training: N-COGET）（宮口，2013; Miyaguchi et al., 2012）を効果検証をまじえて紹介する。対象の医療少年院は，知的障害や情緒的未成熟等など発達上の問題をもった非行少年が対象となる少年矯正施設である。IQ85以下の少年24名（平均年齢：15.4±1.4歳，平均IQ：66.0±12.6）を対象に2グループに分け，認知トレーニングを受ける群（対象群）と通常日課を行う群（コントロール群）とし，対象群に対し市販教材と当院で独自に作成した教材を組み合わせ，グループトレーニングと個別トレーニングを並行して4か月間行った。トレーニング課題は，注意力，視覚認知，聴覚認知，WM，推測能力，処理速度，実行機能等の向上を目的とし選定・作成した。グループトレーニングは原則週2回，1回約80分で実施した。施行概要は対象群を随時3～4つのグループに分け，指導者側から提示した認知課題に対する解答を各グループ内でおもに方略について話し合わせ，順に発表させるという流れで行った。個別トレーニングは週3～4日，1日1時間程度，個別課題に取り組ませグループで学んだ方略を定着させた。コントロール群は少年院での通常日課に沿った。効果検証にはトレーニング前後とトレーニング終了3か月後の計3回，DN-CAS（認知評価システム）★4を主としたアセスメントを行った。

★4　Luria, A. R.の神経心理学に関する研究とPASS認知処理理論に基づいて作成された知能検査の1つでウェクスラー式知能検査とも強い相関をもつ。4つの下位尺度（プランニング，注意，同時処理，継次処理）のそれぞれの値と全検査値が求められる。平均が100で1標準偏差が15となっておりわかりやすい。ウェクスラー式知能検査と比較して人種による差も少ないこと，繰り返しによる学習効果の少ない検査とされる。

　アセスメントの結果，対象群にのみDN-CASの全検査値と4つの下位項目，WMなどについて有意な向上が得られた。またその効果は3か月後も持続していた（図8-1）。

　これらの結果から知的機能に問題をもった非行少年に対する神経学的認知機能強化トレーニングによって認知機能が向上する可能性が示された。認知機能の向上は，被害者感情の理解や非行への内省の深まりが期待できる他，就労にあたっても大きな役割を果たす。安定した就労が再犯防止に最も効果的といわれていることからも少年達の認知機能の向上は，就労の定着率の上昇，再非行防止，ひい

第8章 犯罪者・非行少年を対象とした認知のゆがみの修正

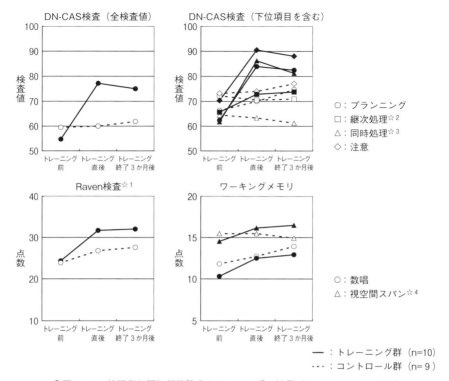

◯図8-1　神経学的認知機能強化トレーニングの結果（Miyaguchi et al., 2012）

　DN-CAS 検査（下位項目を含む），Raven 検査，WM 検査のすべての項目でトレーニング群のみ向上。文献 Miyaguchi et al.（2012）より転載。結果はトレーニング終了3か月後時まで在院していた少年19名（トレーニング群：10名，コントロール群：9名）について示した。

☆1　Raven 検査：提示された図案の欠如部に合致するものを6つの図案の中から被検者に1つだけ選ばせる検査。論理的思考と関係する。
☆2　継時処理：情報を時間的・連続的に処理する心的過程。
☆3　同時処理：分割された情報を，単一やグループにまとまる心的過程。
☆4　視空間スパン：視空間ワーキングメモリを測定する検査。

ては被害者を減らすことにつながることが期待される。また第3章第2節4．「性犯罪者の脳機能」で述べたように，これらの神経学的認知トレーニングが性犯罪者の新たな治療法の1つとして注目される可能性もある。

（2）認知作業トレーニング

　知的障害をもった非行少年たちが出院後，肉体労働等で安定した就労に結びつくよう，おもに身体的不器用さの改善を目的としてつくられたトレーニング（宮口・宮口，2014）であるが，認知機能と身体運動を融合させ，身体面からの認知機能改善へのアプローチが多く含まれている点から脳科学に基づく認知の修正法としても期待される。

　プログラムは，「自分の身体を知る」「力加減を知る」「動きを変える」「物をコントロールする」「指先を使う」「動きをまねる」「動きを言葉で伝える」の7つのモジュールからなる。とくに「動きを変える」トレーニングは外部刺激による身体的動作の切り替えを行うことで注意力を向上させ，「動きをまねる」・「動きを言葉で伝える」トレーニングは言語機能や情動機能の向上にもつながるとされる。

　現在，医療少年院のほか，知的障害をもった受刑者を収容する一部の刑務所でも実施され効果を上げている。

第9章

学校現場における認知のゆがみ

第1節　教師の児童生徒理解のゆがみによる影響
1．教師の価値観を保つためのゆがみ

　人が他者を正確に理解することはむずかしい。それは，理解する側の人がもつ自己流の認識枠組みによって，他者を理解しようとするからである。教師による児童生徒理解も例外ではない。教師は児童生徒を理解する場合に，独特な視点をもつことが指摘されている（吉田，2001）。

　いうまでもなく，教師の主たる職務は授業を行うことである。次の単元の予習をし，授業の組み立てを考え，その準備に費やす時間は負担であっても，児童生徒が積極的に授業に参加し，教材の理解を深めてくれれば教師は満足感が得られる。ところが現実には，すべての児童生徒が興味をもって授業を受けてくれるわけではないし，授業の成果を問うテストにおいても，理解の程度に大きなばらつきが生じる。結果として，教師の努力に報い，その価値観を実現してくれるのは，成績のよい児童生徒である。成績のふるわない児童生徒はやる気がないと見なされ，教師の関心から遠のいていくことになる。このタイプの児童生徒は，勉強以外の側面で，自分たちのよいところを教師に認めてもらいたいのである。

　教師のもう1つの主要な職務は，生徒指導と学級経営であるが，こちらは二次的と考えられがちである。というのは，問題がなく，平穏にすぎていくことが教師にとって最良の状態であり，「問題が起きることは，余分な仕事が増えることである」という減点法の価値観をもっているからである。それゆえ，活発で自己主張の強い児童生徒の場合，学校の規則を破ったり，教室の規律を乱したり，教師の言うことに従わない行動が多いので，教師の目には，悪い児童生徒として映

ることになってしまう。このタイプの児童生徒は、自分たちの主張や行動に対し、いつも教師が否定的であることに不満なのである。

　逆に、成績に問題がなく、教師の指導にも従順な児童生徒は、教師がもつ価値観に合致するので、問題のない子として理解されやすく、仲間集団内での孤立や拒否に帰因する非社会的行動傾向を見逃されやすいといえる。

2．教師の認識を安定させるためのゆがみ

　初対面の人に強烈な印象を形成してしまうと、かなり長期間にわたって、そのイメージの枠内で相手とつき合うことになる。これが俗にいう第一印象の影響である。教師も新しいクラスを担当すると、一人ひとりの児童生徒についてのイメージを形成する。その後は、イメージがつくり上げられた認識の枠内で特定の児童生徒の行動を理解しようとする。認識と合致する行動は、教師の認識を安定させるが、認識と合致しない行動は、偶然がもたらしたものとして捨てさられがちである。こうなると、最初に好ましくないイメージを形成された児童生徒は、担任の教師が替わらない限り、なかなか認めてもらえなくなる。

　また教師は、児童生徒に関する複数の側面を、矛盾なく安定的に見ようとする。そのため、教師自身が関心をもっていたり、価値をおく側面について良い（悪い）印象をもつと、他の側面までも高く（低く）評価してしまう光背効果の存在することが知られている。たとえば、学業成績に関心のある担任教師は、客観的には弱い相関しかみられないはずの性格や行動の望ましさ評価にも、強い相関関係を想定してしまう傾向がある。

　このほか教師は、好意的な感情をもつ児童生徒に対しては、過大に評価したり、やさしく接したりするが、嫌悪的な感情をもつ児童生徒に対しては、過小に評価したり、厳しくあたりがちである。これは、「あばたもえくぼ」といわれるように、好きになると相手のことが実際以上に好ましく見えてしまい、近づきたくなるのと同じである。他者に対する感情・認識・行動を一貫化させようとするのは心理学的な法則であるが、教師から児童生徒に対して行われる場合には、えこひいきだとして非難が起きやすい。場合によっては、教師のそうした態度が原因となり、えこひいきの対象になっている児童生徒が他の児童生徒たちに疎まれたり、児童生徒の間に対立を引き起こしたりして、教師が学級運営に失敗するようなケースも出てくる。

認識を安定させるゆがみとして，最後に，ステレオタイプ的理解について紹介する。教師は，新年度になると，多くの児童生徒の顔と名前を覚えるだけでなく，行動や性格の特徴まで理解しなければならない。ところが，一人ひとりの児童生徒を十分に理解するためには，日常の行動観察や相互作用に多くの時間を費やす必要がある。現実には，それほどの時間的余裕はないし，少しでも早く十分に理解していると思い込みたいため，わずかな手がかりだけで，教師自身が描いているいくつかのタイプの児童生徒像のどれかを当てはめることになる。そうなると，特定のグループや部活動に所属している児童生徒たちに，「優等生」「不良」といった共通のレッテルを貼り付けたり，親の職業や居住地域の情報だけから，その児童生徒のイメージを勝手につくり上げたりしてしまうことが行われる。ステレオタイプ的理解の問題点は，紋切り型にレッテルを貼り付けてしまうと，相手のすべてがわかったような気になり，それ以上の理解をしなくなることである。

3．教師の責任を回避するためのゆがみ

　人は，自分が関連している状況で負の事象が起きた場合，その原因は自分にあるのではなく，他者や自分を取り巻く環境にあると見なしやすい。したがって，学校という状況で児童生徒に問題行動が起きたり，学業成績が不振であったりすると，教師は，責任が自分にあるのではなく，児童生徒の側にあると見なしやすい。こうした事実を，実証的に扱っている研究例から考えてみよう。

　Medway（1979）は，児童生徒の心理相談のため専門機関を訪れた教師に，その問題行動の内容と原因を質問している。そして，内容が学習上のものか行動上のものかで多少の違いはあるが，教師は，児童生徒の能力や動機づけ，性格などが主たる原因であると考え，教師との人間関係，教師の教え方や励ましなどは重要な要因ではないと考える傾向にあることを報告している。また，速水（1981）も架空の学業不振児の代表的6事例（原因が学校，家庭，両方にあるような事例を2例ずつ）を作成し，教師，母親，大学生の3グループに読んでもらい，児童生徒の学業不振の原因について質問したところ，表9－1のような結果を得た。教師は他の2グループと比べ，児童生徒の能力の低さや性格上の欠陥を高く評定し，教師自身の教え方のまずさを低く評定している。

　教師にしてみれば，同じように教えたり，指導したりしていても，学業不振や行動上の問題が出現しない児童生徒も多いのだから，問題が起きる主たる原因

第3部 認知のゆがみの修正と予防

表9-1　3グループの原因帰属得点の平均値の比較（速水，1981）

群 原因帰属要因	教師群 M	教師群 SD	母親群 M	母親群 SD	学生群 M	学生群 SD	検定 F (2, 328)
本人の努力不足	29.54	6.21	30.93	5.37	30.07	5.85	1.52
本人の能力の低さ	20.21	7.21	17.78	6.82	17.64	6.74	4.90 **
本人の勉強方法のまずさ	31.10	5.52	32.03	4.95	31.93	5.31	1.05
本人の性格上の欠陥	24.92	6.50	22.68	7.04	23.53	6.87	2.99 *
先生の教え方のまずさ	18.70	6.42	20.87	6.62	20.76	6.37	3.99 *
本人と先生の間の悪い人間関係	17.63	5.84	18.85	5.84	17.71	6.18	1.37
悪い家庭環境	19.82	5.98	20.26	6.67	20.33	6.52	0.22
本人と両親の間の悪い人間関係	21.22	6.90	22.26	6.81	19.80	5.96	3.89 **
両親の子供に対する指導のまずさ	28.68	5.25	30.72	5.23	27.57	5.12	10.05 **
良い友人がいないこと	24.10	6.90	24.44	6.88	21.16	6.48	8.02 **
めぐりあわせ（運）の悪さ	10.05	5.32	9.86	5.04	12.12	6.04	5.84 **

M は平均値，SD は標準偏差を意味する　　*…$p < .05$　　**…$p < .01$

は，児童生徒の側にあると考えるのは自然なのかもしれない。ただし，母親や児童生徒は，学業不振の原因をすべて児童生徒の側にあると見ているわけではない。それを一方的に，教師の側が指摘し，態度で示すことは，母親との間に不要な摩擦を引き起こしたり，児童生徒のやる気を弱めたりする。速水の研究でもう1つ明らかになっていることは，学業不振を児童生徒の能力の低さに原因を帰属する教師ほど，児童生徒の成績が将来向上する可能性を悲観的に見ていることである。このことは，教師が学業不振の児童生徒に対して働きかけることは，意味がないと考えていることの証左でもあり，教師の責任回避といえよう。

以下のように，本節では，教師が児童生徒を認識する際には，教師がみずからの認知をゆがめることによって，心理的な安定を保とうとする傾向をもつことがわかる。児童生徒は，その影響を被ることにより，やる気をなくしたり，問題行動を引き起こしたりする可能性を高めていることに留意しなければならない。

第2節　児童生徒の友人関係理解のゆがみによる影響

1．対人関係能力と仲間集団

友人関係の基本は，対等のルールに基づいた「ヨコ」の人間関係である。児童生徒が仲間集団の中で適切な応答や行動ができないと，友だちから非難された

り，ケンカになったりする。したがって，児童生徒は友だち関係での自分を強く意識するようになり，友だちの行動と比較しながら自分の行動を制御していくことになる。小学校中学年ぐらい（ギャング・エイジ）になると，仲間集団は自分の服装や言葉遣い，持ち物から好きなTV番組まで含めた価値観や態度を共有する準拠集団となっていく。こうした集団に所属できないことは，彼らにとって一大事となる。

　大嶽（2007）は，学級集団のようなところでは，「無理にでも友だちをつくり，いっしょにいなくてはならない」とする規範が存在するかのように，児童生徒がふるまうことを指摘し，これを「1人ぼっち回避規範」と名づけている。そして，学級集団内の他成員から，「友だちがいない人＝1人ぼっち」だと思われることを，極度にネガティブなことだと思い込む傾向がある。それゆえ，彼らは，クラス替えなどがあると，気の合う友だちでなくても，とりあえずいっしょに過ごす状態を維持しようとグループを形成する。しかし，グループ内でうまく適応できる子ばかりではない。その結果，友だちに拒否されないように気を遣い，気疲れしてしまう児童生徒も出てくる。

　学級集団の中にできるこのようなグループは，他の成員から見れば，インフォーマルな仲良し集団と見なされる。ひとたび，学級内にいくつかのグループが形成されてしまうと，女子の場合，そのグループから抜けて，他のグループに入ることは容易ではない。グループを抜けることで，一時的にせよ「1人ぼっち」になることは絶対に回避したいのである。こうしたグループでは，深刻な「グループ内いじめ」の起きやすいことが指摘されている。三島（1997）によれば，小学校高学年の女子グループは，グループの境界が明確で，グループ内では，お互いが，「友だちは自分のことをどう思っているか」を強く意識している。グループ内の不安や緊張が高いと，「グループ内いじめ」が起き，しかも，その対象が順番に移動していくのが特徴的であるとしている。教師や保護者からすると，「嫌な友だち関係なら離れればよい」と思えるのだが，当事者たちには，それほど簡単なことではないことを，理解しなければならない。

　1人ぼっち回避規範にしても，グループ内いじめにしても，対人関係能力の脆弱性が根底にあると考えられる。児童生徒の対人関係能力を向上させるためにも，第3節で紹介するような心理教育プログラムが求められているともいえる。

2．ソーシャルメディアによるつながり

　本来，仲間集団は，自分の行動を決定していく準拠枠となり，悩みを打ち明けあったり，ソーシャルサポートの授受をしたりして，個人のアイデンティティ形成には不可欠なものである。その仲間関係に，児童生徒が，前述したようなストレスを感じるという現象が生じている。思春期になって，反抗的な態度ゆえ，親からも「愛されている」という感覚が得られないと，現実社会での信頼関係がもてなくなってしまう。ソーシャルメディアの世界は，そうした児童生徒たちの逃避場所となりやすい。Facebookのような実名主義もあるが，多くのソーシャルメディアは匿名なので，顔も知らないネット上の友人こそが親友であるという奇妙な関係さえ生じさせてしまう。現実の社会では満たされない友人関係を，ハンドルネームだけでつながっているソーシャルメディアの世界でつくろうとするのである。たしかに，チャットとよばれるような気の合った仲間だけ集まるところでは，一体感の共有は得られるかもしれないが，軽い話題だからこそ成立するのである。最大の特徴は，匿名なので大胆に自己主張もできるし，都合が悪くなれば一方的に関係を解消できることである。しかし，ソーシャルメディアの世界で一時的な「心の癒やし」が得られても，対面的なコミュニケーションが必要とされる現実社会で適応していけるわけではない。むしろ，現実の友人関係に適応的な児童生徒は，過度にソーシャルメディアを利用するより，親密なコミュニケーションの補助手段として利用している。

　中高生の間では，最近「LINE」とよばれるソーシャルメディアが流行しているが，これなどは，とりあえず表面的に友だちとつながっていないと不安なので，四六時中「いいね」ボタンを押して，発信し続けている中高生が多くみられる。すぐに返信しないと「仲間外れ」または「いじめの対象」にされるのではないかと怯え，スマホを手放せない状態は，もはやネット依存ともいえる。こうした依存性の強い児童生徒ほど，ネットいじめの被害者や加害者になりやすい（三島ら，2012）。「1人ぼっち回避規範」を意識しすぎて，無理にでも友だちをつくり，その中でもがき苦しむ状態が，ソーシャルメディア上でもくり返されている。

　以下のように，本節では，児童生徒の対人関係能力の脆弱性が，仲間関係内での認知のゆがみにつながり，無意味な排斥行動やソーシャルメディアへの過剰な依存が生じている危険性を指摘した。こうした問題の解決を図るために，第3節では児童生徒の認知のゆがみを低減していくための心理教育の実践例を紹介し，

第4節では，その効果について論じる。

第3節　心理教育の実践例
1．実践の背景
　本来，規範意識の醸成や向社会的行動の必要性といった心の教育は，家庭や地域で基本的な部分が担当され，学校教育ではその修正が行われると考えられてきた。ところが，子どもは基本的な「対人関係」や「社会」に関するルールを教えられないまま就学し，学校では「規則」を遵守することだけを要求されてきた。家庭や地域が心の教育を担当する機能を十分に果たせなくなったとすれば，学校教育がその役割を果たす必要が生じている。このことを実践するために筆者らが進めてきたのが「ソーシャルライフ」の授業プログラムである。すなわち，「人の行動のしくみ」「対人関係」「集団や社会」に関する心理学的な知見を中学生に体験させることにより，彼らの社会的コンピテンスや社会志向性（規範意識）を高めようとする授業の開発である。これは，中学生に知識としての心理学（人間の行動の法則）を教えることとは本質的に異なる。この授業の目的は，あくまで中学生にさまざまな刺激材料を提供し，自分たちの行動を通して「人間」や「社会」に対する考え方の基礎を養ってもらうことにある。授業自体は，彼らの「考える能力」を刺激することであり，結果として，社会的コンピテンスや規範意識を高めることが目的である。大げさに言えば，授業を通して自分の欲求や視点を客観的に見ることができ，同時に，別の欲求や視点をもった人たちもいるのが集団や社会であることに気づいてもらう。つまり，自分の見方が絶対正しいわけではなく，対象や出来事に対する客観的な認識をもってもらうことをめざしている。そうした認知のゆがみに気づく中学生の増えていくことが，対人関係や社会的なトラブルを解決していく源泉となり，多数の人が満足し合える社会を形成することができると考えられる。最初の年度は中学1年生に年間30時間の授業，2年目は中学2年生に年間10時間，3年目は，中学3年生に年間10時間の授業プログラムを実施した。2年目からは，前年度のプログラムを担当学年の教師に実施してもらうための指導を同時に行い，最終年度は中学3年生の担当教員を指導するという4年間となった。これらの実践記録は，吉田ら（2002, 2005）に詳述されている。その中から5つの実践例を紹介する。

2．5つの実践例
（1）記者会見ゲーム

　新年度になってクラス替えがあり，新しい先生や友だちといっしょになると，だれでも自分を知ってほしい，他人を知りたいと思うのは当然である。ふつうに行われるのは，自己紹介であるが，これをルール化した記者会見ゲームとして実施する。まず最初に，各自が自己紹介用の記事を書いておく。これはだれも見ないことを確約し，素直に書けるようにする。会見のルールは，会見者と質問する記者のローテーションを作成しておき，1人の記者会見時間を決めておき，記者は手をあげて質問する。質問は，なるべく先生や友だちのよいところを見つけられる質問をする。1人の会見が終わったら，図9-1のような「印象記事」用紙に記入する。最初の授業では，今日の情報だけでは十分でないかもしれないが，これからもっと自分を知ってもらうため，友だちのよいところを探していくために，友だちとのコミュニケーションの重要性を強調しておく。

　この記者会見ゲームに特徴があるのは，数か月以上経過後に，もう一度授業を思い出させ，収集した各自の「自己紹介」や先生や級友の「印象記事」を配布し，先生についての印象変化をみんなで話し合い，同時に，級友の印象をどのように変化させたかを互いに理解し合うことである。自分が正確に理解されていないと思う場合は，他の人とのコミュニケーションが十分なされたかどうかを内省させる。こうした印象の不確かさを体験してもらうために，2年生では，図9-2に示すようなステレオタイプな行動に合致する情報（6年生の男の子）と合致しない情報（50歳の男性）を与え，その印象を評定させると，ステレオタイプに合致しない情報の方が，親しみやすさや社会的望ましさで印象の評定が低くなる体験をしてから，その理由を考えさせる授業も行っている。

（2）立場による原因帰属の違い

　他者のネガティブな行動の原因を考える際に，行為者として考えるか，観察者として考えるかという立場の違いによって，異なった原因に帰属することが知られている。一般的には，行為の当事者は，その原因が状況的な外部要因にあると考えるのに対し，観察者は行為者の能力や努力といった内的要因が原因と考える傾向にある。こうしたことは，お互いに原因がどこにあるかをめぐって，激しい対立を招くことがある。そうした事実を体験させるために，図9-3と図9-4の

第9章　学校現場における認知のゆがみ

会見者（相手）の名前：（　　　　　　　　　　　　　　　　　　　）

この人がもっている良いところについて，あなたはどう感じましたか？
1から6のそれぞれの特徴について，イ〜ニのどれかを○でかこんでください。

1．まじめな人
　　イ．すごくあてはまると思った
　　ロ．少しあてはまると思った
　　ハ．あまりあてはまらないと思った
　　ニ．まったくわからなかった

4．親切な人
　　イ．すごくあてはまると思った
　　ロ．少しあてはまると思った
　　ハ．あまりあてはまらないと思った
　　ニ．まったくわからなかった

2．きちんとした人
　　イ．すごくあてはまると思った
　　ロ．少しあてはまると思った
　　ハ．あまりあてはまらないと思った
　　ニ．まったくわからなかった

5．おもしろい人
　　イ．すごくあてはまると思った
　　ロ．少しあてはまると思った
　　ハ．あまりあてはまらないと思った
　　ニ．まったくわからなかった

3．明るい人
　　イ．すごくあてはまると思った
　　ロ．少しあてはまると思った
　　ハ．あまりあてはまらないと思った
　　ニ．まったくわからなかった

6．おしゃべりな人
　　イ．すごくあてはまると思った
　　ロ．少しあてはまると思った
　　ハ．あまりあてはまらないと思った
　　ニ．まったくわからなかった

この人の良いところについて感じたことを，一言であらわしてみてください。

◐図9-1　「印象記事」用紙例

Aさんについての情報
「Aさんは，50歳の男性です。ファーストフードが好きで，週に2回はお店に行きます。そして，最新のヒットチャートにくわしく，モーニング娘。のメンバーも全員わかります」

50歳バージョン

Aさんについての情報
「Aさんは，小学6年生の男の子です。ファーストフードが好きで，週に2回はお店に行きます。そして，最新のヒットチャートにくわしく，モーニング娘。のメンバーも全員わかります」

小学6年生バージョン

◐図9-2　Aさんに関する情報

第3部　認知のゆがみの修正と予防

```
         あなた自身のことだと思って次の出来事を読んでください。
┌─────────────────────────────────────────────┐
│ あなたは，友だち2人が校庭でボール投げをしているのを見ていました。2人と │
│ も，最初はゆるいボールを投げて遊んでいたのですが，とても楽しそうで，だん │
│ だん夢中になっているようでした。ボールのスピードもだんだん速くなってきま │
│ した。あなたもそれに入れてもらいたくなって，1人と交代してもらいました。 │
│ 友だちはいきなりとても速いボールを投げてきましたが，ちょっとコースがずれ │
│ たこともあり，今まで見ていただけのあなたはとることができませんでした。 │
│ ボールはあなたの後ろの方にあった部屋の窓ガラスを割ってしまいました。 │
└─────────────────────────────────────────────┘
    さて，窓ガラスを割ってしまった原因はなんだと思いますか？
 a. あなたが下手だったから                ○○○○○○○○○○（ ）
 b. それまでは見ていただけで交代したばかりだったから
                                         ○○○○○○○○○○（ ）
 c. 友だちの投げ方が悪かったから          ○○○○○○○○○○（ ）
 d. たまたま運が悪かったから              ○○○○○○○○○○（ ）
```

◆図9-3　行為者課題シート例

```
              A君はあなたと同じクラスの生徒です。
┌─────────────────────────────────────────────┐
│ A君とB君は，校内スピーチコンテストのクラス代表の候補になりました。抽選 │
│ の結果，B君が代表になり，A君は補欠ということになりました。コンテストの │
│ 前日，B君は体調が悪そうだったので，A君も練習をしようと思ったのですが， │
│ 友だちと大騒ぎをして遊んでいました。そして，家に帰ると弟に頼まれて勉強を │
│ 教えることになり，練習ができませんでした。コンテストの当日，B君は体調を │
│ くずして急に欠席をしてしまい，A君が出場することになりました。しかし，A │
│ 君は上手にスピーチすることができず賞をとることができませんでした。 │
└─────────────────────────────────────────────┘
  さて，A君はなぜコンテストでよい成績をおさめることができなかったと思いますか？

 a. A君がスピーチが得意じゃなかったから    ○○○○○○○○○○（ ）
 b. A君が練習をしなかったから             ○○○○○○○○○○（ ）
 c. 弟や友だちが気をつかってくれなかったから ○○○○○○○○○○（ ）
 d. 運悪くB君が休んだから                 ○○○○○○○○○○（ ）
```

◆図9-4　観察者課題シート例

ような課題を実施し，立場が違うとネガティブな行動の原因の見方が異なること
を理解させる。行為者課題シートを読んで，aからdの原因となっている可能性
があるものを黒く塗り，合計が10になるように評定させる。観察者課題シートも
同様に実施する。生徒が答えた結果を平均して示すと，行為者課題シートでは，

相手が原因であるとするcへの帰属が多く，運や偶然といったdやbが続く，観察者シートでは，行為者が原因であるとするaとbへの帰属が圧倒的に多いことがわかる。なぜ，こういう結果が起きるのかを考えさせ，話し合わせた後，自分たちで例を作成し，4コマ漫画をつくらせる。

（3）見えない人を意識する

　共感性という心理学の用語がある。一般的な言葉では，「相手の気持ちを思いやる」「相手の立場に立って考えることができる」ことを意味している。社会的な逸脱行動を行う児童生徒の多くは，他人の気持ちを思いやったり，他人の立場に立ったりすることが苦手だといわれている。大人でも，自分の欲求を優先させた結果，社会のルールから逸脱した行動をとり，他人に不快な思いをさせる人は数多くいる。そのような人たちに共通しているのは，自分の行動によって，どのくらいの人がどのような影響を受けているのかを考えないことである。他者の立

あなたは，友だち3人とコンビニの前で待ちあわせをしました。全員そろったので，どこかへ行こうかとも思いましたが，めんどうだったので，そのままコンビニの入り口前に座り込んでみんなでおしゃべりを始めました。

注：提示用は絵のみ。配付用には「組，番号，名前」の欄を設ける。

◆図9-5　個人課題用紙例

場になって考えるためには，まず他者の存在を意識しなければならない。自分が影響を与えている他者の存在に気づくことによって，他者の立場ということを考えるきっかけになるはずである。そうした事例として，図9-5のような課題を提示し，座り込むことで影響を受ける人をできるだけたくさん見つけ，どのような影響を受けるかを，この絵にいない人まで自由に想像して考えてもらう。個人課題で書いたものを発表してもらい，級友の気づいた影響も共有する。次に，グループ課題（駅前の駐輪）の図を提示し，グループで話し合わせる。道にガムを捨てたり，自転車に乗って信号を無視したりすることが，どれだけの人にどのような影響を与えているかを考えてもらい，社会の中の自分を意識させる。

（4）自分の意見は，みんなの意見

　人が，自分の意見は正しく，他の人たちも同じような意見をもっていると過大に評価していることを，フォールス・コンセンサス（誤った合意性）とよんでいる（Ross et al., 1977）。なぜ，このような現象が起きるのかは，いくつかの理由が考えられている。いちばん大きな要因は，人は，自尊心を保つために，自分の判断が合理的で妥当であると思う傾向があるからである。さらに，自尊心を保つためには，ふだんから，自分と同じような意見や行動をする人といっしょにいるので，手がかりとなる情報がかたよるためである。この現象を体験させるために，図9-6のような課題を出して，身近なクラスの友だちとの合意性について質問する。その後，NHK放送文化研究所が行った世論調査（好きなタレント男女，社会問題や政治問題など）から，いくつかの項目を抜粋し，それに回答してもらった後，世間一般の人がどのような回答を行うか（○○％が同じ）を予想させた。クラスの友だちの集計結果や世間一般の人の結果を知らせることによって，自分の回答がどのくらいズレていたかを実感してもらい，その原因をみんなで話し合わせる。「自分の回答は正しいので，友だちも同じように考えていると思った」「みんなが同じように考えていると安心できる」などの発言が出てきたら，なぜそう思いたいのかを深く考えさせる。そこから，「多数派になることによって安心できる」ので，「学級会でも，迷うとみんながどちらに手を上げるか見ながら賛成や反対を決めている」などの発言を引き出し，多数決にも落とし穴があることに気づかせる。また，「いじめ」問題を考えさせるきっかけにもなる。加害者は，「他の子たちも自分と同じようにこいつ（被害者）を嫌なやつだ

```
                              課題

  1  ①私は，（ 犬・猫 ）の方が好きです。
     ②私と同じ答えをする人は，クラスのみんなのうち（  ）人だと思
      います。

  2  ①私は，（ 和食・洋食 ）の方が好きです。
     ②私と同じ答えをする人は，クラスのみんなのうち（  ）人だと思
      います。

  3  ①私は，東海地震が３年以内に（ 起こる・起こらない ）と思います。
     ②私と同じ答えをする人は，クラスのみんなのうち（  ）人だと思
      います。

  4  ①私は，夫婦別姓に（ 賛成・反対 ）です。
     ②私と同じ答えをする人は，クラスのみんなのうち（  ）人だと思
      います。
```

◑図9-6　誤った合意性の課題例

と思っている」と勝手に考えたり，傍観者的な子たちは，「だれも止めようとしないのは，みんながそう思っているに違いない」と考えたりしてしまうことにもつながることを気づかせる。

(5) 1人勝ちは可能か

　この授業では，AさんとBさんが2人ペアになり，赤と白のカードをもって対戦する（2つじゃんけんゲーム）。目標はできるだけたくさん点を取ることであり，両者の得点は，自分と相手の出したカードの組み合わせで決定される。まず最初に，すべてのセルが＋5と－5の組み合わせからなる図9-7を見せて，くり返し対戦するゲームを行う。ゲームの得点は，自分が赤か白のどちらを出しても，相手がどちらを出すかで，お互いの勝ち負けが決まり，得点は偶然によって増減するゲームになっている。次に，図9-8に示されるようなジレンマゲームを行う。このゲームでは，2人とも白を選択することが有利なのだが，お互いに白を出し続ければ，2人とも最も不利な得点となる。つまり，1回だけの対戦ではないので，長期的な視点に立てば，お互いに赤を出す協力的な選択をした方が得点が高くなる。こうしたゲームを体験させ，それを集計することにより，高

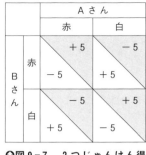
●図9-7 2つじゃんけん得点表（偶然ゲーム）

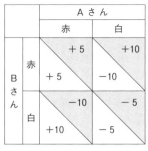
●図9-8 2つじゃんけん得点表（ジレンマゲーム）

い得点を取った人，低い得点しか取れなかった人は，どういう選択をしているのかを考えさせる。中学生たちはいろいろな考え方を発表するが，結局は「自分だけ得をしようとしても，相手は仕返しをする」「早く協力した方が高い得点を取れる」という意見が支配的になっていく。ここから日常的な「お誕生日のプレゼント交換」や「教室の掃除」の例について考えさせ，友だちグループやクラスという，小さな「社会」でも，ルールやマナーを共有しなければ，みんなが不利益を被ることを理解させる。日常生活においても，1人勝ちはむずかしく，協力行動が必要であることを学ぶことができる。

第4節 心理教育の実践効果

1．「ソーシャルライフ」授業の効果
（1）研究の概要

前節で紹介した「心の教育」プログラムは，おもに社会心理学の知見をもとに構成され，目的は知識を教えることではなく，体験を通して社会的コンピテンスや対人関係能力を高めてもらうことにあった。授業プログラム作成中は，各回ごとに授業効果をみるような調査は行っておらず，授業の感想や教員の手応えなどから，その効果を推測していた。授業プログラムの作成が一段落し，第二段階として，その効果を測定する研究を行った（出口ら，2010）。

研究は，プリ・テスト，ポスト・テスト形式で行われ，年度後半に6回続く授業の前後に測定された。実験参加者は，N大学附属中学校の1年生2クラス79

名，授業は年間授業計画の中に組み込まれており，担任教師により実施された。なお，測定対象となった6回の授業とは別に，入学直後にも同じ教師により，4回の授業プログラムは実施されていた。4回の授業の内容は，「記者会見ゲーム」「記憶」「物の見方」「出来事の見方」で4月と5月に2回ずつ行われた。1回の授業は2時限続きで100分であった。記者会見ゲームは第3節の実践例の最初に出てくるものである。あとの3つは，人の知覚・記憶の特徴や不確かさ，人の行動に対する認識のしかたなどを扱ったものである。これらの授業は，今回の授業効果測定とは関係なく，独立に行われた。統制群として，公立中学校で3クラス104名を対象に，質問紙のみを，プリ・テスト，ポスト・テストと同時期に2回行った。

（2）授業内容と測定内容

　第1回は，出来事の理由を考える際に，かたよった情報だけを手にすると，異なった結論が導かれてしまうことを体験する。もう1つは，行為者と観察者の立場の違いが異なる原因帰属に結びつくことを体験する。第2回は，年度の初めに行った「記者会見ゲーム」から，級友に対する印象の変化を体験させ，どうしてそういう変化が起きたかを気づかせ，好ましい対人関係へのきっかけを考えさせる。第3回は，モラルジレンマ課題を提示し，提示された場面における適切な行動とその理由について個人で考えさせる。同じ問題について，グループで考えさせる。それを全体の場で発表させ，同じ場面であっても，さまざまな解決策が考えられることを体験させ，友だちの考え方をきちんと聞き，自分の考え方もきちんと話せたかをふり返らせる。第4回は，「K君ってどんな人ゲーム」を実施する。サザエさんに登場するカツオ君に関する情報を20個用意し，1人に1個ずつの情報を与え，K君に対する印象を評定させる。その後，他の人の情報を1人からもらった場合や，2人からもらった場合の印象を評定させる。得られた情報の数によって印象が異なることを体験させる。他者に関するすべての情報（この場合は20個）があれば，印象は安定（カツオ君らしさ）するが，少ない情報だけからでは，異なる印象を形成する可能性のあることを確認する。第5回は，「頼むスキル」のトレーニングを行う。頼み役や頼まれ役を交互に体験したり，観察してアドバイスする役も体験し，適切な頼み方に気づいてもらう。第6回は，「断るスキル」のトレーニングを行う。断り役，頼み役，観察してアドバイスする役を

体験し、適切な断り方をすることが対人関係の維持につながることに気づかせる。

　測定内容は、①学級内の友人関係を「遊びや部活の話をしたり、雑談する人」（私的交流）、「授業の話をしたり、クラス行事・クラスの問題などについての話をしたりする人」（公的交流）について、最大5人を上限として回答してもらった。②友人関係の持ち方に関する測定は、岡田（1999）による尺度をもとに、自己閉鎖、自己防衛、友だちへのやさしさ、群れの4下位尺度で4項目ずつ合計16項目を用いた。友人関係の多様性は、①で選択した人（被選択者）の中で、4つの各下位尺度の得点が最も高い人から、最も低い人の得点を引いた値（レンジ）を指標とした。友人関係の受容度は、被選択者と選択者の得点差（絶対値）の最大値を指標とした。つまり、自分（選択者）と最も異なる値をもつ友人（被選択者）との相違の大きさを指標とした。③三隅・矢守（1989）のスクール・モラール尺度をもとに、中学校での授業や勉強一般について質問するものに変更して用いた。尺度は、授業満足度、学級に対する帰属度、学級連帯性、生活授業態度の4下位尺度から構成される。

（3）授業の効果

　友人関係の持ち方については、「友だちへのやさしさ」が統制校より実験校の方が高くなる傾向が示された。これは社会的スキルに関する授業によって、他者への配慮に関する意識が高まった可能性が考えられる。友人関係の多様性・受容度については、「自己閉鎖」に関する指標において、公的・私的交流いずれの指標においても、実験校では増加する傾向がみられた。すなわち、本授業によって、ポスト・テストでは被選択者間でのレンジがかなり広がり、自己閉鎖が高い生徒とも低い生徒ともつきあえるようになった。同時に、友人関係の持ち方が自分とは大きく異なる生徒（得点差の絶対値が大）であっても受容できるようになる可能性が示された。また、公的交流をもとにした指標における「群れ」についても、多様性・受容度ともに授業の効果が示された。学級に対する適応度（スクール・モラール尺度）は、統制校と実験校の間に有意な効果は示されなかった。

　ここで測定された授業の効果は、友人関係や学級適応に限定されているが、「ソーシャルライフ」をはじめとする心理教育プログラムは、児童生徒に対し、みずからの行動を客観的に認知させることを目標としている。たとえば、ソーシャルライフの授業で最初に行われる記者会見ゲームでは、初めて会った級友や教師

に対する最初の印象は，一定期間経てば，かなり変化していくことを体験させるものである。つまり，第一印象だけで人を見ていると，ゆがんだ認知しかできないのだという意識をもたせることが可能となる。こうしたことは，他者に対するゆがんだ認知を予防する効果をもつことができる。また，原因帰属などでは，自分が考える原因は，自分に都合の良い考え方であることに気づくことができ，同じ体験をした仲間の間では，できるだけ客観的な原因探求を心がけるようになる。

2．その他の実践例

児童の共感性を高めるための基礎的な段階として，他者の感情を認知する過程に着目させる実践研究が，小学校5年生を対象に，吉田ら（2003）によって実施されている。他者の感情認知に対する手がかりについての知識に対する接近可能性を高めるために，さまざまな子どもが感情を強く出している多様な場面を編集したビデオを作成し，登場人物の感情を推測させ，手がかりとともに記述させる訓練を11日間行った（実験条件）。統制条件の児童には，自然や動物に関するビデオを同じ期間見せ，それらについての感想を記述させた。プリ・テスト，ポスト・テストとも，実施前2週間の日常生活における他者の感情を認知した経験を，対象者の名前と状況を思い出させ，できるだけたくさん記述するよう教示した。結果は，図9-9に示されるように，実験条件の方が他者の感情に気づくことが多くなっていた。なお，統制条件の記述数がポスト・テストよりプリ・テス

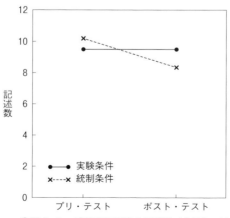

●図9-9　感情認知経験の記述数（吉田ら，2003）

◉表9-2　授業計画の概要 （川井ら，2006）

〔1日目：導入〕
　①例証実験の結果の提示
　②認知によって感情などが異なることについての説明
　③学習内容の概要と意義についての説明
〔2日目：展開1〕
　①ネガティブな事象に対して自己否定的な認知をしている事例の提示
　②提示した事例に含まれている自己否定的な認知に対する反駁の要請
　③自己否定的な認知パタンの具体的内容についての説明と，それらに対する反駁の方法についての解説
〔3日目：展開2〕
　①新たな事例の提示と反駁の要請
　②自己否定的な認知パタンとそれらに対する反駁の方法についての再解説
　③反駁のトレーニングの実施
〔4日目：まとめ〕
　①3日目のトレーニングにおける児童の回答に対するフィードバック
　②強烈なネガティブな事象を経験しても前向きに対処している人物の事例の提示
　③授業に対する感想の記述の要請

トの方が多いのは，動機づけの要因と解釈されている。

　第3節で紹介した「ソーシャルライフ」の授業を1年間行うと，自分の行動が社会に及ぼす影響を考える社会考慮尺度，世の中の人に対する一般的信頼感尺度，他者の気持ちになって考えることのできる情緒的共感性尺度の3尺度で，1年後には得点が低下していた。これに関しては，授業を行った結果，こうした質問紙の尺度に回答することに対し，より内省的になっていく可能性があると解釈されている（小川ら，2001）。

　ネガティブな事象が起きても，それらを過度に否定的に考えるのではなく，意識的に改変させることにより，自己効力感やセルフ・エスティームの低下を防ぐ授業も行われている（川井ら，2006）。小学校5・6年生に対し，表9-2に示されるような授業計画で，前向きな思考の習慣化をうながした。統制クラスは，事前に自己否定的な認知パターンを固定化させないようにすることの必要性を説明されたが，授業は行われず，授業直後と2か月後のポスト・テストのみ回答した。実験クラスと統制クラスを比較すると，2回のポスト・テストで，自己効力感やセルフ・エスティームにおいて，いずれも実験クラスの方が高いことが示された。

　さらに，吉澤・吉田（2007）では，社会的情報処理における認知的歪曲を改善するために，心理教育プログラムを中学生に実施した。詳細は，第8章に記述されているので参照していただきたい。

第4部

認知のゆがみの最前線：
ヨーロッパの動向

第10章

認知のゆがみと反社会的行動：
ヨーロッパの動向

　社会的認知研究とは，対人関係について検討する分野であり，人々がどのように自分自身や他者を知覚し，対人行動の意味を解釈し，社会的な問題に対する答えを考え，行動反応を選択するのかについて探ることを目的としている。攻撃行動を説明するために提唱された理論の多くは，逸脱行為を行っているときの個人の思考が一般的なものとは異なり，非行を支持する性質をもつと主張してきた（Gannon et al., 2007）。すなわち，反社会的な個人は，知覚，記憶，判断，意思決定といった人間としての認知にかかわる基本的な活動が，ある程度「逸脱」していると考えられる。こうした認知活動のあらゆる側面が，知覚（たとえば，注意），思考（たとえば，概念形成），記憶（たとえば，保持，検索）のプロセスにおける複雑な相互作用と関連している。本書のここまでの章で詳細に説明されてきたように，反社会的な個人にみられる特定の様式の認知活動は，一般に「認知のゆがみ」といわれており，これが犯罪行為を正当化し，軽視し，うながすことにつながっている（Gannon et al., 2005; Gibbs, 1993; Murphy, 1990）。

　暴力的な環境で育った子どもは，世界を敵意に満ちた場とみなし，暴力そのものを葛藤解決のための有益な手段としてとらえやすい（たとえば，Lochman & Dodge, 1994）。こうした信念を内在化し，暴力行為を引き起こすような行動様式を発達させたり正当化したりすることは，攻撃行動の頻度や強さを増幅するだけでなく，向社会性を継続的に低下させる（Anderson & Bushman, 2002）。ヨーロッパには，個人の認知プロセスが，いかにして攻撃性の基盤となったり促進要因となったりするのかを理解しようと精力的に検討している研究者がいる。本章では，ヨーロッパ諸国で行われてきた研究に焦点を当て，個人の認知のゆがみと，攻撃行動やいじめといった，さまざまな反社会的行動との関連性にまつわる

知見を概観することを目的としている。ここでは便宜的に，認知のゆがみを，社会的情報処理，（選択的）道徳不活性化，道徳の発達遅滞，そして道徳の発達遅滞に関連する認知のゆがみ，という4つの主要な理論枠組みに従って定義する（Gibbs, 2010）。

第1節　社会的情報処理理論

1．反社会的行動と社会的情報処理：ヨーロッパにおける実証的知見

　認知のゆがみと最も関連する理論として，社会的情報処理理論（これまでの章を参照）がある。社会的情報処理理論は，行動が認知に規定されていると仮定し，その分析の対象は具体的な状況ではなく，状況に対する解釈や，反応決定（response enactment）へとつながる個人の動機づけである。すなわち，「社会的情報処理理論では，社会的状況に対する行動反応の個人差は，心理プロセスの個人差によるものであると想定されている」（Nas et al., 2005, p.364）。Crick & Dodge（1994）が社会的情報処理理論を提唱して以来，多くの研究で，不適応に関するさまざまな領域にこのモデルが適用され，一貫した知見が得られてきた。ヨーロッパでは，近年になってようやく，いくつかの研究グループが攻撃性の高い子どもやいじめの加害者，非行少年にみられる社会的情報処理の認知バイアスについて検討し始めている。2002年に出版されたメタ分析の結果では（Orobio de Castro et al., 2002），分析対象となった41編のうちヨーロッパの研究は4編にすぎなかった。しかし，この分野に対する関心の高まりとともに，最近その数が大幅に増えてきていることは興味深い。本節では，さまざまなサンプルを対象として得られた研究成果に加えて，場合によっては，Lemerise & Arsenio（2000）に従い，情動について取り上げた研究成果も合わせて概観する。

　オランダでは，Orobio de Castro et al.（2005）が，反社会的行動の問題を改善するために，臨床施設や特殊教育施設に通う7～13歳の攻撃性の高い男子と，比較対照群の男子を対象に，社会的情報処理におけるさまざまな段階を検討した。対象者は，他の子どもに邪魔をされたようにも解釈できるあいまいな物語に関する質問に回答するよう求められた。その結果，攻撃性の高い男子は比較対照群の男子と比べて，あいまいな行動をとった加害者に対して，敵意的な意図や幸福感の高さ，罪悪感や羞恥心の低さを帰属していた。そして，攻撃性の高い男子

は，より強い怒りを感じて攻撃的な反応を示し，攻撃行動をネガティブに評価せず適応的な情動制御方略もとらなかった。

　イタリアでも，同様の結果がDi Norcia（2006）によって得られた。彼女は，イタリア版社会的情報処理面接を作成し，それを9〜11歳の児童153名に実施した。仮説通り，攻撃性の高い子どもは，向社会的な子どもよりもあいまいな状況において敵意的な意図を帰属し，道具的な目標を目的とし，攻撃的な反応を示し，そうしたふるまいをスキルフルであると感じていた。Di Norcia（2006）は，子どもが，他の子どもに対して怒りを感じる，あるいは仲間集団になかなか入れないという2つの状況の違いにも注目した。1つめの状況では，感情移入がうながされ（たとえば，拒絶された子どもがより攻撃的な反応を示す），適切で主張的な問題解決方略は抑制されていた。この結果は，非常に強い情動とその情動に対処できないことが，衝動的な反応につながることを示している。

　反応的に攻撃行動をとる子どもと，能動的に攻撃行動をとる子どもの社会的情報処理の違いについても検討されている。前者は「短気」型の攻撃性とよばれており，防衛的で報復的な攻撃性を意味し，怒りの暴発を特徴としているため他者からの挑発を抑えるには効果的ではない。一方で，後者は「冷酷」型の攻撃性であり，目標志向的で，一般的に目標達成において効果を発揮する（たとえば，Camodeca & Goossens, 2005; Dodge & Coie, 1987）。オランダでは，Orobio de Castroとその共同研究者たち（2005）が，反応的な攻撃性と能動的な攻撃性のそれぞれが社会的情報処理の変数と独自の関連性を示すかどうかを偏相関分析によって検討した。その結果，反応的な攻撃性のみが敵意的な意図の帰属や怒り，攻撃的な反応生成と関連していた。しかし，能動的な攻撃性は（是認によって測定された）攻撃に対するポジティブな評価と関連していた。能動的な攻撃性の特徴は，他者を犠牲にしてみずからの目標を達成するためだけに攻撃行動を行うことにつながると考えられる。どちらの攻撃性も，適応的な情動制御との間に負の相関がみられた。同様に，フィンランドにおいてPeets et al.（2008）は，前思春期の男子を対象に，敵意的な帰属が反応的な攻撃性と能動的な攻撃性の両方を有意に予測するものの，攻撃に対する（自己効力感によって測定された）ポジティブな評価は能動的な攻撃性のみと関連していることを示した。

　Nas et al.（2005）は，重大な犯罪を犯して服役しているオランダ人男子を対象とし，非行少年について検討した。服役中の男子は統制群よりも，困難な状況

に陥った加害者に対して，悲しさを帰属せず，適応的な情動制御方略をとらず，攻撃的な反応を示す一方で適応的な反応を示さなかった。しかし，非行少年は統制群と比較し，敵意的な意図をより強く帰属しているわけではなかった。この予測していなかった結果に対して著者たちは，非行少年が社会的スキルトレーニングを数回受けていたため，社会的に望ましい回答を学習していたのだろうと説明している。あるいは，敵意的な意図の帰属を引き起こす刺激は，一般的に反応的な攻撃性を喚起するものであり，おもに能動的な攻撃性をもつ非行少年を対象とするには適切でなかった可能性もある。

　Camodecaと共同研究者たちは，いじめに関する社会的情報処理プロセスを検討するため，7〜10歳のオランダ人児童を対象に研究を行っている。あいまいな状況（加害者の意図が明確ではなく，偶然，もしくは意図的に生じた困難な状況）を用いて，いじめの加害者は，被害者を擁護する者，観衆者，傍観者の役割の子どもよりも加害者役割の子どもに対して敵意的な意図を帰属し，強い怒りを感じることが示された（Camodeca & Goossens, 2005）。そのため，加害者は報復することを望んでおり，攻撃行動についての自己効力感も高かった。加害者が明らかに敵意的な意図をもっているような挑発シナリオにおいても，反応生成のプロセスが検討された。この場合，子どもは，もし自分がその状況において被害者だとしたらどのような反応をするかを回答するように求められた。その結果，加害者は傍観者よりも主張的な反応を示さず，常にいじめの加害者となってきた子どもは，一時的にいじめの加害者となった子どもよりも不適切な回答をしていた（Camodeca et al., 2003）。

　最後に，社会的情報処理は個人差に依存するだけでなく，子どもが他の子どもと築いている関係性によっても異なることを実証しようとした研究についてふれておく。Peets et al.（2007）は，加害者とターゲットとの関係性の感情価（その関係が友情，敵対，中立のいずれに基づいているのか），ならびにターゲットの社会的・行動的評判（ターゲットは拒絶されているか，攻撃的か，内在化問題行動をしているか，適応的かのいずれか）の影響を検討している。対象者は10歳のエストニア人児童144名からなり，挑発シナリオと拒絶シナリオにおいて，意図の帰属や反応方略といった社会的情報処理が測定された。その結果，子どもは本人の攻撃性とは無関係に，友好的，中立的，向社会的なターゲットよりも，敵対的，攻撃的なターゲットに敵意を帰属していた。そのため，しばしば他のター

ゲットよりも敵対的なターゲットに対して，子どもは攻撃的で敵意的な方略で反応していた。

　ターゲットとして嫌い，好き，中立のいずれかを操作したフィンランドの研究でも，同じような結果が得られた（Peets et al., 2008）。嫌いなターゲットに対して，子どもは敵意を帰属し，ポジティブな関係や道具的な結果を予期せず，攻撃行動が効果的であると感じていた。ターゲットが好きな子どもの場合は，逆のパターンの結果がみられた。また Camodeca & Goossens（2005）の研究でも，いじめにおける役割とは無関係に，友好的なターゲットよりも攻撃性の高いターゲットと相互作用したときに，子どもは自分の行動がうまくいかないだろうと予期していたことから，ターゲットの特徴は重要といえる。

　こうした結果は，別のサンプルを対象としたフィンランドの研究（Nummenma et al., 2008）でも再現された。この研究では，前思春期の児童に対して，シナリオに回答するよう求められる直前に，好きなターゲットと嫌いなターゲットの顔をプライミングするという新奇なデザインが用いられた。嫌いなターゲットをプライミングされた場合，好きなターゲットをプライミングされたときよりも，対象者はシナリオ上の子どもに対して敵意を帰属し，怒りを経験し，頻繁に報復しようとしていた。さらにこの実験は，仲のよい子どもを知覚することで関係スキーマ★1 が自動的に活性化されること，そして，こうした活性化が青年期における社会的情報処理に影響することを示した。Crick & Dodge（1994）は，社会的情報処理プロセスが自動的なものであると仮定し，そうしたプロセスを測定することの重要性について言及してきたが，Nummenma et al.（2008）はプライミングを用いて実証的知見を提供したはじめての研究★2 であった。

★1（訳注）　過去の相互作用を通じて形成された，相手との関係性に関する知識の枠組みであり，将来の相互作用における指針となる（Baldwin, 1992）。
★2（訳注）　Graham, S., & Hudley, C.（1994）. Attributions of aggressive and nonaggressive African-American male early adolescents: A Study of construct accessibility. *Developmental Psychology*, **30**, 365-373. においてもプライミングが用いられている。

2．社会的認知と道徳

　子どもはいじめが起きている状況を道徳的にとらえたり，道徳規則に従って行動したりするという考え方がある一方で，子どもは道徳を不活性化していてその行動がかたよった道徳から影響を受けているために（Gini, 2006; Menesini &

Camodeca, 2008），社会的情報処理を適切に行えないという考え方もある。Arsenio & Lemerise（2004）は，社会的情報処理と道徳知識（moral knowledge），ならびに道徳推論（moral reasoning）のゆがみをめぐる2つの研究動向を統合し，攻撃性や反社会的行動と関連した認知のゆがみを検討するための包括的アプローチを提唱した。道徳領域理論（moral domain theory）に基づき，Arsenio & Lemerise（2004）は，長期記憶に保存され，社会的情報処理に影響する道徳知識や道徳情報が，それぞれ別々の領域で構成されていると仮定した。道徳からの逸脱に対する情動的帰属だけでなく，他の子どもと相互作用しているときの道徳情報の処理におけるゆがみや欠陥も，社会的情報処理に影響を与えて攻撃行動をうながすと考えられる。Arsenio et al.（2009）は挑発シナリオを用いて，反応的な攻撃性の高い青年は，おもにみずからの権利が侵されないかどうかという手がかりに焦点を当てており，その結果として他者に対して敵意的な意図を誤って帰属しやすく，こうした青年はみずからの攻撃的な反応を正当なものと感じていることを示した。一方で，いじめの加害者といった能動的な攻撃性の高い子どもは，かたよった道徳推論をするために，被害者が非常に苦しい立場にあるにもかかわらず道具的な目標や攻撃性を示していた。また，能動的な攻撃性の高い子どもは，攻撃行動をした後に心地よさや喜びを感じるだろうと予期するとともに，その被害者は攻撃されても怒りを感じないだろうと考えていた。

　上記のアプローチやそれに基づく結果と一貫して，Gasser & Keller（2009）は，スイスにおいて，7〜8歳のいじめの加害群，加害－被害群，向社会性群，被害群の視点取得スキルと道徳コンピテンシー（moral competency）を検討した。道徳知識（moral knowledge：道徳規則からの逸脱を誤りとして理解すること）と道徳動機づけ（moral motivation：善悪についての思慮に従って行動するように動機づけること）の双方が，道徳コンピテンシーとして位置づけられ，道徳からの逸脱に関するシナリオ（たとえば，被害者への言語的いじめ）を用いて検討された。各シナリオに対して，対象者は，その行為の善悪とその判断理由を表明するために（道徳知識），そして自分が感じるだろう情動を予測してその正しさを説明するために（道徳動機づけ），逸脱行為の加害者になったつもりで回答するように求められた。向社会性群と比べると，加害群は，認知と情動の両方に対する二次的誤信念（second-order false belief）[3]シナリオを用いて測定された視点取得スキルの不足を示しておらず，加害群の視点取得スキルの尺度得点は

被害群や加害－被害群よりもむしろ高かった。それにもかかわらず，加害群は，とくに道徳動機づけに関する道徳コンピテンシーが向社会性群よりも低かった。興味深いことに，加害群には，視点取得スキルの尺度得点が高く，道徳動機づけの尺度得点が低い子どもたちの割合もやや多かった。加害－被害群の子どもは，視点取得スキルと道徳コンピテンシーの尺度得点が最も低かった。Gasser & Keller（2009）の研究は間接的に，加害者における道徳性のゆがみが，道徳性の動機づけ要素によって生じている可能性を示唆している。実際，8歳の加害群は，7歳の加害群よりも道徳知識の尺度得点が高かったものの，道徳動機づけについては有意な差がみられなかった。まとめるとこの研究は，純粋な加害群が，良好な社会的認知スキルを非道徳的な様式で用いており，社会的認知ではなく，道徳的にふるまおうとする動機づけのみが不足しているという知見を提供している。また，加害－被害群は，社会的認知と道徳機能の両方に欠陥がみられる。

★3（訳注） 他者の思考や欲求といった心的状態を推測する「心の理論」のうち，「自分は，『他者が○○○と考えている』と考える」という信念が一次的信念であるのに対して，「第三者は，『他者が○○○と考えている』と考えるだろう」という信念が二次的信念である。二次的（誤）信念を調べる方法としては，アイスクリーム課題などが有名であり，一般的に6歳から9歳にかけて二次的信念が獲得されるといわれている（林，2002）。

Arsenio et al.（2009）や Gasser & Keller（2009）の結果は，攻撃行動，そしておそらくは反社会的行動のさまざまな形態と関連する社会的認知や道徳的認知におけるゆがみが，必ずしも重複していないという知見と整合している。またこれらの研究は，攻撃行動や反社会的行動の決定において，さまざまな領域（社会的情報処理や道徳推論）における認知スキルの欠陥およびバイアスが，いかにして個別に生起したり相互作用したりするのかを理解するためのより包括的な枠組みの有用性を示唆している。

第2節　選択的道徳不活性化と反社会的行動

1．選択的道徳不活性化理論とヨーロッパにおける研究

ヨーロッパにおける反社会的行動の研究には，（選択的）道徳不活性化メカニズムとさまざまなネガティブ行動との関連を検討してきた長い伝統がある。多くの章で幅広く説明されてきたように，Bandura（1986, 1990, 1991, 2002）は，道徳行動についての「抽象的な」個人の考えと現実世界における個人の行動との

ギャップを埋めるため，道徳不活性化プロセスを通じた，攻撃行動を導きうる一連の自己奉仕的な認知のゆがみについて言及してきた。すなわち，こうした自己奉仕的な認知のゆがみは，非道徳的なふるまいをした後に一般的に喚起される罪悪感や恥といったネガティブ感情から，逸脱行為者を防衛する不適切な対処行動メカニズムなのである（Bandura, 1991）。

　子どもと成人を対象に，道徳不活性化とさまざまな反社会的行動との関連性を検討した研究が，とくにイタリアのCapraraを中心とした研究グループの中で行われている。こうした研究では，攻撃行動および暴力行為と，Banduraによる道徳不活性化メカニズムとの正の関連が一貫して報告されてきた（たとえば，Bandura et al., 1996; Caprara et al., 1996; Caprara et al., 1995; Gerbino et al., 2008）。とくに道徳不活性化は，直接的，ならびに他の媒介要因を通じて間接的に，反社会的な行動に影響することが示されてきた。たとえば，Bandura et al.（1996）は，10～15歳のイタリア人の児童・生徒を対象とした自己評定や仲間評定，教師評定により，道徳不活性化と，攻撃行動および非行という2つの反社会的行動との関連性を検討した。その結果，道徳不活性化とネガティブ行動との関連性は，向社会的行動によって負に媒介されること，また攻撃性によって正に媒介されることが示された。すなわち，この研究は，子どもの向社会的行動を抑制するとともに，攻撃性につながる認知的反応（反すう）や感情的反応（短気）をうながすことで，道徳不活性化が反社会的行動に影響していることを示している。他の研究（たとえば，Caprara et al., 1995）でも，自己評定と仲間評定に基づいて，子ども用道徳不活性化尺度によって測定された道徳不活性化と，身体的・言語的な攻撃性との強い関連が，とくに男子において確認されている。

　近年では，Paciello et al.（2008）が，イタリア人の青年366名を14～20歳までの4時点にわたって追跡し，道徳不活性化の安定性と変動性を縦断的に検討した。成長曲線モデルによる分析の結果，①非不活性化群（全サンプルのうち37.9％）：道徳不活性化の尺度得点がはじめから低くその後有意に下降する，②一般群（44.5％）：道徳不活性化の尺度得点がはじめは中程度でその後有意に下降する，③後期更生群（6.9％）：道徳不活性化の尺度得点がはじめはかなり高く，14～16歳までは有意に上昇して16～20歳になると非常に急激に下降する，④慢性群（10.7％）：道徳不活性化の尺度得点が一貫して中程度に高い，という4つの発達軌跡が確認された。興味深いことに，この発達モデルは，道徳不活性化

が年齢とともに低下するという一般的な傾向を実証していた。とくに，道徳不活性化は14～16歳の間に著しく低下するが，20歳まではさほど変化していなかった。彼らは，道徳不活性化の全般的な低下が，「意味を与え，結果を予測し，行動を計画し，社会的経験からさまざまな行動にある価値を学習する能力の発達を通した，認知的・社会的な構造やプロセスの変化を反映している」（Paciello et al., 2008, p.1302）と主張した。青年期の間に起こるそのような変化は，道徳推論や道徳主体性（moral agency; Eisenberg, 2000）をうながす一方で，青年期における「道徳的な人生」の不活性化を抑制する可能性がある。しかし，慢性的に道徳を不活性化している青年（多くは男子）にとって，道徳不活性化は，「自己と他者についての信念体系に組み込まれ，攻撃や暴力を自分自身の目標を追求するための適切な手段として知覚させる適応方略」（Paciello et al., 2008, p.1302）を表していると考えられる。さらにこの研究は，道徳不活性化を高く維持している青年が，青年期後期に攻撃行動や暴力行為を頻繁にとりやすくなることも示していた。

上述した研究はすべて攻撃性の高い個人について言及していた。しかし，同様のパターンの結果は，学校におけるいじめ研究でもみられた。たとえば，イタリア人の児童・生徒140名を対象としたMenesini et al.（1997）による研究では，男子のいじめの加害者は，そうでない児童・生徒よりも被害者の非人間化や道徳の正当化といった道徳不活性化メカニズムを用いていた。こうした結果は，Menesiniと共同研究者たち（Menesini et al., 2003）が行ったイタリアとスペインにおける国際比較研究でも再現された。彼らは，いじめスキャンテスト（Scan Bullying test; Almeida et al., 2001）を用いて，加害者，被害者，擁護者の道徳推論を測定した。その結果，加害者は道徳不活性化を高く示しやすく，そうした児童・生徒は自己中心的な推論を行うことが確認された。

イタリアで行われた別の研究（Gini, 2006）では，参加者役割アプローチ（participant roles approach; Salmivalli et al., 1996）を応用し，いじめにおける道徳不活性化の効果が測定された。彼らは，男女比を均等にした581名の小学生（8～11歳）の道徳不活性化傾向を測定し，リーダー的ないじめの加害者と，そのフォロワー（いじめを手助けしたり助長したりする者）は，擁護者や傍観者よりも道徳不活性化の尺度得点が高いことを報告した。近年，Caravita et al.（2009）は，イタリア人の小・中学生におけるいじめと道徳不活性化との正の関連や，いじめと，道徳規則が守られていないという信念との正の関連を確認して

いる。興味深いことに，青年期初期群では，自分の人気が高いと認識している群において道徳不活性化がいじめ行動を予測していた。

2．被害者への非難

こうした重要な知見があるにもかかわらず，この領域における研究ではさまざまな道徳不活性化メカニズムの要素が厳密に区別されず，むしろ★4単一の構成概念として測定されてきたため，道徳不活性化がいじめ行動に与える影響は十分に明らかにされていない。ここで注目すべき具体的なメカニズムは被害者への非難であり，これは虐待研究において幅広く検討されている（たとえば，Lerner & Miller, 1978; Weiner, 1995）。

★4　Banduraは，行動や結果の深刻さを再評価する傾向，非道徳的なふるまいに対する個人の責任を最小限にする傾向，被害者から人間としての性質を剥奪する傾向，といった8つの異なるメカニズムを弁別している。

驚くべきことに，学校におけるいじめの分野では，被害者への非難の帰属についてあまり焦点が当てられていない。例外として，Gini（2008）による最近の研究では，9〜12歳のイタリア人の児童（$N=246$）におけるいじめの被害者を非難する傾向が，実験的デザインによって測定された。子どもには，被害者の性別といじめのタイプ（直接 vs. 間接）が操作され，いじめに関するエピソードを記述した4つのシナリオのうち1つがランダムに割り振られた。子どもは，被害者にどのくらい好意を抱いたか，また，起こった出来事に対して被害者にどのくらい責任を負わせるかについて5つの質問に回答した。その結果，男子は女子よりも被害者を非難しており，被害者への非難は，間接的いじめ条件よりも直接的いじめ条件において高かった。暴力犯罪（たとえば，性的暴行もしくは家庭内暴力）の研究で示されている通り，深刻な出来事が起こると，一般的に観察者はその出来事について被害者を非難しやすい（Kleinke & Meyer, 1990）。いじめの場合，子どもは，（おそらく，その行為がもたらす非常に目に見えやすい即時的な結果に基づいて）間接いじめよりも目につきやすい身体的攻撃の形態をとる直接的いじめを深刻にとらえ，より深刻な理由によって引き起こされているとさえ考える可能性がある。2つのいじめに対する評価でみられたこうした違いは，間接的いじめ条件の子どもよりも，直接的いじめ条件の子どもにおける被害者への非難を強めると考えられる。最後に，重回帰分析（年齢，性別，いじめや虐待の経

験を統制）の結果，被害者への非難は，自分たちの関係性が自己中心さや対人的支配に基づいている（たとえば，「あなたは自分の行動に注意しなければならない，そうしないと他の子どもがあなたをからかうだろう」「お返しに助けてもらえるならば，わたしのクラスメイトの多くは他の子どもを助けるだろう」）という学校内のネガティブな関係の雰囲気に関する知覚によって予測されていた。

興味深いことに，学校の雰囲気が道徳不活性化メカニズムに与える影響は，イタリア人の小学生を対象とした別の研究でも確認された（Di Norcia & Pastorelli, 2008）。この研究の目的は，学校の雰囲気の知覚によって，児童の向社会的行動や攻撃行動，道徳不活性化の程度が異なるかどうかを検討することであった。その結果，学校の雰囲気をネガティブに知覚していた子どもは，学校の雰囲気をポジティブに知覚していた子どもよりも，道徳不活性化や攻撃性の尺度得点が有意に高い一方で，向社会的行動の尺度得点は有意に低かった。

第3節　道徳の遅滞と道徳的領域アプローチ

1．道徳の発達と道徳の遅滞

反社会的行動につながる認知のゆがみの研究では，攻撃行動や逸脱行為と，道徳推論の遅滞との間に関連がある可能性が調査されている。道徳の発達についての古典的な理論では，道徳推論があらゆる人々に共通の段階を経て年齢とともに発達することがPiaget（1932）とKohlberg（1976）によって提唱されている。具体的には，規範についての未熟な概念の段階，すなわち，規範は大人の権威によって決められると考える未熟な段階から，ルールの理解の段階，すなわち，ルールは自分たちの目的（個人の権利や福祉を守ったり，社会秩序を維持すること）に応じて自分たちで決められると理解する段階にまで発達するとされている。Piagetの理論においてもKohlbergの理論においても，道徳性の発達が社会的相互作用と認知的発達によって生じることが提唱されている。なぜなら，社会的相互作用によって，子どもは他者の視点を体験できるからである。また，認知的発達によって，子どもは道徳的文脈における際立った刺激にのみ着目するのではなく，しだいにその文脈におけるすべての特徴を考慮して調整できるようになるからである。

近年，GibbsはKohlbergの理論を改定した新しい理論を提唱した（Gibbs,

2010; Gibbs et al., 1992)。Gibbs の理論では，道徳性が段階的に発達するということには重きが置かれていない。また，Gibbs の理論には，Kohlberg によって提唱された後慣習的水準と関連性のある水準が存在しない。前慣習的水準は，Gibbs によると，道徳性の**未熟な**（immature）段階である。この段階の特徴は，表面性と自己中心性である。これらの特徴の原因には，子どものワーキングメモリと視点取得スキルの限界があげられる。この発達段階の子どもは，道徳的評価に関連しそうな状況のすべての側面を頭に入れておくことができないし，自己と他者の両方の視点を調整することもできない。結果として，子どもは道徳的な判断の際に自己の知覚，感情，興味におもに焦点が向かい，自己中心的バイアスを表すのである。青年期初期になり，脱中心化がなされ社会的視点取得スキルが発達するようになってくると，道徳性の**成熟段階**（mature stage：Kohlberg の慣習的水準に対応する段階）に入る。成熟段階では，「道徳の互恵的視点（moral reciprocity perspective）」に基づく推論が行われるようになる。道徳の互恵的視点とは，ある人がある行動を最終的に「受け取る」立場であれば，その行動は受容される，という視点である。

　これらの認知構造主義の各理論は，道徳性の発達段階を説明するにあたっていくつか相違点はあるものの，道徳の発達は一義的なプロセスではないこと，そして，道徳の遅滞が生じることを想定している点では一致している。道徳の発達遅滞とは，青年期や成人期になっても道徳の初期の水準のままでいることをさす。Kohlberg の道徳発達の前慣習的水準では，子どもたちは，人々や行動の道徳的特徴をそのとき目立った表面的な特徴と混同し，権威によって見つけられたり罰せられたりしていないルールからの逸脱は正しいものとみなし，他者の幸福よりも自分自身の利益を優先させる。したがって，道徳性の初期の水準で止まってしまうと，反社会性のリスクが増大するであろう（Emler & Tarry, 2007; Gibbs, 2010）。その場合，非行少年たちは道徳の遅滞と自己中心的バイアスの両方を示すだろう。そして，それらによって，彼らは道徳からの逸脱は受容されるものであるという判断にいたるであろう。

　この研究仮説は，非行青年や非行成人において道徳の遅滞が生じることを確証する数多くの研究を生み出した（近年のレビューは以下を参照：Gibbs, 2010; Gibbs et al., 2007; メタ分析は以下を参照：Nelson et al., 1990; Stams et al., 2006）。反社会的な若者たちにおいて，より遅れているとみられる道徳推論の領

域は，法律に従うために必要となる理由や，道徳的価値を維持するための根拠と関連している。つまり，反社会的な若者たちは，道徳的価値（たとえば，物を盗まないこと，あるいは，法律に従うこと）の重要性を理解し認めているときでさえも，その価値の最も深い基礎となるものを把握できないようである。そして，実際の行動において，道徳的価値を順守することよりも自己の興味や願望を重視するのである。

2．反社会的行動に関連した道徳の遅滞を理解するためにヨーロッパの研究者が貢献したこと

　道徳推論の遅滞と非行との間に関連がある可能性については，少なくともヨーロッパの3国で研究が行われてきた。イギリス（たとえば，Palmer & Hollin, 1998, 2000），ドイツ（たとえば，Krettenauer & Becker, 2001），オランダ（たとえば，Brugman & Aleva, 2004; Van Vugt et al., 2008）の3国である。これらのヨーロッパの研究では，概して，再生的測定法★5を用いて道徳推論を測定し，非行少年たちが道徳的に遅滞していることを実証している。それでもやはり，他の研究プロジェクトでは，非行と道徳の遅滞との間の有意な関連性を見いだせなかったものもある（たとえば，Leenders & Brugman, 2005; Renwick & Emler, 1984）。たとえば，Tarry & Emler（2007）は，社会的な道徳推論の成熟度が青年期における非行の予測要因として機能するかどうかを調査した。この研究では，その他の潜在的に影響しそうな要因（制度上の権威に対する態度，道徳的価値を支持する程度）の効果が統制されている。調査参加者は，12歳から15歳の少年789名で，イギリスの普通科の男子校3校に通う生徒であった。道徳的成熟度の水準は社会的道徳熟慮尺度短縮版（Sociomoral Reflection Measure-Short form, Gibbs et al., 1992）を用いて測定され，調査参加者の非行行動は自己評定によって測定された。その結果，道徳的成熟度は自己評定の非行を予測しなかった。さらに，相関係数，および，年齢と言語性IQの影響を取り除いた偏相関係数の双方において，道徳的成熟度と非行行動との間に関連性がみられなかった。一方で，制度上の権威（たとえば，先生，校則，警察官，法律）に対してポジティブな態度をもっていることと，道徳的価値を支持していることは，非行と負の関連を示していた。これらの結果は，反社会的行動を説明するためには，道徳の発達についてのその他の側面を考慮すべきであることを示唆している。

★5 （訳注） 道徳推論の測定方法は，再生的測定法と再認的測定法に大別される。再生的測定法として，本章では社会的道徳熟慮尺度が紹介されている。この測定方法では，たとえば，友人との約束を守ることが重要かどうか，といった道徳的問題の重要性を問われたあと，その道徳的問題がなぜ重要か（あるいは重要でないか）を自由記述で再生的に回答を求める。再認的測定法としては，Defining Issues Test（Rest, 1979）が例としてあげられる。この測定方法では，たとえば，飢えに苦しむ家族を助けるために悪徳な富裕者から食料を盗むかどうか，といった道徳的問題への対応を問われたあと，あらかじめあげられた項目それぞれに評価する形で，その道徳的問題を考える上で重要だと思うことについて回答を求める。

Tarry & Emler（2007）によって興味深いデータが示されたにもかかわらず，ヨーロッパではいまだに反社会性と道徳的判断（moral judgment）の遅滞との関連性についての議論に決着がついていない。Brusten et al.（2007）は，Tarry と Emler の結果の妥当性を批判している。また，このトピックに関する50の研究を含めたメタ分析がオランダの研究者たちによって近年実施され，社会経済的地位や性別，年齢，知能を統制してもなお，青年期における青少年非行は道徳の遅滞と有意に関連していることが確認された（Stams et al., 2006）。

しかし，Tarry & Emler（2007）の研究は，ヨーロッパにおいて，より統合的な道徳機能の枠組みの中で，道徳推論のゆがみと遅滞について検討する研究が増加傾向にあることを強調している。なお，道徳機能では，どのような内容に価値を置いたかということや，道徳的行動の行為者に帰属した感情，道徳的規範に従う行動を取るために抱いた動機づけについても考慮される（たとえば，Krettenauer & Eichler, 2006）。

3．Gibbs の認知的歪曲と反社会的行動

前段では，道徳不活性化のメカニズムと，さまざまな攻撃行動との間の関連という問題に取り組む実証的研究の大枠について記した。ヨーロッパの科学者たちは，比較的，Gibbs の理論に明確に基づいた研究をほとんど行ってこなかった。Gibbs の理論では，道徳の遅滞につながる自己奉仕的な認知的歪曲を扱っている。自己奉仕的な認知的歪曲は，自己中心性，責任の外在化，過小評価／誤ったラベリング，最悪の仮定という４つのカテゴリーからなる。本書の第11章と，第12章では，Gibbs（Gibbs et al., 1995）によって提唱された EQUIP プログラムのヨーロッパの国々における教育的実践を幅広くレビューしている。本段落では，反社会的行動を促進するという Gibbs の自己奉仕的な認知的歪曲に関する実証的研究を簡単に報告する。自己奉仕的な認知的歪曲は，「How I think

Questionnaire」(HIT 質問紙，Barriga et al., 2001) を用いて測定される。HIT質問紙は，EQUIP などの認知的-行動的プログラムの効果を測定するにあたって実用的な測度である（第12章参照）。

ヨーロッパでは，Nas et al.,（2008）がHIT 質問紙をオランダ語に翻訳し，妥当性を確認した。具体的には，青年期男子453名のうち，312名の非行少年と141名の非行少年ではない者との間で，HIT 質問紙の得点を比較した。このとき，IQは2つの群間で同等であった。そして，因子構造，および，収束的妥当性と弁別的妥当性を確認した。確認的因子分析の結果，オランダ語版のHIT 質問紙においては，4種類の認知的歪曲を仮定する4因子解が最も適切であることが示された。なお，適合度指標は北米版と同様であった。さらに，内的一貫性，収束的・弁別的妥当性についても十分な数値が得られた。最後に，Nas et al.（2008）の結果では，非行青年が，非行青年ではない者に比べて，自己奉仕的な認知的歪曲について有意に高く評定していたことも示された。興味深いことに，Nas et al.（2008）は，知能が認知のゆがみと非行との関連を調整していることを示した。非行青年と非行青年ではない者における認知のゆがみの違いは，標準的なIQをもつ青年たちにおいてのみ生じ，低いIQをもつ青年たちでは生じなかったのである。残念ながら，この研究には男子少年しか参加しなかったため，男性の母集団にしかこれらの研究成果を一般化することができない。

同様の結果がLardén らによってスウェーデンでも報告されている（Lardén et al., 2006）。その研究では，認知のゆがみ（HIT 質問紙によって測定），および，社会道徳的推論（社会的道徳熟慮尺度によって測定，Gibbs et al., 1992）について，拘留された青年期の非行少年の集団と（$N = 58$，うち29名が女子，年齢は13〜18歳），その集団と対応する統制群として青年期の少年の集団とが比較された。その結果，非行青年たちは，統制群の青年たちよりも，成熟した道徳的判断を行いにくく，認知のゆがみを表出しやすいことが示された。さらに，性差も示された。具体的には，女子は男子よりも成熟した道徳的判断を行い，自己報告による反社会的な認知のゆがみを示さなかった。

4．道徳知識の構造におけるゆがみ：道徳的領域アプローチ

古典的な理論に端を発する道徳的領域アプローチによると（Helwig & Turiel, 2004; Turiel, 1983），社会的文脈における相互作用により，子どもたちはそれぞ

れ異なる領域ごとに道徳知識を構成する。おもに関連しているのは以下の3領域である。①道徳的義務（moral obligations），すなわち，人の幸福，権利を認め，社会的期待からの自立を目的としたもの。②社会慣習的規則（social-conventional rules），すなわち，社会秩序を守り，権威からの命令に従うことを目的としたもの（Turiel, 1983）。そして，③個人的選択（personal choices, Nucci & Nucci, 1982a; 1982b）である。

　これらの知識に関する3つの認知的領域は併存しており，3領域間に発達的な順序性はない。さらに，規則を破るか否かといったこともまた，その規則が属しているとみなされた領域によって異なる。子どもたちは，道徳的領域における逸脱よりも，慣習的領域と個人的領域における逸脱を容認し，深刻でないと考えることが示されている（Nucci & Nucci, 1982b; Smetana, 1995; Tisak, 1995）。したがって，道徳的認知におけるゆがみは，規範からの逸脱を容易にしてしまう社会慣習的規範として道徳的規則をみなしてしまうことが原因であると考えられる。つまり，他者に危害を加えることを防ぐ道徳的規範を，自分自身にとっては価値のないものであるが大人の権威によって決められているとみなすことで，その規範を破ることが可能になる。さらに，道徳的規範に対して，普遍的に通用しない文脈依存的なものであるという社会慣習的特徴を帰属することによっても，その規範を破ることは可能となる。この仮説によると，行為障害のある子どもたちは，道徳的逸脱の社会慣習的側面（たとえば，罰につながるということ）に着目しがちである。また，暴力的な若者たちは，暴力的でない若者たちよりも，自らを苛立たせるような状況では道徳的逸脱を行っても容認されるだろうと判断する（Astor, 1994; Nucci & Herman, 1982）。

　ヨーロッパの研究者たちは，近年，いじめや反社会的行動に結びつくと考えられている道徳的領域での思考において，認知のゆがみがある可能性を見いだした。129名の子ども（7歳～10歳），および，189名の青年期初期の子ども（11歳～15歳）を対象とした研究において，Caravita et al.（2009a）は，以下の仮説を検証した。非行少年と同様にいじめの加害者も，同世代の子どもたちに比べ，いじめに反する道徳的規範を社会慣習的特徴に結びつけて考えるだろう，という仮説である。子どもたちの規則に対する理解を調査するため，2つの異なる領域（道徳的領域と社会慣習的領域）に関する学校の規則が1人の子どもによって破られるという仮想シナリオが提示され，自己評定の測度によって回答が求められ

た。その結果，いじめの加害者たちは，傍観者や被害者たちよりも，社会慣習的規則を破ってもよいと考えることが示された。さらに，クラスメイトらと比較すると，いじめの加害者は，道徳的規則について，学校の権威（つまり，教師や校長）によって決められ，学校の文脈でしか通用しない，すなわち，より社会慣習的な規則であると評価した。

その他の研究プロジェクトでは（Caravita et al., 2009b），青年期初期においては（11歳～15歳），道徳的規則が受容されるか否かという評価がいじめを予測することが示された。この結果は，道徳不活性化のメカニズムの効果が統制されていてもなお示された。最終的に，これらの結果を通して，児童期と青年期初期のいじめの加害者たちは，道徳的規範に関してゆがんだ幼稚な知識を共有していることが示唆された。彼らは，道徳的規範の価値が，その時どきによって変わる文脈的権威によって決められると認知しているのである。こうした認知の結果，彼らは，他者の幸福を守るための規則，すなわち道徳的規範は，それらが明確に確立された文脈でしか通用しないと考え，文脈的権威には彼らの逸脱を許す権力もあると考えるのである。逆に言えば，道徳的規則を破ってもよいと考えることは，いじめをする可能性を高めることとなる。

同様の理論的枠組みに基づき，かつ，道徳の遅滞の研究についても言及しているLeenders & Brugman（2005）は，以下のことを示唆している。道徳からの逸脱の場合，行為者は，自身の自尊心を守るために，その逸脱が慣習的であると再解釈するだろう。とくに，この「領域転換（domain shift）」は，道徳ではないものからの逸脱は道徳からの逸脱に比べ個人の自尊心にとって脅威ではないとみなされるために生じるだろう。認知的不協和は，ある状況についての道徳的な側面の代わりに道徳的でない側面を強調することで状況解釈を変化させるメカニズムになりうる。Leenders & Brugman（2005）は，278名の青年期初期のオランダ人をサンプルとして，この仮説を検証した。参加者の非行行動は自己報告によって測定された。道徳の転換（moral shift）は，道徳的規範からの逸脱について考えさせる4種類の仮想シナリオを用いて測定された。4種類のシナリオは，非行の自己評定の測度で用いられたものと同じ4カテゴリーであった（具体的には，破壊行為，攻撃性，軽微な窃盗，重大な窃盗）。それぞれのストーリーごとに，参加者には，その逸脱についての容認可能性，深刻さ，一般化可能性，その規則における権威の随伴性を評価することが求められた。参加者は，彼らが自己

報告した非行行動についての仮想シナリオの評価においてのみ，道徳から道徳でない領域へと領域転換を表した。これらの結果について，著者らは，領域転換は認知的不協和の結果として起こるという仮説と一致していると解釈した。

　領域転換には認知的不協和が影響を及ぼしているという解釈に従えば，Leenders & Brugman（2005）の研究結果は，道徳不活性化において生じる認知のゆがみと道徳知識の領域統合（domain organization）との間に重なりがある可能性を示唆している。とくに，逸脱の解釈において生じる道徳的領域から社会慣習的領域への道徳の転換は，道徳不活性化のメカニズムとなるだろう。道徳知識の領域統合と道徳不活性化のメカニズムとの間の関連性と重複の可能性は，イタリアで行われた研究によって検討された。Caravita & Gini（2010）は，235名の子ども（8〜11歳）と，305名の青年期初期の子ども（11〜15歳）を対象に研究を行った。その結果，道徳的規則を社会慣習的とみなす道徳知識の領域におけるゆがみと道徳不活性化のメカニズムは，道徳機能の認知的要素をそれぞれ別々に構成するとともに，それぞれ独自にいじめを予測することが明らかとなった。具体的には，児童期の中期においては，いじめは道徳的規則（他者に危害を加えることを予防する規則）を社会慣習的とみなすこととのみ正の関連を示していたのに対し，青年期においては，道徳不活性化のみがいじめと正の関連を示していた。この結果から，道徳推論における認知のゆがみといじめとの関連は児童期と青年期とで異なるという発達差が存在することが示唆された。

第4節　結論

　本章のレビューで紹介したヨーロッパの数々の研究から，認知的・道徳的ゆがみと不適応な行動に関する科学的研究が活発に行われていることがわかる。さまざまな研究結果を通して，認知的・道徳的ゆがみと不適応な行動という2つの構成概念間の関連性は強く一貫していることが示され，その関連性における信頼性は実証されている。これらの研究によって，この領域における知識を深めることが可能となり，研究や介入のための新たな道が開かれた。しかし，これらの研究者らは，この分野で研究を続ける必要性についてもまた強調している。たとえば，Peets et al.（2007, 2008）の研究では，攻撃的な子どもとそのターゲットとの関係性が考慮されると，帰属における個人差はほとんどみられず，攻撃的な子

どもでさえも認知のゆがみを表さなかった。たとえば，ターゲットが見知らぬ他者か仲のよい他者かどうか，あるいは，ターゲットが拒絶されていたかどうかという敵意の累積効果（Peets et al., 2007）の原因となるターゲットの属性によって，攻撃的な子どもの帰属が変化するか否かを検証するさらなる研究が必要である。同様に，道徳的判断もまた，ターゲットとなる仲間の性質や，不幸な出来事の加害者もしくは被害者となった経験によって影響される可能性がある。これらの異なる状況において，さまざまな正当化とさまざまな道徳不活性化のメカニズムがそれぞれ用いられるのである。

さらに，今後の研究では，自然観察を用いて実際の出来事を調査することに関心が向けられるだろう。たとえば，社会的情報処理プロセスや道徳不活性化と道徳的なゆがみは，通常，仮想シナリオで測定されてきた。仮想シナリオは可能な限り実際の出来事と同様になるように注意が払われてきたが，依然として社会的望ましさの問題が生じると考えられる。また，得られた回答は以下のような多くの変数の影響を受けるため，実際の反応を反映していないかもしれない。その変数とは，文脈，感情喚起，気分，特定のある行動の先行要因，加害者との特定の関係性，ターゲットの性格特性，傍観者の存在などである（たとえば，Gini et al., 2008; Orobio de Castro, 2000; Peets et al., 2007）。仲間とのつながりや仲間集団の役割もまた考慮に値する。逸脱した仲間たちに加わることは，反社会的行動を実行させやすくしてしまうだけでなく，子どもたちの認知や道徳のプロセスの発達にもまた影響を与えるだろう。

最後に，縦断研究は発達傾向を追う上で役に立つだろう。現時点では，（ゆがんだ）認知・道徳のプロセスと反社会的行動との間の因果関係を確立させることは困難である。その人の人生を通して形成された，記憶，注意，制御スキル，知識を含むその人自身の思考，信念，心的過程が行動に先行していると仮定することの方が順当である。しかしながら，子どもは他の仲間たちや大人たちからなんらかの社会的反応を受ける。そうした社会的反応が攻撃的な子どもたちの認知プロセスや道徳的判断に影響を与えるという可能性も排除できない。したがって，認知のゆがみ，道徳推論と最終的な行動との間には悪循環が生じている可能性の方が大きいといえる。たとえば，ある子どもが攻撃行動につながる敵意的な帰属をすると，その子どもの社会的評判が変化し，拒絶される可能性が出てくる。そして，そのことが，子どもたちから社会的能力を学習する機会を奪い，認知プロ

セスを向上させる機会を奪うのである。同様に，子どもたちが道徳不活性化のメカニズムを用いたり，道徳的に悪い行動を正当化したりすることで，彼らに対する制裁や罰の効力は失われる。そのため，子どもたちは逸脱行動を続けるのである。

第11章

中等教育の教育者における EQUIP の実践

序　論

　教育者は，カリキュラム上に生じる日常的な相互作用において，子どもや青年の学業や知能の発達をうながすだけではなく，人格的・社会的発達をもうながす。学校現場では，これらの専門家（たとえば，教師，教育心理学者，スクールカウンセラー）は，教育的に成功するためのツールを探しているだろう。今日，教育者たちは，数多くの多様なツールから有効なものを選択することができる。それらのツールは，社会的スキル教育から，幅広い学校全体のアプローチにまで多岐にわたる。社会的スキル教育は，一定の期間だけ学校に招へいされた専門家によって実施されるだろう。また，学校全体のアプローチは，学校の個々の子どもと学校そのものの双方を対象としたものである。この数十年間で，アメリカ，ヨーロッパ，アジア，そしてオセアニアの多くの国々において，いじめや社会的排斥といった，学校で生じる生徒間（peer）の関係性の問題が注目されるようになってきた。その結果，生徒間のサポートシステムを含む幅広い介入プログラムが発展することとなった（生徒間のサポートシステムの例として，以下を参照：Cowie & Wallace, 2000; del Barrio et al., 2011; Toda, 2005; 学校でのいじめの介入に関する幅広いレビューとして，以下を参照：Smith et al., 2004; Sullivan et al., 2004）。

　本章では，**教育者のための EQUIP プログラム**（EQUIP program for Educators）に焦点を当てる（DiBiase et al., 2005）。EQUIP プログラムは，専門家が学校で生徒に対して実践する際に使用できるものである。本章では第一に，その目的，枠組み，そして使用方法について概要を説明する。その後，われわれが作成した

EQUIPプログラムのスペイン語版について紹介し（DiBiase et al., 2010），われわれがプログラムの内容に加えた修正や，学校で応用するにあたっての見解を述べる。第二に，クラス内での生徒間のポジティブな関係性を促進するにあたって，**教育者のためのEQUIP**（EQUIP for Educators: EFE）がどれだけ有効であるかに着目する。その意味で，このプログラムは生徒間で生じる仲間による被害を抑止することに効果を示すだろう。生徒間で生じる仲間による被害とは，生徒間で実行されるもので，目に見える行為として実行されたり，生徒どうしの相互作用からの排斥を目的として目に見えにくい形で実行されたりするものである。第三に，EFEの効果性について検証したカナダ（DiBiase, 2010）やオランダ（van der Velden et al., 2010）の初期の研究について述べた後，スペインの中等教育でわれわれが実施したプログラムについて説明する。そして，そこでこれまでに得られた結果について説明する。最後に，以上の議論を通して，EFEの使用方法や評価についてのわれわれの見解と，これに関連する今後の示唆を述べる。

第1節　教育者のためのEQUIP：中等学校の青年対象プログラムの目的，枠組み，使用方法

　教育者のためのEQUIPは，EQUIPの改変版である。EQUIPとは，少年犯罪者のための治療プログラムであり，仲間たちの助けを通して，彼らに責任をもった思考や行動を教えるものである（Gibbs et al., 1995）。その教育現場版は，若者たちへの治療を目的としていない。むしろ，彼らの将来の反社会的行動を予防することを目的としている。McGinnisによると（McGinnis 2003; DiBiase et al., 2005による引用），学校内の少数（20％）の生徒が，非行に走る恐れがある（at-risk）行動を示していると考えられており（15％は中程度の行動，5％はより重度で慢性的な行動），そのために，二次的，三次的予防策を必要としている。その一方で，多くの生徒は（80％），一次的，汎用的な予防策を必要としている。彼らは，時どき外在化問題行動を呈する程度であると考えられているためである。非行に走る恐れがある行動は，他者に直接的に身体的攻撃を加えるといった直接的な反社会的行動によってのみ理解されるべきではない。間接的な社会的排斥（無視）といった，より目に見えにくい，他者に対する**間接的な**加害行為もまたいじめの一種である（del Barrio et al., 2003a）。そして，そうした行為も非行に走る恐れがある行動としてみなされるべきであり，若い生徒たちのための予防

プログラムに含まれるべきである。直接，間接どちらの場合でも，その行為は，重大な道徳的または社会的規範から逸脱することにより他者を傷つけることとして定義される（Barriga et al., 2001a）。教育者のための EQUIP は，教育現場における一次的予防策と二次的予防策のためのものであり，道徳的判断における発達の遅滞，自己奉仕的な認知的歪曲や社会的スキルの欠如などを修正することを目的としている。優れた日常生活を送るために求められるスキル，知識，成熟した認識を教え，トレーニングする**心理教育的**プログラムである（DiBiase et al., 2005）。EFE は約35セッションからなり，生徒集団に適用できるように作成されている。EFE は，①怒りのマネージメントおよび自己奉仕的な認知的歪曲の修正，②バランスの取れた建設的な社会的行動のための社会的スキル，③成熟した道徳的判断を含む社会的意思決定という3つの要素からなる。心理教育的トレーニングを必要としている生徒たちはポジティブな潜在能力をもっているものの，なんらかの限界や問題点を抱えており，その潜在能力を発揮できなくなっている。EFE は非行に走る恐れがある生徒たちの間で生じるこうした問題に取り組むことを目的としている。それらは「3D」とよばれる相互に関連し合う問題である：道徳的判断における発達の遅滞（developmental delays in moral judgment），自己奉仕的な認知的歪曲（self-serving cognition distortions），社会的スキルの欠如（social skills deficiencies）である。したがって，このプログラムの目的は，ここに説明したように，非行に走る恐れがある生徒にみられるこれらの遅滞（delays），ゆがみ（distortions），欠如（deficiencies）を修正することである。しかし，EFE は一次的予防策（Institute of Medicine, 1994）のように，すべての生徒たちに適用することをも目的としていることを考慮すべきである。そのため，こうした理由で EFE は，青年のスキルと知識の**発達**と**向上**を教え手助けすること，といったように，適切な専門用語で定義されるべきである（van der Meulen et al., in prep.）。通常の中等教育では，生徒らに対して，非行に走る恐れがある行動や，認知，感情を示さないことが期待されている。しかしながら，このプログラムでは，将来的に彼らや彼らの周囲の他者にとってネガティブな行動やリスクのある行動，感情，思考を示さないように彼らを教育することをも目的としている。教育は健康的でポジティブな発達のために提供されるべきであり，治療的なニーズのためにあるわけではない。青年たちは自分たち自身の力で発達するものの，ポジティブな用語を使用することは，青年たちの潜在能力に到

達し，それを生かすというプログラムの潜在可能性を強調するためには重要である。

　教育者のためのEQUIPの内容として3つの要素を説明すると，1つ目は，**怒りのマネージメントと自己奉仕的な認知的歪曲の修正**（自己奉仕的な認知的歪曲は「思考の誤り（thinking errors）」ともよばれる）である。両方とも，**教育者のためのEQUIP**における第1の要素を構成している。**怒りのマネージメント**を教育する技術はGoldsteinによって開発され，彼の著書『カリキュラムの作成（*The Prepare Curriculum*）』（Goldstein, 1999）などで幅広く説明されている。また，**怒りのマネージメント**を教育する技術は攻撃性置換訓練（Aggression Replacement Training: ART, Goldstein et al., 1998）の一部となる重要な教育である。そして，EFEは部分的に攻撃性置換訓練に基づいている。怒りのマネージメントは，いくつかの側面から構成される。たとえば，攻撃性の評価と再ラベリング（evaluating and relabeling aggression）は，攻撃性の利点と欠点とを認識し，攻撃性の未熟さと自己中心性，および，攻撃性が他者に与える悪影響に気づくことを暗示する内容になっている。怒りのマネージメントのその他の側面としては，怒りの分析（anatomy of anger）というものがある。これは，いかにひとりごとが怒りの源であるか，自分の身体内に生まれる怒りの警告サインにどのようにして早く気づくか，そして，その怒りを制御し，結果（自分自身に生じる短期的／長期的結果，および，他者に生じる目先の結果，およびその後の結果）を先読みするためにはどのようなテクニックを使用すればよいかを生徒たちに示すものである。怒りの制御のためのテクニックとしては，ゆっくりとした深呼吸をすること，楽しいことや平穏なことを想像することなどが例としてあげられる。**自己奉仕的な認知的歪曲の修正**は，教育者のためのEQUIPにおいて怒りのマネージメントと同じ要素に含まれるものである。これは，まず，Gibbs（たとえば2003）によって特定された4つの主たる思考の誤りに気づき，修正する方法を学ぶことを意味している。自己中心的思考の誤り（Self-centered thinking error）とは，自分自身の意見や，欲求，権利，感情が他者のそれよりも重要と考えること，そして，現在（今この瞬間）の自分の思うとおりにものごとが進むことが，それによって生じる将来の結果よりも重要だと考えることである。過小評価／誤ったラベリング（Minimizing or Mislabeling）とは，自分の行動や問題が実際ほど間違っていたり害があったりするとは考えないこと，あるいは，他者

を軽視したり非人間化したりするようなラベルを使用することを意味する（Gibbs et al., 1995）。自分自身の行動に対する非難を外的な要因に誤って帰属すると，責任の外在化（Blaming others）を実行していることになる（Gibbs et al., 1995）。最悪の仮定（Assuming the worst）とは，ある社会的状況を不可避であると考えたり，自分の行動を改善できないと考えたり，他者に対して敵意的な意図を帰属したりすることである（Gibbs et al., 1996）。Gibbs（2003）によると，自己中心性が主要な思考の誤りであり，自己中心的な態度から生じるその他の3つの要素（過小評価／誤ったラベリング，責任の外在化，最悪の仮定）は二次的な思考の誤りである。これらの二次的な認知のゆがみは，一次的な思考の誤りの結果として生まれるストレスを軽減したいという人々の意図と関連している。これらは罪悪感を中和するための合理化である。

　思考の誤りは，セッションの間，クラスで使用される単語の1つとなる必要がある。エクササイズを行っているときだけでなく，日常的な学校生活の中でクラスメイトや教師の行動を観察しているときにも，プログラムの期間中ずっと，思考の誤りという言葉を使用できるようになるからである。練習の中には，認知のゆがみや自己中心的な態度に対する意識を高めさせることを目的としているものがある。この練習には，社会的視点取得のエクササイズが含まれる。たとえば，視点を逆転させること，2つの視点から物語を書くこと，被害の状況およびその状況の短期的・長期的結果を分析することが含まれる。

　2つ目の要素には，**社会的スキル**を教えることが含まれる。これは，困難な対人的状況に対して，バランスの取れた建設的な行動で対処することを意味している（DiBiase et al., 2005）。これらのスキルは以下の4つのフェーズで教えられる。①そのスキルを観察学習すること，②そのスキルを実行するよう試してみること，③そのスキルについて議論すること，すなわち，実行したスキルについてのフィードバックを得てスキルを向上させること，さらに，④そのスキルを向上させ，習慣化させるために，さまざまな状況でそのスキルを練習することである。この方法を通して，生徒たちは，たとえば以下のことを学習する。不満を建設的に表現すること（言いたいことをあらかじめ考えておき，建設的な提案をするなど），悲しんでいる人や気が動転している人を気遣うこと（その人が示しているサインに注意を向け，妨害することなく話を聞く），ネガティブな仲間からの圧力に対して建設的に対処すること（結果を先に考え，仲間たちに話す断りの

理由を考え，その代わりにできることを提案する），ストレスフルな会話に備えておくこと（何を言うか，そして，他者がどのように返答してくるかをあらかじめ考えておく），何かのことでだれかが自分を責めてきたときに建設的に対応すること（自分自身を落ち着け，責めてきた側が正しい可能性を考え，冷静かつ端的に話す）。

　最後に，3つ目の要素である**社会的意思決定**は，道徳的判断における生徒たちの発達をうながすこと，すなわち，生徒たちに**成熟した道徳的判断を備えさせる**（equip）ことを目的としている。道徳的判断が成熟しているかどうかは，PiagetとKohlbergによって提唱された発達の方向性を用いて解釈できる。Gibbs（2003）は，Kohlbergの道徳性の発達モデルを道徳推論に適用し，道徳推論には4つの段階があることを提唱した。Gibbsのモデルは，このEQUIPプログラムの理論的枠組みとなっている。第一段階と第二段階は，未熟な道徳性を意味している。一方，第三段階と第四段階では，人々は，相互の思いやりや，尊重と信頼の観点から，対人関係の規模か社会制度の規模に基づいた道徳推論を行う。そのため，第三段階と第四段階は，成熟した道徳性を表している。社会的意思決定のセッションでは，生徒たちには，ある問題状況が描写された短いストーリーと，それに関連する質問のリストが提示される。その質問での回答が，その状況で行うべきことを意思決定した内容となる。たとえば，アルフォンソの問題状況では，算数のテスト中，教師が教室の外に出た数分の間に，ダグというアルフォンソの友人がアルフォンソに答えを見せてほしいと頼むという場面が呈示される。アルフォンソはダグに答えを写させるべきか？といった質問が出される。それぞれのストーリーで，1つ以上の重要な価値基準を特定することができる。アルフォンソの問題状況では，重要な価値基準は正直さである。そのほかの重要な価値基準としては，所有権の尊重，生き方や関係性の質の問題，尊敬などがあげられる。

　プログラムの本（DiBiase et al., 2005）に書かれているセッションの手続きとティーチングテクニックを熟知しておくことは教師にとって重要である。セッション中，教師たちにはグループ全体と作業をする機会がある（そのグループは20〜30名の生徒たちから構成されることになっている）。しかし，教師たちはまた，それを3人組や個別など，より小さなグループに分けなければならない場合もある。活動の中には，口頭で行うものもあれば，紙上での作業で完結しなけれ

ばならないものもある。ロールプレイ活動は，とりわけ3人組で作業する場合に，セッション中で頻繁にもうけられている。教育者はまた，2つの特別なティーチングテクニックを熟知していなければならない。1つ目は，建設的批判のサンドウィッチスタイルである。これは，批判的なコメントの前後を支持的なコメントで挟む必要があることをさす。2つ目は，「問いかけろ，教えるな（ask, don't tell)」テクニックである。これは，Lickonaによって特徴づけられたテクニックである（DiBiase et al., 2005; Lickona, 1983)。教師は，ある問題状況における適切な行動は何かを生徒たちに教えようとするだろう。あるいは，だらけているグループには，集中するよう注意しようとしたり，だらけていることに対して文句を言おうとしたりするだろう。そうではなく，教師は，そうしたグループに対して問いかけ，彼ら自身が問題状況について気づくようにさせ，彼ら自身に提案をさせるべきである。

　このプログラムのスペイン語版は，"EQUIPAR para Educadors"（DiBiase et al., 2010）とよばれている。社会的スキルと社会的意思決定の要素で用いられる例と問題状況については，オリジナルのバージョンとは異なる。その相違点の1つ目は，われわれ（van der MeulenとGranizoとdel Barrio）が，社会的スキルの練習のための状況として，スペインの青年たちにとって容易に理解できるような状況を追加で導入したことである。もう1つの相違点は，オリジナルのプログラムから6つの問題状況を除外したことである。オリジナルのプログラムでは，社会的意思決定の10セッションを構成する13の問題状況があるが，その中から6つの問題状況が除外された。窃盗について2状況，街中でのドラッグの取引について1状況，少年による施設からの逃亡について1状況，学校での銃の保持について1状況，父親の飲酒について1状況の計6状況である。これらの状況は，スペインにおける青年たちの日常的な生活体験とはかなり異なるものと考えられた（たとえば，スペインでは武器の保持はかなりまれであるし，18歳以下のティーンエージャーは運転免許を取得することができない)。そして，われわれは，すべてが学校場面に関連する4つの新たな問題状況を導入した。そのうちの2つはクラスにおける仲間の被害状況であり，1つは学校でのドラッグ取引の状況，もう1つは生徒－教師間の問題状況である。たとえば，仲間の被害に関する問題の1つとして，フアンの状況を紹介する。フアンは，クラスメイトのミゲルがほかのクラスメイトたちにいじめられているのを見ている。いじめっ子の中には，フ

アンと長いつきあいの友だちもいる。フアンはこの状況を止めたいが，自分の友だちづきあいもまた台無しにしたくない。

　3つの要素それぞれで，10のセッションが必要とされている。しかしながら，合計31セッション（最後のまとめのセッション1つを含めて31セッションとなる）からなるプログラムどおりのカリキュラムを開始する前に，DiBiase et al.（2005）は以下のことを推奨している。思考の誤りという用語を生徒たちに教えること，そして，特に進展がみられるクラスでは，議論の際など，プログラムの活動中における生徒たちの相互作用をうながすための「基本ルール（ground rule）」を見直すよう教えることである。われわれの2名のトレーナー（OteguiとPozo）は，これらのルールを「作業協定（working agreements）」という名称に改めることを決めた。なぜなら，「基本ルール」という用語はあまり直接的ではないし，そのルールは活動に参加するクラスで用いる協定の取り決め方を提案しているからである。生徒たち自身が協定を考えるべきであるし，これらの協定はポジティブな語句で表現されるべきである。プログラムを紹介するための最初のセッション★1には，van Westerlaak, J.（2006年4月7日のコメントより）によって提唱されたようなことを行うのもまた望ましい。この方法では，以下の問いに対する答えを求めるべきであるとされる。「"備える（equip）"とはどのような意味なのか，そして備えるためには何をしなければならないのか。備えるということを考えてみましょう。このリュックサックをイメージしてください。あなたが旅行に行くとしたら，ここに何を入れますか。そして，この旅行が人生だったらどうなるでしょうか」。以上をまとめると，オリジナルの31セッションに約4つのエクストラセッションが加えられる必要がある。これとは別に，オリジナルのセッションの中に，先述した仲間の被害の問題状況について議論される内容が追加されている。そこでの活動は，学校におけるいじめと社会的排斥の現象についての前提となる側面（その定義，クラス内で生じている被害の種類，クラスメイトによる介入など）についての議論である★2。

★1　最初のセッションは，作業協定の吟味と組み合わせることもできる。
★2　これらの追加セッションの方法は，スペイン版の教育者のためのEQUIPでは紹介されていない（DiBiase et al., 2010）。

　DiBiase et al.（2005）によると，EFEは，児童，前思春期の子ども，小学5年生から中学2年生までの青年を対象としている。しかしながら，オリジナルの

プログラムで扱われている問題を考慮すると、スペインの学校の文脈においては、13歳以前の児童と前思春期の子どもにプログラムを用いるのは適切ではないと考えた（DiBiase et al., 2010; van der Meulen et al., in prep.）。その理由の1つには、スペイン人の日常生活においてなじみのない内容（たとえば、問題状況）であると、そのために彼らがその内容に別の解釈をしてしまう可能性があったことがあげられる（また、彼らや彼らの両親を怖がらせてしまう恐れもある）。別の理由には、プログラムのさまざまな要素において（たとえば、問題状況における道徳的判断を行うとき、集団の圧力や他者に対処するための社会的スキルを学ぶときなどにおいて）、真剣な熟考を可能とするための認知容量が必要となることがあげられる。

第2節　クラス内でのポジティブな生徒間関係の促進を目的とした教育者のためのEQUIP活用法

学校内での生徒間の関係性の問題、および、その問題によって短期的または長期的に生徒たちにもたらされるネガティブな効果に注目と関心が集まっている（たとえば、Matsui et al., 1996; Nishina et al., 2005; Schäfer et al., 2004）。そうした関心の高まりにより、介入的手法や教育的プログラムの使用への要請が高まっている。われわれは、教育者のためのEQUIPを説得力のあるプログラムとみなしている。なぜなら、このプログラムは、青年においてゆがんだ思考のリスクが高まることを予防するためのみならず、クラス内のポジティブな風土をつくり上げるため、そして、こうした観点から、生徒間のいじめや社会的排斥を減少させるために使用できるからである。学校内での仲間による被害に関する研究の歴史は比較的短いが、研究者らは、この現象を集団の文脈における生徒間のネガティブな関係性として理解する方向に変化している証拠を蓄積している（たとえば、Bukowski & Sippola, 2001; del Barrio et al., 2002; Salmivalli, 2010; Salmivalli et al., 1996）。こうした変化は実際には、集団内のダイナミックスや道徳的雰囲気が仲間による被害発生の一因になること、そして、こうした現象は集団レベルで理解されなければならないことを意味している。集団レベルでの理解とは、いじめのさまざまな役割が加害者、被害者、傍観者、擁護者、その他としてだけでなく、たとえば、部内者、部外者、大衆といったような人々のラベリングが認識される枠組みとしても理解されることである。中等学校の生徒の一部、とくに、高

学年の生徒は，こうした方法でいじめや社会的排斥の状況を認識しており，原因を説明する際には集団のプロセスに言及している（del Barrio et al., in prep.; van der Meulen, 2003）。

　集団内（たとえば，クラス）や組織（たとえば，学校）における道徳的雰囲気や文化は，生徒たちがそうした文脈で表す行動に影響を及ぼす。道徳的文化とは，規範である。道徳的文化とは，道徳的状況において社会的相互作用を調整する，成員によって共有される規範，価値，意味などの体系である（Power et al., 1989）。学校における道徳的雰囲気の知覚と，規範逸脱行動または向社会的行動との間の関連性は，道徳的コンピテンスとそうした行動との間の関連性よりも強いことが明らかになってきた（Brugman et al., 2003; Høst et al., 1998）。同様に，Salmivalli & Voeten（2004）は，クラスレベルでは，集団規範がいじめの状況における生徒たちの行動と関連していることを明らかにした（いじめの状況とは，たとえば，他者をいじめる，いじめの手助けをする，いじめをはやし立てる，被害者を擁護する，あるいは，いじめの状況とは距離を置くなどである）。したがって，生徒たちが何をするかを決めるにあたっては，その行為をしたら集団内の他者がどのように思うだろうか，と考えることが重要だといえる。たとえば，傍観者がいじめを制止するために仲裁に入ろうとしても，集団の規範を破ることになってしまうため，そうすることを怖いと思うだろう。われわれの見解によると，クラス内において集団のプロセスが進行している最中に良心を向上させることが重要である。EFE ではプログラムのセッションの中で集団の行動について議論が求められるため，そうした実践として有用である（van der Meulen et al., in prep.; van der Meulen et al., 2010）。現実的な葛藤状況や先述したフアンとミゲルの被害状況などの仮想的な葛藤状況の分析において，生徒たち自身が参加者の役割，行動，集団圧力などについて話し合うのである。

　教育者のための EQUIP は，責任ある思考・行動を生徒たちに教えうながすために，クラス内の受容的な対人社会的風土の醸成に焦点を当てているといえる（DiBiase et al., 2005）。とはいえ，個人に適切な思考プロセスを養うことが唯一の目標ではないことを考慮することも重要である。これまで議論してきたように，クラスのポジティブな社会的風土それ自体が目標とされるべきである。なぜならば，それが当該文脈での個人の行動に影響を与えるためである。集団に貢献することで個人は成長するため，そして，ポジティブな集団のプロセスがポジ

ティブな風土を促進するため，方法論的には両者の目標は同一のものとなる。
　一方で，生徒たちの自己奉仕的な認知的歪曲，あるいは，道徳的動機づけの低さによって，クラス内のポジティブな生徒間関係が危険にさらされるかもしれない。そして，それによって，クラス内でのいじめや排斥行動を含めた反社会的行動が集団内に現れ，存在し続けることになるだろう。Gasser & Keller（2009）は，他者をいじめる子どもは，道徳的ルールを十分に認識しているが，道徳的動機づけに欠けている可能性があることを提唱した。道徳的動機づけの重要な要素の1つは，道徳的逸脱を道徳的用語を用いて解釈する傾向である。そのため，いじめっ子は，いじめ行動を道徳的基準ではなく，たとえば，自分たちの仲間集団における慣習的基準で知覚している可能性がある★3。一方で，Gini（2006）は，Banduraの（選択的）道徳不活性化についての理論モデルを用いて（たとえばBandura, 2002），いじめの加害者，いじめの手助けをする者，いじめをはやし立てる者のいずれかの立場で被害状況に参加した子どもたちは，いじめ行動の影響を最小化したり，責任転嫁したりするといった道徳不活性化のメカニズムを示す傾向があることを明らかにした。われわれのある質的研究では（del Barrio et al., in prep.），学校での仲間による被害を理解するため，SCAN-Bullying（del Barrio et al., 2003b）というナラティブの測度を使用して検討した。その結果，子どもや青年において，認知のゆがみがこの現象の要因になっていることが明らかになった。たとえば，ある13歳の少年は，最小化の思考の誤りに関することを発言している。具体的には，「僕は，彼がふざけているふりをするためにやっているんだと思う。だれかを傷つけるためではなく，みんなに自分がどれだけおもしろい人間かを見せたいんだと思う」と発言している（van der Meulen et al., 2010）。結論として，われわれは，いじめ状況を正しい用語で解釈すること，すなわち，道徳的用語を用い，自己奉仕的な認知的歪曲，あるいは道徳不活性化のメカニズムを修正することが，仲間による被害の減少と予防につながることを提唱する。

★3（訳注）　この記述は第10章第4節の中の「領域転換」と関連する。いじめが他者に危害を加えるものという道徳的基準でとらえられれば，いじめを行うべきではないと知覚されるが，いじめは自分たちの仲間集団でのみ慣習的に行われるものという慣習的基準でとらえられれば，いじめを行ってもよいと知覚される。いじめっ子は，このような領域転換を行いやすいこと，すなわち，いじめを道徳的基準ではなく慣習的基準などの別の基準でとらえやすいことが前章で紹介されている。

第3節　教育者のためのEQUIPの応用と結果：実証的研究と質的データ

　これまでに，EQUIPプログラムの予防版は，カナダ，オランダ，スペインの3か国で実証的に検証されてきた。DiBiase（2010）はカナダにおいて，外在化問題行動を示す恐れのある生徒集団を対象に，二次的予防策としてのプログラムの効果性を検討した。DiBiaseは，これらの生徒たちが，EQUIPプログラムを受けた後では，ポジティブな社会的・道徳的な判断スキルを獲得したことを明らかにした。しかしながら，怒りのマネージメントスキルについては何の変化も認められなかった。

　スペインとオランダでは，教育者のためのEQUIPプログラムの応用が一次的予防策として機能するかどうかが検討された。オランダでは，van der Velden et al.（2010）が，反社会的行動に走る恐れがあると認められた生徒たちの割合が高い全日制の中等学校において，EFEの効果を検討した。その結果，統制群の生徒たちに比べ，プログラムを受けている生徒たちにおいて，反社会的行動に対するよりネガティブな態度が報告されるようになり，プログラムが終了した際の自己奉仕的な認知的歪曲もより低いものとなっていたことが示された。さらに，自己奉仕的な認知的歪曲の効果は，9か月にわたって安定した状態を保っていたことが明らかとなった。van der Veldenらは，学校でプログラムにともに取り組んだ教師に対する面接も行っている。そして，面接に参加した教師の中で，85％の者が，プログラムによって生徒たちのポジティブな思考や行動が促進されたという点で，プログラムが成功したことを認めた。しかし，反社会的行動と道徳的判断の発生頻度については，実験群と統制群との間で変化量に違いがみられなかった。

　スペインでは，スペインの全日制の中等教育学校に通う13歳から17歳までの生徒たち（スペインの教育システムでは3年生から4年生）のクラスでEFEプログラムが実践された（van der Meulen et al., in prep.）。トレーナーは，オランダのプロEQUIPトレーナーから十分なトレーニングを受けた心理学の修士課程の学生と研究者であった。プログラム実施にあたり，その進展についてのコメントを定期的に得た。2つの方法論的側面がプログラムの成功にあたって必要不可欠と考えられた。1点目は，すべての生徒が実際の活動に参加しなければならないということ，2点目は，（ロールプレイングという意味で）仮想場面であって

も，現実的な問題状況を体験する機会を多く提供することである。さらに，学校やクラスで実際に問題が起こった際には，プログラムの枠組みの中で分析されるべきであるとした。そうすることで，プログラムの構成要素と現実世界の問題状況との間につながりが生まれるのである。

　われわれは，マドリード圏にある2つの異なる州の中等学校でプログラムを実践した。2つの実験群のクラスと2つの統制群のクラスで予備調査を行った。量的調査の結果，EFEを実施した2つの実験群のうちの1つのクラスで，自己奉仕的な認知的歪曲が有意に低減した（van der Meulen et al., 2010）。この結果が得られた理由の1つには，プログラムの実施にあたって学校から得られたサポートの違いがあるだろう。生徒たちにとっては，学校の大人たち（教師，カウンセラーなど）がEFEに教育上ポジティブな効果があると考えていると認識することが重要である。また，クラスの風土について言えば，トレーニングを受けていた生徒たちが，トレーニング後，クラスの中が快適になったとか，安心するようになった，ということを報告することはなかった。しかし，思考の誤りが減少した生徒集団においては，介入前に比べ，クラスの団結力が低下したとみなしている。われわれは，この結果について，クラス内の道徳的な風土の低下によって向社会的行動が抑制され，反社会的行動が促進されたとは考えていない。むしろ，生徒たちの発達にあたって必要となる個性化の高まりのプロセスとしてこの結果をとらえている。そのプロセスは，生徒たちの間に存在する差異への意識の高まりによってもたらされるものである（Blasi & Glodis, 1995）。

　予備実験の後，2つ目の研究が開始された（van der Meulen et al., in prep.; van der Meulen et al., 2009）。プログラムに参加したのは3つの州にある中等学校の中の8クラスの生徒たちで，5クラスは統制群に割り当てられた。自己奉仕的な認知的歪曲に関しては，8つの実験群のクラスのうち，1つのクラスにおいてのみ，思考の誤りで有意な低下がみられた。残りのクラスにおいては，いかなる変化も認められなかった。一方，統制群の1クラスにおいて，実験前後でゆがみのレベルに有意な低下がみられ，別の統制群の1クラスでは増加がみられた。ただし，後者の変化は統計的に有意な変化ではなかった。しかし，本研究に参加したすべてのクラスにおいて認知的歪曲のレベルが低かったことは考慮に入れておかなければならない。HIT質問紙のプロフィールを比較した結果（Barriga et al., 2001b），実験前の時点で，実験群では78％の生徒が，統制群では89％の生徒が，

「境界群」や「臨床群」ではなく「標準群」と位置づけられた。自己奉仕的な認知的歪曲がリスクレベルにある若者であれば，より変化がみられたかもしれない。

　仲間による被害に関するわれわれのデータにおける最初の分析結果では（5つの実験群と4つの統制群からなるデータ），いじめと社会的排斥の発生率において，わずかな変化がみられた（van der Meulen et al., 2009）。しかし，研究に参加したクラスにおける実験前後の被害の割合は，どちらも比較的低かった。この割合は，スペインの全国調査（del Barrio et al., 2008）や他国の全国調査（たとえば Olweus, 1993; Whitney & Smith, 1993）で報告されているように，中等学校の最初の2年間である（前）青年期の3年生と比較して，中等学校の4年生ではいじめの発生率が低下するという結果と対応している。

　クラスで被害状況を目撃しているときの生徒たちの行動に関して，われわれは，それぞれのクラスで，いじめ状況で**自分自身**がなんらかの反応を示したとする生徒の割合をチェックした。なお，その反応としては，実験前後で生徒たちが考えるべき可能性のあったもの，たとえば，「いじめに参加した」「いじめの被害者と話をした」といったものがあげられた。これらの割合について，10％以上増加したり減少したりした者の数は，実験群と統制群との間で同じであった。しかし，**クラスメイト**の反応に対する生徒たちの認知を見てみると，すべての実験群においてほとんどの生徒に変化がみられ，統制群で変化した生徒はほとんどみられなかった（10％以上の変化を意味する）。他の生徒たちを「いじめを拒否している」「何もしないが何かすべきだったと後で言っている」「止めようとしている」などとみなしていた生徒たちの割合は，いくつかの実験群において増加したり，減少したりしていた。一方，統制群においてはその割合はほとんど変化しなかった。これらの結果は，EFEのトレーニングを受けた者において，自分たちのクラスメイトが生徒間のいじめに対してどのように反応していたかということに関する意識が向上していたことを表しているといえる。

　われわれは半構造化面接を行い，プログラムの作業方法について，そして，プログラムの効果性についての生徒たちの意見を確認した。生徒たちはEFEの方法をポジティブに評価していた。彼らはグループ形式での取り組みによって意見を共有でき，満足したと答えていた。「みんなそれぞれで考え方が違うから，同じように考えることはない。他の授業ではそのように意見を共有する機会を与え

てくれないからね」と16歳の少年は答えていた。ロールプレイ活動もまたよい評価を受けた。ある17歳の2人の少女は，以下のように語っていた。「あの演劇のようなもの（中略），あれはかなり役に立ちました。―何に役に立ちましたか？自分をよりよく表現すること（中略），打ち明けること」「それを読んで，その役割になりきって，それについて考えるんです。―あなたはその状況に入り込んだのですか？　もちろん！」

参加者たちはまた，EFEから得た結果についても述べた。ときには，ある特定の内容やテクニックを教えられたセッションについて述べることもあった。たとえば，この16歳の少女は社会的スキルセッションについて述べていた。「このクラスで，困っている友だちを助ける方法について考えたとき，わたしはそれまでアドバイスしていました。でも今はそうすべきではないことを学びました。（中略）それまでは友だちを助けようとしていたけれども，それは違ったんです。それはわたしがその人と気持ちを分かち合うことなくその人の胸の内を打ち明けさせようとするようなものです。その人の話に耳を傾けなければならないのです」。別の参加者には，怒りのマネージメントについて述べる者もいた。「それほどたくさん怒らなくなりました。（中略）自分自身をコントロールすることが何度もできるようになりました。どのようにして？　結果について考えるんです」（16歳の少年）。「もしわたしがだれかに腹を立てることがあったら，後で後悔しないように，話し始める前に考えるようになりました。そうすると，何をすべきか，その他すべてのことについて，もっと考えるようになるんです」（13歳の少女）。その他には，両親とのケンカについて話し，それに対して何をしているかを明確にする者もいた。「わたしは，思考の誤りや，自分のコントロールのしかたについてより考えるようになりました」（15歳の少女）。また，16歳の少年は，自分自身が「もう両親に対して頻繁に怒る」ことがなくなったことを述べている。

第4節　批判と今後の課題

われわれの見解では，教育者のためのEQUIPは，個人と集団の双方が正しく機能することを目的とした有力なプログラムである。それでもなお，その応用と効果性の評価に関しては批判的に見ておく必要がある。本章を結ぶにあたり，われわれはそれらのいくつかについてレビューしておく。そうすることで，プログ

第4部　認知のゆがみの最前線：ヨーロッパの動向

ラムの今後の課題を得ることができるだろう。

　まず，EFEの効果性の測定に関して言えば，プログラムが一次的予防策を目的として行われるときには，さらに別の評価方法が使用される必要があることを考慮しておくべきである（van der Meulen et al., in prep.）。たとえば，個人の認知的歪曲のレベルを測定する代わりに，思考の誤りを認識・修正する方法についての生徒たちの知識を検討することが課題である。同様に，クラス内の他の生徒たちにおける思考の誤りについて認識・修正しているか，また，どの程度の頻度でそうしているかを検討することも興味深いだろう。一方，ネガティブな行動の低減，たとえば，生徒間や両親との間で葛藤が生じた際の怒りの表出の低減は，生徒たちにプログラムのポジティブな効果があったことを示すものであるが，これを日誌法やその他の質的な研究方法で検討することが課題であろう。それによって，怒りの制御にあたってどのようなメカニズムが用いられているのかを知ることができる。また，こうした葛藤がどれくらいの頻度で生じ，どのような性質をもつのか，といったことを知ることができる。さらに，クラス内の道徳的雰囲気に及ぼす効果も検討されるべきである。

　加えて，生徒たちの思考プロセスの発達過程や介入の効果が，さらに長期間にわたって調査されるべきである。つまり，長期的調査が必要である。たとえば，「スリーパー」効果が生じ，長い期間を経た後にトレーニングの効果が目に見えるようになるかもしれない。このことは，少年犯罪者における治療プログラムEQUIPの効果を研究したLeeman et al.（1993）によって示唆されている。その研究によると，介入の直後には道徳的判断において変化がみられなかった。また，中等学校の生徒を対象としたvan der Velden et al.（2010）の研究においても同様のことが示唆されている。

　このことに関連して，プログラムに取り組む期間を延長することも望ましいといえる。10週間のカリキュラムは，教師にとってはコンパクトで扱いやすいように見える。しかし，実際には，生徒たちが学ばなければならないすべての側面を生徒たちが真に理解するためには時間が必要である。DiBiase et al.（2005）は，必要と考えられたならば追加のセッションを行ってコースを延長してもよいと提案しているが，それはセッションが不足していることを意味しているのではなく，プログラムの要素について認識できるような時間をなるべく多くした方がよいということを意味しているのである。プログラムの要素とは，たとえば，だれ

かとの葛藤状況でコミュニケーションする方法や，それによって生じた長期的な効果を熟慮することなどである。

　EFEのさまざまな要素（たとえば，思考の誤りの修正，集団圧力への対処）は仲間による被害の予防にあたって有力と考えられるが，このプログラムは，現状，われわれの見解では，13～14歳未満の生徒には不適切と考えられている。よりひどいいじめを経験するより若年の生徒にもEFEを対応させる方法や，より具体的ないじめの介入プログラムに従来のプログラムの要素を組み込む方法について検討することが課題である。

　EFEがオリジナルで意図していたことをどの程度反映して実施するかによって，その効果性は左右されるだろう（Brugman & Gibbs, 2010）。Helmond et al. (2010; Brugman & Gibbs, 2010によって引用）は，プログラムの完全性を評価する以下の5つの指標がEQUIPプログラムに応用可能であると述べている。①経験度（exposure：実施されたミーティングの数，期間，頻度），②順守度（adherence：プログラムの要素が意図されていたとおりに実行された程度），③伝達の質（quality of delivery：指定されたとおりのテクニック，実施過程や手続きの使用），④参加者の応答性（participant responsiveness），そして，⑤プログラムの分化度（program differentiation：効果性に必要とされるプログラムの重要な特徴が特定された程度）の5指標である。EFEプログラムの特徴として，ポジティブな役割モデルなどさまざまな生徒を含む生徒集団で行うといったものや，自分自身の問題に向き合わざるを得なくなってくるといったものがあげられる。先述したように，われわれは，生徒たちが実際の問題状況を分析することが重要だと考えている。そうすることで，生徒たちがプログラムで学んだことと自分たちの日常生活とを結びつけることができるようになるからである。したがって，このことは，プログラムの分化度に関連して―生徒たちが自分自身の問題に直面することで―，プログラムの完全性を高めることにつながる。しかし，このことは経験度の側面にはネガティブな影響を与えるかもしれない。集団でそのような問題の分析を行うと，その日に計画されていたセッションを中断しなければならない可能性があるからである（そして，追加セッションを実施することが常に可能であるとは限らない）。しかしながら，そうした問題を扱わないことはプログラムの目標に反すると考えられる。このような問題を無視すれば，生徒たちは「プログラムではこのような問題を扱えないのだ」とみなしてしまうことにな

るだろう（van der Meulen et al., in prep.）。

　要約すると，われわれは，EFEの質をよりよく理解できるように，効果性研究を実践可能な方向に修正していく必要があると考えている。EFEは，中等学校の教師によって使用されることで，生徒たちの健康な個人的・社会的発達をうながす可能性を十分に秘めているものといえる。

第12章

中学校と矯正施設における青年の認知のゆがみの増加，予防，軽減

第1節　はじめに

　Barriga et al.(2001a)によれば，道徳認知は外在化問題行動を予測する。この研究では，道徳認知は道徳推論コンピテンスや道徳アイデンティティ，自己奉仕的な認知的歪曲から構成されている。道徳推論コンピテンス(moral reasoning competence)とは，測定時点において個人が道徳推論を行うことのできる発達の最高段階をさす(Colby & Kohlberg, 1987)。道徳推論コンピテンスと外在化問題行動の関連性は弱いことが，一般的に示されている(Nelson et al., 1990)。外在化問題行動とは，重要な道徳規範や社会規範から逸脱することで，直接的，もしくは間接的に他者に危害を加える外的行動と定義され，攻撃行動や非行が例としてあげられる(たとえば，Barriga et al., 2001b)。しかし，50編の研究を対象とした近年のメタ分析では，服役中の非行少年とそうでない子どもの道徳推論の高低には，かなり大きな違いがあった(Stams et al., 2006)。個々の実証研究において道徳推論コンピテンスと外在化問題行動の関連性が弱い理由は，道徳推論コンピテンスという概念が非常に抽象的であり，仮想的な状況で測定され，現在の達成度をさしているためと考えられる。一方で，外在化問題行動は，非常に具体的な概念であり，過去の現実世界における行動をさしている。それゆえ，道徳推論コンピテンスと(非)道徳行為との間にある隔たりを埋めるため，媒介変数が導入される。多くの概念のなかでも，道徳アイデンティティと自己奉仕的な認知的歪曲が，こうした隔たりを埋めるものとして提案されている(たとえば，Kuther & Higgins-d'Alessandro, 2000)。

　道徳アイデンティティ(moral identity)とは，自己定義における道徳的な特

性の中心性をさしている。この定義は，道徳的自己が道徳動機づけの源泉である，ということを示したBlasi（1983）によって提案されている。Blasiによれば，個人は，自己が道徳的な義務と密接に構造化されている程度のなかで道徳アイデンティティをもっているとされる。より一般的な表現を用いると，道徳行為は，個人が社会的出来事の重要性をどのくらい道徳という観点から知覚しているかどうかに，少なくとも部分的には規定されるであろう。道徳的であることが，個人の本来の自己としての感覚の最も深いレベルで中心に位置する場合に，こうした道徳への注目や道徳的な解釈がなされるのである。反対に，社会的出来事における道徳的な重要さを認識できないことは（道徳性が自己スキーマと関連していないがために），反社会的行動へと駆り立てる誘惑や衝動を抑制する道徳認知プロセスの活性化を阻害する可能性がある。

認知的歪曲とは，社会的経験に対する不正確な，もしくはかたよった知覚や解釈である（Barriga et al., 2001b; Sykes & Matza, 1957）。外在化問題行動と関連する認知的歪曲は，自己奉仕的とよばれている一方で，内在化問題行動と関連する認知的歪曲は，自己卑下的とよばれている。自己奉仕的な認知的歪曲（self-serving cognitive distortions）は，外在化問題行動をうながしたり維持したりするが，自己卑下的な認知的歪曲は内在化問題行動をうながす（Barriga et al., 2008）。

多くの社会科学者は，非行とは学習されたものであり，非行少年がそうでない子どもと同様の重要な社会的・道徳的価値を共有しているという見解を受け入れている。したがって，みずからの行動を自分自身や他者に許容されるものにするために，非行少年は自己奉仕的な認知的歪曲を必要とする。この前提は，非行少年がそうでない子どもと同じ価値を共有しておらず，異なった価値を共有している，もしくは社会の伝統となっている道徳的価値を完全に敵対視している，と考える他の社会科学者が支持する前提とは対照的である。現在，非行少年の認知的歪曲は最も注目されている[★1]。

★1 非行少年とそうでない子どもの特徴が，異なった行動（非行少年 対 一般少年）につながるさまざまな価値をもっていることにあるのか，それとも非行少年とそうでない子どもは同じ価値を共有しているものの，非行少年は異なった行動（非行少年 対 一般少年）につながるより強い認知的歪曲を示しているのかという疑問に答えようとする研究は，われわれの知る限り見当たらないという限界がある（Beerthuizen & Brugman, 2013）。

Barriga et al.（2001a）は，自己中心性（他者の見方や欲求にはほとんど配慮せずに自分自身の見方や欲求を重要視すること），責任の外在化（外的な原因に責任を誤って帰属すること），過小評価／誤ったラベリング（反社会的行動を実際の危害を招いていないもの，あるいは許容できるものとして記述すること），最悪の仮定（根拠もなしに他者に対して敵意的な意図を帰属すること），という自己奉仕的な認知的歪曲の4類型を作成している。機能の上では，一次性の自己奉仕的な認知的歪曲（自己中心性）と，残りの3つからなる二次性の自己奉仕的な認知的歪曲（責任の外在化，過小評価／誤ったラベリング，最悪の仮定）との間で区別されている。一次性の自己奉仕的な認知的歪曲は反社会的行動を行う可能性を増大させる。二次性の自己奉仕的な認知的歪曲は，一次性の自己奉仕的な認知的歪曲を支持するものであり，自分自身の反社会的行動によって自己概念が傷つくことを予防するため，被害者に対する潜在的な罪悪感や共感を消し去る働きをもつ。

第2節　オランダ人青年における自己奉仕的な認知的歪曲の増加：性別，教育水準，民族的背景の影響

　複数の研究に基づき，12～18歳の少年2,219名（男性1,254名，女性965名）からなるデータセットが構成された（Brugman et al., 2011）。さまざまな教育水準にある一般の中学校26校（初等専門，中等専門，高等一般，大学準備を含む中等教育）から，合計1,961名（男性1,011名，女性950名；平均14.21歳，SD = 1.26）の青年が分析対象となった。後述するように，かなりの割合で非行経験があるものの，本章ではこれらの青年を一般少年とよぶ。また，オランダの4つの少年収容施設で生活する合計258名（男性243名，女性15名；平均15.69歳，SD = 1.29）の青年も分析対象となった。How I Think（HIT）Questionnaireが，非行少年に対しては個別に，一般少年に対しては教室で一斉に実施された。2つのサンプルの間で人口統計学的特性が異なっているため，年齢，性別，教育水準，民族的背景の影響が検討された。一般少年群と非行少年群のどちらにおいても，年齢はHIT質問紙の得点と関連していなかった。しかし，共変量として反応傾向の尺度（真の特異反応得点）を統制しても，性別，教育水準（低―高），民族的背景は，一般少年群の自己奉仕的な認知的歪曲と関連していた。予測通り，男子は女子よりも，教育水準の低い青年は教育水準の高い青年よりも，そして，少数

派集団の青年は両方の親がオランダの民族的背景をもった主流派集団の青年よりも，自己奉仕的な認知的歪曲の程度が高かった。しかし，後者の民族的背景の影響は非常に小さく，交互作用効果はみられなかった。

　服役中の非行少年と，一般少年における自己奉仕的な認知的歪曲の程度を比較するため，同じ（低）教育水準にある男子だけが分析対象に含まれた。さらに一般少年群を，非行経験が比較的多い少年と，非行経験がまったくない，もしくは非常に少ない少年に平均値で2分割した。オランダの全国調査では，15歳の少年のおよそ45％に非行経験があったことから（Kruissink & Essers, 2004），この2分割はほぼ妥当と考えられる。一般少年群のなかで非行経験の少なかった少年のみに限定すると，自己奉仕的な認知的歪曲の群間差は有意となり，中程度の効果量がみられた（$F(2, 648) = 29.58, p < .001; \eta_p^2 = .08$）。服役中の非行少年群と非行経験の多い一般少年群はいずれも，非行経験の少ない一般少年群よりも，自己奉仕的な認知的歪曲を高い程度で示していた（それぞれ，服役中の非行少年群 $M = 2.85, SD = 0.75$；一般少年高群 $M = 2.93, SD = 0.65$；一般少年低群 $M = 2.45, SD = 0.65$）。3つの群間で比較すると（Bonferroni 法），服役中の非行少年と非行経験の多い在学中の少年との間に差はみられなかったものの，どちらの群にも共通して，非行経験の少ない少年よりも自己奉仕的な認知的歪曲を高い程度で示していた。この結果は，教育水準の低い中学校に通う男子ほど自己奉仕的な認知的歪曲を高い程度で示す，という Nas et al.（2008）や Van der Velden et al.（2010a）による先行研究の知見と一貫している。アメリカやオランダの標準に基づけば，服役中の非行少年群と非行経験の多い対照群の平均得点は，境界例―臨床群の範囲に含まれる。これは，上記の青年には外在化問題行動を減らすためのそれぞれ効果的な介入プログラム，もしくは予防プログラムが必要である，というわれわれのこれまでの結論（たとえば，van der Velden et al., 2010a）を裏づけるものだろう。別の研究（たとえば，Høst et al., 1998）では，このような児童・生徒の多くは学校の道徳的雰囲気をより低く認知しており，そうした子どもの道徳推論コンピテンスは低い発達水準にあることが示されている。ここまでの議論をまとめると，同じ性別や教育水準，民族的背景をもった集団と比べた場合，自己奉仕的な認知的歪曲は，服役中の非行少年における自己報告による非行，および公式に記録された非行とかなり強い関連がある。

第3節　自己奉仕的な認知的歪曲と外在化問題行動との因果関係

　次に，自己奉仕的な認知的歪曲と外在化問題行動との因果関係について考えてみよう。こうしたゆがんだ認知が行動に影響するのか，行動が認知に影響するのか，それとも両者は双方向に影響し合っているのか。理論的には（Barriga et al., 2001a），道徳認知は行動を駆動して持続させるものである。しかし驚くべきことに，この疑問を解決するために，HIT質問紙や他の類似した質問紙を用いた研究はほとんどなされていない。Barriga et al.（2001a）は，道徳認知と外在化問題行動との関連性について1つのモデルを提唱した。彼らは，大学生の横断データを用いて，道徳推論と外在化問題行動との関連性が自己奉仕的な認知的歪曲に媒介されることを提案した。また彼らは，道徳アイデンティティと外在化問題行動との関連性が，自己奉仕的な認知的歪曲によって部分的に媒介されることも提案した。道徳推論と道徳アイデンティティとの関連は認められなかった。横断的なデータのため媒介過程と因果関係が交絡しており，Barriga et al.（2001a）によって提示されたモデルは，純粋に理論的なものにすぎない。統計的な観点からは，他のモデルも同じくらいデータに対するあてはまりのよさを示している。たとえば，認知的歪曲に関するモデルは，Barriga et al.（2001a）により提案されたモデルにあるように媒介（内生）変数だけでなく，独立（外生）変数としても統計的には同等にあてはまるだろう。図12-1と図12-2に，オランダ人の青年期初期のサンプルを用いたこれらの関連パターンを示す。

　図12-1に示した結果によれば，外在化問題行動の説明力はおもに自己奉仕的な認知的歪曲によって規定されている。道徳推論と道徳アイデンティティは，青年期初期の外在化問題行動の説明において，自己奉仕的な認知的歪曲の予測力をほとんど強めていない。この結果は，図12-1に示されたモデルに含まれている各変数に対して，再生的測定法と再認的測定法を用いた多特性多方法行列（multitrait-multimethod: MTMM）[2]による研究でも再現された。外在化問題行動に対する道徳認知の予測力は大幅に増加したものの，この効果は自己奉仕的な認知的歪曲とは独立にみられた（Brugman, 2011）。

★2（訳注）　複数の特性や構成概念（たとえば，道徳推論，道徳アイデンティティ，認知的歪曲）を，複数の方法（たとえば，再生的測定法，再認的測定法）によって測定したデータに基づく分析手法をさす。尺度の妥当性を検討するための方法として，心理学研究ではよく用いられる（久保・豊田，2013; 豊田，2000）。

第4部　認知のゆがみの最前線：ヨーロッパの動向

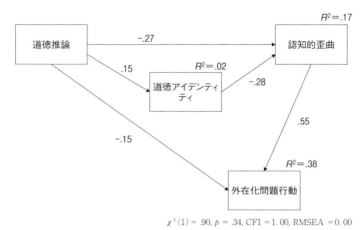

$\chi^2(1) = .90, p = .34, \text{CFI} = 1.00, \text{RMSEA} = 0.00$

◐図12-1　青年期における道徳認知と外在化問題行動についてのBarriga et al. (2001a) によるパス解析モデルの一部（$N=163$）；有意なパスのみ記載。

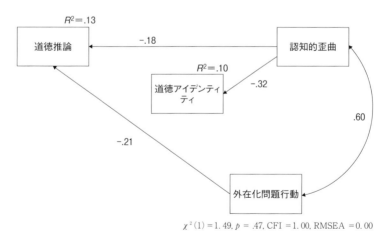

$\chi^2(1) = 1.49, p = .47, \text{CFI} = 1.00, \text{RMSEA} = 0.00$

◐図12-2　青年期における道徳認知と外在化問題行動に関する代替パス解析モデル（$N=163$）；有意なパスのみ記載。

これ以降では，上述したモデルが実証的に支持されるかどうかを検討するために欠かせない，縦断研究や実験研究についてふれる。

1．自己奉仕的な認知的歪曲と外在化問題行動との関連性をめぐる縦断研究に基づいた知見

　van der Velden et al.（2010b）は，青年期初期における自己奉仕的な認知的歪曲をはじめとした道徳認知と，自己報告による外在化問題行動との関連性をめぐる4か月にわたる縦断研究を報告している。その結果，女子においては自己奉仕的な認知的歪曲と外在化問題行動との双方向の影響がみられた一方で，男子ではBarriga et al. のモデルに基づく予測とは逆に，外在化問題行動が自己奉仕的な認知的歪曲に影響するという単方向の影響が示されている。Wildeboer（2011）は，児童期中期にある臨床群と対照群の子どもを対象に，自己奉仕的な認知的歪曲と自己報告による1年後の外在化問題行動との関連性を検討した。その結果，外在化問題行動が道徳認知に与える時系列的影響は，逆の因果よりも強く認められている。すなわち，Piaget（1932）によってすでに示唆されているように，非認知的な学習・発達プロセスが認知的な学習・発達プロセスの土台となっていると考えられる。ただし，これらの知見は児童期や青年期初期の子どもについて言及したものである。道徳認知をより高いレベルで成熟させている青年期後期の子ども（たとえば，Barriga et al., 2001a によって検討された大学生）では，（リスクをもった）青年期初期や青年期中期の若者よりも，自己奉仕的な認知的歪曲をはじめとした道徳認知と外在化問題行動との関連性は，より双方向的になると考えられる。van der Velden et al.（2010b）によって報告された，女子における自己奉仕的な認知的歪曲と外在化問題行動との双方向の影響は，このパターンと一致している。以上の議論をまとめると，道徳認知が外在化問題行動に影響するというBarriga et al.（2001a）によって提案されたモデルは，児童や青年における自己奉仕的な認知的歪曲と外在化問題行動との発達的な関連性に対して，適切な説明を提供しているとはいえないだろう。

2．発達モデルと教育モデルとの比較に基づいた知見

　道徳認知と外在化問題行動との関連性について，われわれは，発達モデルと教育モデルを区別することを提案している。上述した縦断的な関連性は，通常の発

達過程を記述している。発達的な観点からは，とくに児童期や青年期初期から中期にかけては，行動が認知を規定するというのは妥当と考えられる。仲間集団の文脈では，これらの発達段階における模倣プロセスと同一化プロセスが行動を形成し，認知は，主としてこの2つのプロセスの結果を表していると考えられる。青年期後期においては，因果関係は双方向となる（たとえば，Raaijmakers et al., 2005）。

　一方で教育モデルは，非行少年やリスクをもった青年における自己奉仕的な認知的歪曲の増加を抑えることが外在化問題行動を予防・軽減するための効果的な方法である，という前提に立つ。行動方略が十分に訓練され自動化されていれば，認知が行動に影響するという発達モデルとは逆の関連性が生じる可能性もある。そして，認知は新たに学習した行動を維持し方向づける役割を担う。認知行動プログラムは，外在化問題行動の軽減に比較的成功しやすいことが示されている（Hollin & Palmer, 2009; Landenberger & Lipsey, 2005; Wilson & Lipsey, 2007）。外在化問題行動を軽減するための2つの認知行動訓練プログラムである攻撃性置換訓練（aggression replacement training: ART）とEQUIPは，自己奉仕的な認知的歪曲の増加傾向の抑制と，それによる外在化問題行動の軽減につながる認知の再構成を目的としている。いずれのプログラムにも，怒りのマネージメントや自己奉仕的な認知的歪曲，社会的スキル，社会的意思決定（たとえば，道徳教育）に関するそれぞれ10回の講義が含まれている。

　道徳認知と外在化問題行動との関連性について，教育モデルが発達モデルとは異なる因果を仮定するならば，教育的介入によって道徳認知と外在化問題行動との因果関係が逆転するというさらなる前提が，教育モデルには必要となる。たとえば，発達モデルでは，外在化問題行動が道徳認知につながるが，教育モデルでは，道徳認知の改善が外在化問題行動の軽減につながる。当然ながら，日常の現実においては，認知に基づいた学習モデルは他の学習モデルと対立せざるを得ない。こうした異なった学習モデル間の対立をふまえると，異なる目標に関連した無意識の模倣プロセスを刺激する可能性もある仲間集団での認知行動プログラムを用いる際には，潜在的な医原性効果★3を認識しておかなければならないといえよう。たとえば，反社会性をもった少年に対して監督者を置かない仲間集団プログラムを実施することは，外在化問題行動を軽減するどころか，強化してしまうことが知られている（たとえば，Poulin et al., 2001）。

★3（訳注）　医療行為が原因で生じる疾患。この場合，教育的介入が，自己奉仕的な認知的歪曲などの道徳認知をむしろ悪化させることをさす。

3．自己奉仕的な認知的歪曲を軽減するための認知行動プログラム

　EQUIP とは，北アメリカやヨーロッパ，オーストラリアにおけるさまざまな（少年）矯正施設や教育施設で用いられている認知行動プログラムである。オランダでは，基礎的な教育方法の一環として，すべての少年矯正施設で EQUIP が全国的に実施されている（Dienst Justitiële Inrichtingen, 2010）。EQUIP は，仲間支援アプローチと認知行動療法を組み合わせ，個人の自己奉仕的な認知的歪曲の軽減，社会的スキルの改善，道徳発達の促進によって外在化問題行動を抑えることを目的としている。このプログラムは，ポジティブな仲間文化をもった6〜8名からなる集団状況のなかで，互いにサポートし合うことを動機づけたり教えたりすることをめざしている（Gibbs et al., 1995; Potter et al., 2001）。

　プログラムとしては，服役中の非行少年に対する介入プログラム版（Gibbs et al., 1995）と，外在化問題行動をしたことのある一般少年に対する予防プログラム版（DiBiase et al., 2005）の2つのバージョンを使用できる。どちらのバージョンのプログラムにも，30回の勉強会が含まれている。勉強会は，怒りのマネージメント，社会的スキル，社会的意思決定（たとえば，道徳教育）という3つの要素から構成されている。これらの各要素が10回の勉強会で取り上げられる。それぞれの勉強会で，1つの講義計画が使用できるようになっている。EQUIP プログラム介入版の通常の実施では，週5日のなかで勉強会3回と，いわゆる相互支援会3回を行う必要がある。2日で勉強会が3回実施され，社会的スキル・トレーニングもこの2日間にかけて行われる。さらに，ある1日には怒りのマネージメントの講義が行われ，別の1日では社会的意思決定の講義が行われる。

　非行少年は相互支援会に加えて勉強会にも出席する。少年たちに対して，互いにサポートし合うこと（すなわち，仲間支援の要素）を動機づけるため，プログラムはまず相互支援会から始まる。続いて，ポジティブな仲間集団文化が形成されたら，ある参加者の問題解決をサポートすることで，参加者たちは相互支援会で練習したサポートのスキルを勉強会で学習する。反映的情報（retroflexive reformation）とよばれるプロセスにより，他者をサポートすることで，参加者

たちは自分自身もサポートすることになるのである。

　非行少年に対するEQUIPプログラム介入版では相互支援会も行われるが，予防版は勉強会だけで構成されている。そのため，少年の外在化問題行動に対して，介入版は予防版よりも強力である。勉強会のディスカッションにおいて焦点となる逸脱行為も，予防版では，介入版よりも重篤ではないものとなっている。仲間集団場面と教室場面といった実施状況の点でも，重要な違いがみられる。

4．実験研究：EQUIPプログラムが自己奉仕的な認知的歪曲と外在化問題行動に与える影響

　オランダの最近の研究では，3か月にわたるEQUIPプログラムへの参加が，服役中の男子の自己奉仕的な認知的歪曲や社会的情報処理，非行への態度にポジティブな影響を与えることが報告された（Brugman & Bink, 2011; Nas et al., 2005）。これらの研究では，道徳推論コンピテンス，社会的スキル，常習的な犯罪行為に対しては，EQUIPの効果がみられなかった。2〜3回の勉強会と，ときおり1回の相互支援会があるだけで，プログラムは週3回しか開かれておらず，EQUIPプログラムが完全に実施されていたわけではなかった。

　EQUIPプログラムに参加する非行少年の自己奉仕的な認知的歪曲の軽減は，再犯までの期間，非行行為数やその深刻さを低減することはなかったが，EQUIP参加者群では介入後に測定された自己中心性と再犯までの期間とに関連がみられた。EQUIP参加者群では，自己中心性が最も低減しており，結果としてその得点の分散は大きな値を示した。この群では，介入後の自己中心性の程度（ほとんどは釈放の直前に測定）が，再犯までの期間を予測していた。自己中心性の高い青年が逮捕されるまでの平均日数は313日であった一方で，自己中心性の低い青年における上記の平均日数は717日であった（Brugman & Bink, 2011）。この場合，自己中心性が非行の予測因となっていることに注目すべきだろう。

　van der Velden et al.（2010a）は，リスクをもった中学生に対するEQUIPプログラム予防版（DiBiase et al., 2005）の影響を検討した。この研究には，9校の中学生764名が参加した。Nas et al.（2005）による報告と比較できるものであったが，その効果はあまり強くなく，行動変容はそれほど起きていなかった。

　アメリカにおいて，服役中の非行少年を対象とした研究で報告されたEQUIPプログラムの効果は，行動変容に対してより強いものであった。Leeman et al.（1993）は再犯性に対する大きな効果を示した。ただし，20年経過した現在でも，この知見はいまだ再現されていないことには留意すべきであろう。Liau et al.（2004）は，EQUIP プログラムの参加者のうち，女性には行動変容がみられるものの，男性にはみられないことを報告した。

第4節　考察

　本章の結論は以下の通りである。第1に，道徳認知と外在化問題行動との実証的な関連性が確認された。服役中の非行少年，および非行経験のある一般少年は，非行経験のない一般少年よりも高い自己奉仕的な認知的歪曲を示していた。MTMM を用いた研究結果からも，道徳認知と外在化問題行動との関連性の強さは，この分野において過小に見積もられていることが示された。

　第2に，外在化問題行動に対する自己奉仕的な認知的歪曲の説明力は，道徳推論といった他の道徳認知を投入してもそれほど改善しなかった。Barriga et al.（2001a）による最初の研究では，道徳推論コンピテンスと反社会的行動との関連性は，統計的な有意性さえ認められなかった。われわれによる横断研究においては，道徳推論コンピテンスと外在化問題行動との関連性が統計的には有意であったものの，外在化問題行動の分散説明率の増加量は少なかった。道徳アイデンティティと外在化問題行動との直接の関連性はみられなかった。おそらく，これらの関連性はより成熟した年齢群で強くなるのだろう。

　第3に，道徳認知もしくは道徳評価と，外在化問題行動との縦断的な関連性は認められなかった。Raaijmakers et al.（2005）が，縦断研究において道徳推論と外在化問題行動との弱い双方向の因果関係を報告したように，上述した結果の理由は，道徳推論コンピテンスを測定するために用いた尺度によるところがあるかもしれない。しかし，先行研究では，本研究よりも年齢の高い青年を対象として検討されていることも考慮すべきと考えられる。

　第4に，縦断研究を行った結果，外在化問題行動が自己奉仕的な認知的歪曲に対して与える影響は，逆の因果よりも強いことが示された。この知見と上述した結果は，児童や青年の道徳認知が行動に影響するという理論仮説を支持するものではない。外在化問題行動が自己奉仕的な認知的歪曲に及ぼす影響は，逆の因果よりも強力なのである。

第5に，非行少年やリスクをもった青年期初期の子どもを対象としたEQUIPプログラムによる実験研究を行った結果，自己奉仕的な認知的歪曲は軽減するものの，道徳推論は改善しないことが示された。さらに，古くはKohlberg（1985）自身も結論づけていたように，プログラムは（非行経験のない）青年の道徳推論を高めたものの，青年の行動を変容するまでにはいたらなかった。服役中の非行少年にみられる道徳推論の低さ（Stams et al., 2006）は，発達遅滞として理解されている。このことは，道徳推論の向上が行動変容にとって不可欠であることを示唆している。しかし，EQUIPプログラムの道徳推論トレーニングを受けても，非行少年の道徳推論は改善せず，道徳推論と非行との関連性が自己奉仕的な認知的歪曲によって完全に媒介されるとすれば，実証的な観点からはEQUIPプログラムによる予防・介入に道徳推論の要素を含めることには疑問の余地が残ってしまう。幸いにも，EQUIPにおける道徳推論だけでなく道徳的意思決定の要素も，道徳の価値をどのくらい重要視するかという道徳価値の評価を含んでいる。道徳価値の評価は外在化問題行動との負の関連が報告されている（Beerthuizen et al., 2013）。EQUIPプログラムにおける道徳の要素でとくに強調されているのは，正しい意思決定である。参加者が正しい意思決定に「気づいた」とき，正しいかどうかという議論においてはその理由が重視される。正しい意思決定を学習することで，参加者は道徳価値をより重要視することを無意識的に学習している。最近の研究では，EQUIPプログラムは，服役中の非行少年における道徳価値の評価がさらに低減することの予防に役立つことが示された（Helmond et al., 2012）。ここでの問題は，道徳価値の評価と外在化問題行動との関連性もまた，自己奉仕的な認知的歪曲によって完全に媒介されることである。

　第6に，EQUIPプログラムに参加し，少年収容施設から釈放されるときに測定された青年の自己奉仕的な認知的歪曲の程度は，再犯までの期間を予測していた。EQUIPが自己奉仕的な認知的歪曲に及ぼす影響や，EQUIPが再犯までの期間に与える予測力，自己奉仕的な認知的歪曲と外在化問題行動との関連がほとんどみられなかったことなどは，EQUIPプログラムの講義の構成に疑問符を投げかけるものである。プログラムにおける全講義数についても，要素ごとの講義数についても，実証的な根拠があるわけではない。外在化問題行動に対しては，道徳推論や道徳アイデンティティよりも自己奉仕的な認知的歪曲が重要であることから，自己奉仕的な認知的歪曲の軽減をさらにうながすような講義数の増加が推

奨されるだろう。

　これらすべての知見は，HIT質問紙を用いた自己奉仕的な認知的歪曲の測定が妥当であることを支持している。ここで重要なのは，自己奉仕的な認知的歪曲と外在化問題行動との関連性が，発達モデルと教育モデルで異なることだろう。発達モデルでは，（少なくとも男子の）外在化問題行動が自己奉仕的な認知的歪曲に先行する一方で，教育モデルでは，（男子の）自己奉仕的な認知的歪曲は外在化問題行動に先行している。介入によって自己奉仕的な認知的歪曲と外在化問題行動との因果の方向性を変化させることは，可能であると考えられている。認知スキルの強化は行動制御を改善することが示されているので，こうした2つのモデルの差異に注目することは重要と考えられる。自己奉仕的な認知的歪曲から外在化問題行動への影響は，外在化問題行動から自己奉仕的な認知的歪曲への影響よりも成熟した発達段階をモデル化している。このことは，矯正施設から釈放された後にもとの社会環境にもどると，発達モデルが，教育モデルに代わって機能するかもしれないという警鐘（Hoffman, 2000）をも意味している。

文　献

●序章

Barriga, A. Q., & Gibbs, J. C. (1996). Measuring cognitive distortion in antisocial youth: Development and preliminary validation of the "How I Think" questionnaire. *Aggressive Behavior*, **22**, 333-343.

Crick, N. R., & Dodge, K. A. (1994). A review and reformulation of social information-processing mechanisms in children's social adjustment. *Psychological Bulletin*, **115**, 74-101.

Gardner, H. E. (1987). *The mind's new science: A history of the cognitive revolution.* New York: Basic Books. 佐伯　胖・海保博之（監訳）認知革命―知の科学の誕生と展開―　産業図書

濱口佳和・新井邦二郎（1992）．児童の社会的情報処理と行動との関連についての研究―仲間による挑発場面をめぐって―　筑波大学心理学研究, **14**, 107-119.

坂井明子・山崎勝之（2004）．小学生における3タイプの攻撃性が攻撃反応の評価および結果予期に及ぼす影響　教育心理学研究, **52**, 298-309.

Taylor, S. E. (1976). Developing a cognitive social psychology. In J. S. Carroll & J. W. Payne (Eds.), *Cognition and social behavior.* Oxford, UK: Lawrence Erlbaum. pp.69-77.

碓井真史（2008）．誰でもいいから殺したかった！　ベストセラーズ

●第1章

Anderson, C. A., & Bushman, B. J. (2002). Human aggression. *Annual Review of Psychology*, **53**, 27-51.

Arsenio, W. F., & Lemerise, E. A. (2004). Aggression and moral development: Integrating social information processing and moral domain models. *Child Development*, **75**, 987-1002.

Arsenio, W. F., & Lemerise, E. A. (2010). *Emotions, aggression, and morality in children: Bridging development and psychopathology.* Washington, DC: APA Press.

Bandura, A. (1983). Psychological mechanisms of aggression. In R. G. Geen & E. I. Donnerstein (Eds.), *Aggression: Theoretical and empirical reviews.* Vol. 1. New York: Academic Press. pp. 1-40.

Bandura, A., Barbaranelli, C., Caprara, G. V., & Pastorelli, C. (1996). Mechanisms of moral disengagement in the exercise of moral agency. *Journal of Personality and Social Psychology*, **71**, 364-374.

Bandura, A., Caprara, G. V., Barbaranelli, C., Pastorelli, C., & Regalia, C. (2001). Sociocognitive self-regulatory mechanisms governing transgressive behavior. *Journal of Personality and Social Psychology*, **80**, 125-135.

Berkowitz, L. (1989). Frustration-aggression hypothesis: Examination and reformulation. *Psychological Bulletin*, **106**, 59-73.

Berkowitz, L. (1993). *Aggression: Its causes, consequences, and control.* New York: McGraw-Hill.

Berkowitz, L., & LePage, A. (1967). Weapons as aggression-eliciting stimuli. *Journal of Personality and Social Psychology*, **7**, 202-207.

Carlson, M., Marcus-Newhall, A., & Miller, N. (1990). Effects of situational aggression cues: A quantitative review. *Journal of Personality and Social Psychology*, **58**, 622-633.

Castellanos, F. X., Giedd, J. N., Berquin, P. C., Walter, J. M., Sharp, W., Tran, T., Vaituzis, A. C., Blumenthal, J. D., Nelson, J., Bastain, T. M., Zijdenbos, A., Evans, A. C., & Rapoport, J. L. (2001). Quantitative brain magnetic resonance imaging in girls with attention-deficit/hyperactivity disorder. *Archives of General Psychiatry*, **58**, 289-295.

Cohen, A. K. (1966). *Deviance and control.* Englewood Cliffs, NJ: Prentice-Hall. 宮沢洋子（訳）(1968). 逸脱と統制 至誠堂

Crick, N. R., & Dodge, K. A. (1994). A review and reformulation of social information-processing mechanisms in children's social adjustment. *Psychological Bulletin*, **115**, 74-101.

Day, R., & Wong, S. (1996). Anomalous perceptual asymmetries for negative emotional stimuli in the psychopath. *Journal of Abnormal Psychology*, **105**, 648-652.

Dollard, J., Doob, L. W., Miller, N. E., Mowrer, O. H., Sears, R. R., Ford, C. S., Hovland, C. I., & Sollenberger, R. T. (1939). *Frustration and aggression.* New Haven, CT: Yale University Press. 宇津木 保（訳）(1959). 欲求不満と暴力 誠信書房

Durkheim, É. (1895). *Les règles de la méthode sociologique.* Paris: Alcan. 佐々木交賢（訳）(1979). 社会学的方法の規準 学文社

Fisher, L., & Blair, R. J. R. (1998). Cognitive impairment and its relationship to psychopathic tendencies in children with emotional and behavioral difficulties. *Journal of Abnormal Child Psychology*, **26**, 511-519.

Freud, S. (1920). *Beyond the pleasure principle.* New York: Bantam Books. 中山 元（訳）(1996). 自我論集 筑摩書房

Geen, R. G. (1998). Aggression and antisocial behavior. In D. T. Gilbert, S. T. Fiske, & G. Lindzey (Eds.), *The handbook of social psychology.* Vol. 2. 4th ed. Boston: McGraw Hill. pp.317-356.

Giancola, P. R. (1995). Evidence for dorsolateral and orbital prefrontal cortical involvement in the expression of aggressive behavior. *Aggressive Behavior*, **21**, 431-450.

Giancola, P. R., Mezzich, A. C., & Tarter, R. E. (1998a). Disruptive, delinquent and aggressive behavior in female adolescents with a psychoactive substance use disorder: Relation to executive cognitive functioning. *Journal of Studies on Alcohol*, **59**, 560-567.

Giancola, P. R., Mezzich, A. C., & Tarter, R. E. (1998b). Executive cognitive functioning, temperament, and antisocial behavior in conduct-disordered adolescent females. *Journal of Abnormal Psychology*, **107**, 629-641.

Giancola, P. R., Moss, H. B., Martin, C. S., Kirisci, L., & Tarter, R. E. (1996). Executive cognitive functioning predicts reactive aggression in boys at high risk for substance abuse: A prospective study. *Alcoholism: Clinical and Experimental Research*, **20**, 740-744.

Gibbs, J. C., Barriga, A. Q., & Potter, G. B. (2001). *How I Think (HIT) Questionnaire and How I Think (HIT) Questionnaire manual.* Champaign, IL: Research Press.

Gibbs, J. C., Potter, G. B., & Goldstein, A. P. (1995). *The EQUIP program: Teaching youth to think and act responsibly through a peer-helping approach.* Champaign, IL: Research Press.

Glaser, D. (1956). Criminality theories and behavioral images. *American Journal of Sociology*, **61**, 433-444.

文　　献

Hirschi, T. (1969). *Causes of delinquency*. Berkeley, CA: University of California Press.　森田洋司・清水新二（監訳）（1995）. 非行の原因―家庭・学校・社会へのつながりを求めて―　文化書房博文社

Huesmann, L. R. (1998). The role of social information processing and cognitive schema in the acquisition and maintenance of habitual aggressive behavior. In R. G. Geen & E. I. Donnerstein (Eds.), *Human aggression: Theories, research, and implications for social policy*. San Diego, CA: Academic Press. pp.73-109.

Huesmann, L. R., & Guerra, N. G. (1997). Children's normative beliefs about aggression and aggressive behavior. *Journal of Personality and Social Psychology*, **72**, 408-419.

Lemerise, E. A., & Arsenio, W. F. (2000). An integrated model of emotion processes and cognition in social information processing. *Child Development*, **71**, 107-118.

Louth, S. M., Williamson, S., Alpert, M., Pouget, E. R., & Hare, R. D. (1998). Acoustic distinctions in the speech of male psychopaths. *Journal of Psycholinguistic Research*, **27**, 375-384.

Matza, D. (1964). *Delinquency and drift*. New York: John Wiley & Sons.　非行理論研究会（訳）（1986）. 漂流する少年　成文堂

Mitchell, J., Dodder, R. A., & Norris, T. D. (1990). Neutralization and delinquency: A comparison by sex and ethnicity. *Adolescence*, **25**, 487-497.

Moffitt, T. E. (1990). The neuropsychology of juvenile delinquency: A critical review. In M. Tonry & N. Morris (Eds.), *Crime and justice: A review of research*. Vol.12. Chicago: University of Chicago Press. pp.99-169.

Moffitt, T. E., & Lynam, D. R. (1994). The neuropsychology of conduct disorder and delinquency: Implications for understanding antisocial behavior. In D. Fowles, P. Sutker, & S. Goodman (Eds.), *Progress in experimental personality and psychopathology research*. New York: Splinger-Verlag. pp.233-262.

中川知宏・仲本尚史・山入端津由・大渕憲一（2007）. 集団同一化と集団志向性が集団非行に及ぼす影響――般群と非行群との比較―　応用心理学研究, **32**, 61-72.

Oosterlaan, J., Logan, G. D., & Sergeant, J. A. (1998). Response inhibition in AD/HD, CD, comorbid AD/HD + CD, anxious, and control children: A meta-analysis of studies with the stop task. *Journal of Child Psychology and Psychiatry*, **39**, 411-425.

Pennington, B. F., & Bennetto, L. (1993). Main effects of transactions in the neuropsychology of conduct disorder? Commentary on "The neuropsychology of conduct disorder." *Development and Psychopathology*, **5**, 153-164.

Raine, A. (1993). *The psychopathology of crime: Criminal behavior as a clinical disorder*. San Diego, CA: Academic Press.

Raine, A., Lencz, T., Bihrle, S., LaCasse, L., & Colletti, P. (2000). Reduced prefrontal gray matter volume and reduced autonomic activity in antisocial personality disorder. *Archives of General Psychiatry*, **57**, 119-127.

Raine, A., & Scerbo, A. (1991). Biological theories of violence. In J. S. Milner (Ed.), *Neuropsychology of aggression*. Boston: Kluwer Academic Press. pp.1-25.

坂井明子・山崎勝之（2004）. 小学生における3タイプの攻撃性が攻撃反応の評価および結果予期に及ぼす影響　教育心理学研究, **52**, 298-309.

Schacter, S. (1964). The interaction of cognitive and physiological determinants of emotional state.

In L. Berkowitz (Ed.), *Advances in experimental social psychology*. Vol. 1. New York: Academic Press. pp.49–80.
Seguin, J. R., Boulerice, B., Harden, P. W., Tremblay, R. E., & Pihl, R. O. (1999). Executive functions and physical aggression after controlling for attention deficit hyperactivity disorder, general memory and IQ. *Journal of Child Psychology and Psychiatry*, **40**, 1197–1208.
Seguin, J. R., Pihl, R. O., Harden, P. W., Tremblay, R. E., & Boulerice, B. (1995). Cognitive and neuropsychological characteristics of physically aggressive boys. *Journal of Abnormal Psychology*, **104**, 614–624.
Semrud-Clikeman, M., Steingard, R. J., Filipek, P., Biederman, J., Bekken, K., & Renshaw, P. F.(2000). Using MRI to examine brain-behavior relationships in males with attention deficit disorder with hyperactivity. *Journal of the American Academy of Child and Adolescent Psychiatry*, **39**, 477–484.
Sutherland, E. H., & Cressey, D. R. (1960). *Principles of criminology*. Oxford, UK: J. B. Lippincott. 平野龍一・所　一彦（訳）(1964). 犯罪の原因　有信堂
Sykes, G. M., & Matza, D. (1957). Techniques of neutralization: A theory of delinquency. *American Sociological Review*, **22**, 664–670.
玉木健弘（2003）. 小学生における攻撃性が社会的情報処理に及ぼす影響　犯罪心理学研究 , **41**（2）, 1 –15.
Thornberry, T. P., Lizotte, A. J., Krohn, M. D., Farnworth, M., & Jang, S. J. (1996). Delinquent peers, beliefs, and delinquent behavior: A longitudinal test of interactional theory. In D. F. Greenberg (Ed.), *Criminal careers*. Vol. 2. Brookfield, VT: Dartmouth Publishing Company Limited. pp.339–375.
Volkow, N. D., & Tancredi, L. (1987). Neural substrates of violent behaviour: A preliminary study with positron emission tomography. *British Journal of Psychiatry*, **151**, 668–673.
吉澤寛之・吉田俊和（2004）. 社会的ルールの知識構造から予測される社会的逸脱行為傾向—知識構造測定法の簡易化と認知的歪曲による媒介過程の検討—社会心理学研究 , **20**, 106–123.
Zillmann, D. (1979). *Hostility and aggression*. Hillsdale, NJ: Lawrence Erlbaum Associates.

● 第 2 章
Anderson, C. A., & Bushman, B. J. (2002). Human aggression. *Annual Review of Psychology*, **53**, 27–51.
Anderson, C. A., Shibuya, A., Ihori, N., Swing, E. L., Bushman, B. J., Sakamoto, A., Rotzstin, H. R., & Saleem, M. (2010). Violent video game effects on aggression, empathy, and prosocial behavior in Eastern and Western countries: A meta-analytic review. *Psychological Bulletin*, **136**, 151–173.
Archer, J., & Coyne, S. (2005). An integrated review of indirect, relational, and social aggression. *Personality and Social Psychology Review*, **9** , 212–230.
Bandura, A. (1977). *Social learning theory*. Englewood Cliffs, NJ: Prentice Hall.
Bandura, A. (1986). *Social foundations of thought and action: A social cognitive theory*. Englewood Cliffs, NJ: Prentice-Hall.
Bandura, A. (1991). Social cognitive theory of self-regulation. *Organizational Behavior and Human Decision Processes*, **50**, 248–287.
Bandura, A. (1999). Moral disengagement in the perpetration of inhumanities. *Personality and*

文　　献

Social Psychology Review, **3**, 193–209.
Bandura, A. (2002). Selective moral disengagement in the exercise of moral agency. *Journal of Moral Education*, **312**, 101–119.
Bandura, A., Barbaranelli, C., Caprara, G. V., & Pastorelli, C. (1996). Mechanisms of moral disengagement in the exercise of moral agency. *Journal of Personality and Social Psychology*, **71**, 364–374.
Barriga, A. Q., & Gibbs, J. C. (1996). Measuring cognitive distortions in antisocial youth: Development and preliminary validation of the "How I Think" questionnaire. *Aggressive Behavior*, **22**, 333–343.
Barriga, A. Q., Hawkins, M. A., & Camelia, C. R. T. (2008). Specificity of cognitive distortions to antisocial behaviors. *Criminal Behaviour and Mental Health*, **18**, 104–116.
Barriga, A. Q., Landau, J. R., Stinson II, B. L., Liau, A. K., & Gibbs, J. C. (2000). Cognitive distortion and problem behaviors in adolescents. *Criminal Justice and Behavior*, **27**, 36–56.
Berkowitz, L. (1989). Frustration-aggression hypothesis: Examination and reformulation. *Psychological Bulletin*, **106**, 59–73.
Berkowitz, L. (1990). On the formation and regulation of anger and aggression: A cognitive-neoassociationistic analysis. *American Psychologist*, **45**, 494–503.
Berkowitz, L. (2008). On the consideration of automatic as well as controlled psychological processes in aggression. *Aggressive Behavior*, **34**, 117–129.
Berkowitz, L., & LePage, A. (1967). Weapons as aggression-eliciting stimuli. *Journal of Personality and Social Psychology*, **7**, 202–207.
Bjorkqvist, K. (1994). Sex differences in physical, verbal, and indirect aggression: A review of recent research. *Sex Roles*, **30**, 177–188.
Brendgen, M., Dionne, G., Girard, A., Boivin, M., Vitaro, F., & Pe´russe, D. (2005). Examining genetic and environmental effects on social aggression: A study of 6-year-old twins. *Child Development*, **76**, 930–946.
Camodeca, M., & Goossens, F. A. (2005). Aggression, social cognitions, anger and sadness in bullies and victims. *Journal of Child Psychology and Psychiatry*, **46**, 186–197.
Card, N. A., & Hodges, E. V. E. (2008). Peer victimization among schoolchildren: Correlations, causes, consequences, and considerations in assessment and intervention. *School Psychology Quarterly*, **23**, 451–461.
Card, N. A., Stucky, B. D., Sawalani, G. M., & Little, T. D. (2008). Direct and indirect aggression during childhood and adolescence: A meta-analytic review of gender differences, intercorrelations, and relations to maladjustment. *Child Development*, **79**, 1185–1229.
Coie, J. D., & Dodge, K. A. (1998). Aggression and antisocial behavior. In W. Damon & N. Eisenberg (Eds.), *Handbook of child psychology, Vol 3. 5 th ed. Social, emotional, and personality development*. Hoboken, NJ: John Wiley & Sons. pp.779–862.
Crick, N. C. (1995). Relational aggression: The role of intent attributions, feelings of distress, and provocation type. *Development and Psychopathology*, **7**, 313–322.
Crick, N. R., Bigbee, M. A., & Howes, C. (1996). Children's normative beliefs about aggression: How do I hurt thee? Let me count the ways. *Child Development*, **67**, 1003–1014.
Crick, N. R., & Dodge, K. A. (1994). A review and reformulation of social information processing

mechanisms in children's social adjustment. *Psychological Bulletin*, **115**, 74–101.
Crick, N. R., & Grotpeter, J. K. (1995). Relational aggression, gender, and social-psychological adjustment. *Child Development*, **66**, 710–722.
Crick, N. R., Grotpeter, J. K., & Bigbee, M. A. (2002). Relational and physical aggression: Children's intent attribution and feelings of distress for relational and instrumental peer provocations. *Child Development*, **73**, 1134–1142.
Crick, N. R., Ostrov, J. M., & Kawabata. Y. (2007). Relational aggression and gender: An overview. In D. J. Flannery, A. T. Vazsonyi, & I. D. Waldman (Eds.), *The Cambridge handbook of violent behavior and aggression*. New York: Cambridge University Press. pp.245–259.
Crick, N. R., Werner, N. E., Casas, J. F., O'Brien, K. M., Nelson, D. A., Grotpeter, J. K., & Markon, K. (1999). Childhood aggression and gender: A new look at an old problem. In D. Bernstein (Ed.), *Nebraska symposium on motivation*. Lincoln, OR: University of Nebraska Press. pp.75–141.
Crick, N. R., & Zahn-Waxler, C. (2003). The development of psychopathology in females and males: Current progress and future challenges. *Development and Psychopathology*, **15**, 719–742.
Dishion, T. J., & Tipsord, J. M. (2011). Peer contagion in child and adolescent social and emotional development. *Annual Review of Psychology*, **62**, 189–214.
Dodge, K. A. (2006). Translational science in action: Hostile attributional style and the development of aggressive behavior problems. *Development and Psychopathology*, **18**, 791–814.
Dodge, K. A., Bates, J. E., & Pettit, G. S. (1990). Mechanisms in the cycle of violence. *Science*, **250**, 1678–1683.
Dodge, K. A., & Pettit, G. S. (2003). A biopsychosocial model of the development of chronic conduct problems in adolescence. *Developmental Psychology*, **39**, 349–371.
Dodge, K. A., Lansford, J. E., Burks, V. S., Bates, J. E., Pettit, G. S., Fontaine, R., & Price, J. M. (2003). Peer rejection and social information-processing factors in the development of aggressive behavior problems in children. *Child Development*, **74**, 374–393.
De Castro, B. O., Merk, W., Koops, W., Veerman, J. W., & Bosch, J. D. (2005). Emotions in social information processing and their relations with reactive and proactive aggression in referred aggressive boys. *Journal of Clinical Child and Adolescent Psychology*, **34**, 105–116.
De Castro, B. O., Veerman, J. W., Koops, W., Bosch, J. D., & Monshouwer, H. J. (2002). Hostile attribution of intent and aggressive behavior: A meta-analysis. *Child Development*, **73**, 916–934.
Galen, B. R., & Underwood, M. K. (1997). A developmental investigation of social aggression among children. *Developmental Psychology*, **33**, 589–600.
Gibbs, J. C. (1991). Sociomoral developmental delay and cognitive distortion: Implications for the treatment of antisocial youth. In W. Kurtiness & J. Gewirtz (Eds.), *Handbook of moral behavior and development*. Vol. 3. Hillsdale, NJ: Erlbaum. pp.95–110.
Gibbs, J. C. (2003). *Moral development and reality: Beyond the theories of Kohlberg and Hoffman.* Thousand Oaks, CA: Sage Publications.
Gibbs, J. C., Potter, G. B., & Goldstein, A. P. (1995). *The EQUIP Program: Teaching youth to think and act responsibly through a peer-helping approach.* Champaign, IL: Research Press.
Grotpeter, J. K., & Crick, N. R. (1996). Relational aggression, overt aggression, and friendship. *Child Development*, **67**, 2328–2338.
Guerra, N. G., Huesmann, L. R., & Spindler, A. (2003). Community violence exposure, social

文　　献

cognition, and aggression among urban elementary school children. *Child Development*, **74**, 1561–1576.
Heilbron, N., & Prinstein, M. J. (2008). A review and reconceptualization of social aggression: Adaptive and maladaptive correlates. *Clinical Child and Family Psychology Review*, **11**, 176–217.
Henry, D., Guerra, N., Huesmann, R., Tolan, P., VanAcker, R., & Eron, L. (2000). Normative influences on aggression in urban elementary school classrooms. *American Journal of Community Psychology*, **28**, 59–81.
Huesmann, L. R. (1998). The role of social information processing and cognitive schema in the acquisition and maintenance of habitual aggressive behavior. In R. G. Geen & E. Donnerstein (Eds.), *Human Aggression: Theories, research, and implications for policy*. New York: Academic Press. pp. 73–109.
Huesmann, L. R., & Guerra, N. G. (1997). Children's normative beliefs about aggression and aggressive behavior. *Journal of Personality and Social Psychology*, **72**, 408–419.
Kawabata, Y., Alink, L. R., Tseng, W.-L., Van Ijzendoorn, M. H., & Crick, N. R. (2011). Maternal and paternal parenting styles associated with relational aggression in children and adolescents: A conceptual analysis and meta-analytic review. *Developmental Review*, **31**, 240–278.
Kawabata, Y., Crick, N. R., & Hamaguchi, Y. (2010). Forms of aggression, social-psychological adjustment, and peer victimization in a Japanese sample: The moderating role of positive and negative friendship quality. *Journal of Abnormal Child Psychology*, **38**, 471–484.
Kawabata, Y., Crick, N. R., & Hamaguchi, Y. (2013). The association of relational and physical victimization with hostile attribution bias, emotional distress, and depressive symptoms: A cross-cultural Study. *Asian Journal of Social Psychology*, **16**, 260–270.
Kawabata, Y., Tseng, W.-L., & Crick, N. R. (2014). Processes and mechanisms involving forms of peer victimization, depressive symptoms, and children's relational-interdependent self-construals: Implications for peer relationships and psychopathology. *Development and Psychopathology*, **26**, 619–634.
Kawabata, Y., Tseng, W.-L., Murray-Close, A., & Crick, N. R. (2012). Developmental trajectories of Chinese children's relational and physical aggression: Associations with social-psychological adjustment problems. *Journal of Abnormal Child Psychology*, **40**, 1087–1097.
Ladd, G. W. (1999). Peer relationships and peer liking during early and middle childhood. *Annual Review of Psychology*, **50**, 333–359.
Lansford, J. E., Malone, P. S., Dodge, K. A., Pettit, G. S., & Bates, J. E. (2010). Developmental cascades of peer rejection, social information processing biases, and aggression during middle childhood. *Development and Psychopathology*, **22**, 593–602.
Liau, A. K., Barriga, A. Q., & Gibbs, J. C. (1998). Relations between self-serving cognitive distortions and overt versus covert antisocial behavior in adolescents. *Aggressive Behavior*, **24**, 335–346.
Mathieson, L. C., Murray-Close, D., Crick, N. R., Woods, K. E., Zimmer-Gembeck, M., Geiger, T. C., & Morales, J. R. (2011). Hostile intent attributions and relational aggression: The moderating roles of emotional sensitivity, gender, and victimization. *Journal of Abnormal Child Psychology*, **39**, 977–987.
Murray-Close, D., Crick, N. R., & Galotti, K. M. (2006). Children's moral reasoning regarding

physical and relational aggression. *Social Development*, **15**, 345–372.

Murray-Close, D., Ostrov, J. M., & Crick, N. R. (2007). A short-term longitudinal study of growth of relational aggression during middle childhood: Associations with gender, friendship intimacy, and internalizing problems. *Development and Psychopathology*, **19**, 187–203.

Nelson, D. A., & Coyne, S. M. (2009). Children's intent attributions and feelings of distress: Associations with maternal and paternal parenting practices. *Journal of Abnormal Child Psychology*, **37**, 223–237

Nelson, D. A., Mitchell, C., & Yang, C. (2008). Intent attributions and aggression: A study of children and their parents. *Journal of Abnormal Child Psychology*, **36**, 793–806.

Ostrov, J. M. (2008). Forms of aggression and peer victimization during early childhood: A short-term longitudinal study. *Journal of Abnormal Child Psychology*, **36**, 311–322.

Ostrov, J. M., & Godleski, S. A. (2010). Toward an integrated gender-linked model of aggression subtypes in early and middle childhood. *Psychological Review*, **117**, 233–242.

Paciello, M., Fida, R., Tramontano, C., Lupinetti, C., & Caprara, G. V. (2008). Stability and change of moral disengagement and its impact on aggression and violence in late adolescence. *Child Development*, **79**, 1288–1309.

Parker, J. G., Rubin, K. H., Erath, S. A., Wojslawowicz, J. C., & Buskirk, A. A. (2006). Peer relationships, child development, and adjustment: A developmental psychopathology perspective. In D. Cicchetti & D. J. Cohen (Eds.), *Developmental psychopathology*. Vol. 1 *Theory and method*. 2nd ed. Hoboken, NJ: John Wiley & Sons. pp.419–493.

Pelton, J., Gound, M., Forehand, R., Brody, G. (2004). The moral disengagement scale: Extension with an American minority sample. *Journal of Psychopathology and Behavior Assessment*, **26**, 31–39.

Rose, A. J., & Rudolph, K. D. (2006). A review of sex differences in peer relationship processes: Potential trade-offs for the emotional and behavioral development of girls and boys. *Psychological Bulletin*, **132**, 98–131.

Rose, A. J., Swenson, L. P., & Waller, E. M. (2004). Overt and relational aggression and perceived popularity: Developmental differences in concurrent and prospective relations. *Developmental Psychology*, **40**, 378–387.

Smith, P. K., Cowie, H., Olafsson, R. F., & Liefootghe, A. P. D. (2002). Definitions of bullying: A comparison of terms used, and age and gender differences in a fourteen-country international comparison. *Child Development*, **73**, 1119–1133.

Stams, G. J. M. M., Brugman, D., Dekovic, M., Van Rosmalen, L., van der Laan, P., & Gibbs, J. C. (2006). The moral judgment of juvenile delinquents: A meta-analysis. *Journal of Abnormal Child Psychology*, **34**, 697–713.

Tackett, J. L., Waldman, I. D., & Lahey, B. B. (2009). Etiology and measurement of relational aggression: A multi-informant behavior genetic investigation. *Journal of Abnormal Psychology*, **118**, 722–733.

Werner, N. E., & Hill, L. G. (2010). Individual and peer group normative beliefs about relational aggression. *Child Development*, **81**, 826–836.

Werner, N. E., & Nixon, C. J. (2005). Normative beliefs and relational aggression: An investigation of the cognitive bases of adolescent aggressive behavior. *Journal of Youth and Adolescence*, **34**,

229-243.

Yeung, R., & Leadbeater, B. (2007). Does hostile attributional bias for relational provocations mediate the short-term association between relational victimization and aggression in preadolescence? *Journal of Youth and Adolescence*, **36**, 973-983.

● 第 3 章

Aharoni, E., Vincent, G. M., Harenski, C. L., Calhoun, V. D., Sinnott-Armstrong, W., Gazzaniga, M. S., & Kiehl, K. A. (2013). Neuroprediction of future rearrest. *Proceedings of the National Academy of Sciences of the United States of America*, **110**, 6223-6228.

Anderson, S. W., Bechara, A., Damasio, H., Tranel, D., & Damasio, A. R. (1999). Impairment of social and moral behavior related to early damage in human prefrontal cortex. *Nature Neuroscience*, **2**, 1032-1037.

Antoniadis, E. A., Winslow, J. T., Davis, M., & Amaral, D. G. (2007). Role of the primate amygdala in fear-potentiated startle: Effects of chronic lesions in the rhesus monkey. *Journal of Neuroscience*, **27**, 7386-7396.

Bechara, A., Damasio, A. R., Damasio, H., & Anderson, S. W. (1994). Insensitivity to future consequences following damage to human prefrontal cortex. *Cognition*, **50**, 7-15.

Blair, J., Mitchell, D., & Blair, K. (2005). *The psychopath: Emotion and the brain*. Malden: Blackwell Publishing.

Blanchard, R., Cantor, J. M., & Robichaud, L. K. (2006). Biological factors in the development of sexual deviance and aggression in males. In H. E. Barbaree & W. L. Marshall (Eds.), *The juvenile sex offender*. 2 nd ed. New York: Guilford Press. pp.77-104.

Butler, S. M., & Seto, M. C. (2002). Distinguishing two types of adolescent sex offenders. *Journal of the American Academy of Child and Adolescent Psychiatry*, **1**, 83-90.

Cooke, D. J., & Michie, C. (2001). Refining the construct of psychopathy: Towards a hierarchical model. *Psychological Assessment*, **13**, 171-188.

Critchley, H. D., Simmons, A., Daly, E. M., Russell, A., van Amelsvoort, T., Robertson, D. M., Glover, A., & Murphy, D. G. (2000). Prefrontal and medial temporal correlates of repetitive violence to self and others. *Biological Psychiatry*, **47**, 928-934.

Damasio A. R. (1994). *Descartes' error: Emotion, rationality and the human brain*. New York: Putnam.

Damasio, H. C., Grabowski, T., Frank, R., Galaburda, A. M., & Damasio, A. R. (1994). The return of Phineas Gage: Clues about the brain from the skull of a famous patient. *Science*, **264**, 1102-1105.

Dolan, M., Millington, J., & Park, I. (2002). Personality and neuropsychological function in violent, sexual and arson offenders. *Medicine, Science, and the Law*, **42**, 34-43.

Dutton, K. (2012). *The wisdom of psychopaths: What saints, spies, and serial killers can teach us about success*. London: William Heinemann.

Eastvold, A., Suchy, Y., & Strassberg, D. (2011). Executive function profiles of pedophilic and nonpedophilic child molesters. *Journal of the International Neuropsychological Society*, **17**, 295-307.

Ford, M. E., & Linney, J. A. (1995). Comparative analysis of juvenile sexual offenders, violent nonsexual offenders, and status offenders. *Journal of Interpersonal Violence*, **10**, 56-70.

福島　章（2005）. 犯罪精神医学入門　中央公論新社
Geschwind, N.（1979）. Behavioural changes in temporal lobe epilepsy. *Psychological Medicine*, **9**, 217-219.
Giancola, P. R., Mezzich, A. C., & Tarter, R. E.（1998）. Disruptive, delinquent and aggressive behavior in female adolescents with a psychoactive substance use disorder: Relation to executive cognitive functioning. *Journal of Studies on Alcohol*, **59**, 560-567.
Giancola, P. R., Moss, H. B., Martin, C. S., Kirisci, L., & Tarter, R. E.（1996）. Executive cognitive functioning predicts reactive aggression in boys at high risk for substance abuse: A prospective study. *Alcoholism: Clinical and Experimental Research*, **20**, 740-744.
Grafman, J., Schwab, K., Warden, D., Pridgen, A., Brown, H. R., & Salazar, A. M.（1996）. Frontal lobe injuries, violence, and aggression: A report of the vietnam head injury study. *Neurology*, **46**, 1231-1238.
Hare, R. D.（1991）. *The hare psychopathy checklist-revised*. Tronto, Ontario: Multi-Health Systems.
Hare, R. D.（2003）. *The Hare Psychopathy Checklist-Revised（PLL-R）*. 2 nd ed. Tronto, Ontario: Multi-Health Systems.
Harpur, T. J., Hakstian, A. R., & Hare, R. D.（1988）. The factor structure of the psychopathy checklist. *Journal of Consulting and Clinical Psychology*, **56**, 741-747.
Harpur, T. J., Hare, R. D., & Hakstian, A. R.（1989）. Two-factor conceptualization of psychopathy: Construct validity and assessment implications. *A Journal of Consulting and Clinical Psychology*, **1**, 6-17.
Horn, N. R., Dolan, M., Elliott, R., Deakin, J. F., & Woodruff, P. W.（2003）. Response inhibition and impulsivity: An fMRI study. *Neuropsychologia*, **41**, 1959-1966.
Jacobs, W. L., Kennedy, W. A., & Meyer, J. B.（1997）. Juvenile delinquents: A between-group comparison study of sexual and nonsexual offenders. *Sexual Abuse: A Journal of Research and Treatment*, **9**, 201-217.
Joyal, C. C., Black, D. N., & Dassylva, B.（2007）. The neuropsychology and neurology of sexual deviance: A review and pilot study. *Sex Abuse*, **19**, 155-173.
Kelly, T., Richardson, G., Hunter, R., & Knapp, M.（2002）. Attention and executive function deficits in adolescent sex offenders. *Neuropsychological Development and Cognition, Section C. Child Neuropsychology*, **8**, 138-143.
Kiehl, K. A.（2006）. A cognitive neuroscience perspective on psychopathy: Evidence for paralimbic system dysfunction. *Psychiatry Research*, **142**, 107-128.
Lezak, M. D.（1995）. *Neuropsychological assessment.* 3 rd ed. New York: Oxford University Press.
Miyaguchi, K., & Shirataki. S.（2014）. Executive functioning problems of juvenile sex offenders with low levels of measured intelligence. *Journal of Intellectual and Developmental Disability*, **39**, 253-260.
Moffitt, T. E.（1993）. The neuropsychology of conduct disorder. *Development and Psychopathology*, **5**, 135-151.
Morgan, A. B., & Lilienfeld, S. O.（2000）. A meta-analytic review of the relation between antisocial behavior and neuropsychological measures of executive function. *Clinical Psychology Review*, **20**, 113-36.
Newman, J. P.（1998）. Psychopathic behavior: An information processing perspective. In D. J.

文　　献

Cooke, A. E. Forth, & R. D. Hare (Eds.), *Psychopathy: Theory, research, and implications for society*. Dordrecht, Netherlands: Kluwer Academic Publishers. pp.81-104.
岡江　晃（2013）．宅間守精神鑑定書―精神医療と刑事司法のはざまで―　亜紀書房
Pincus, J. H. (2002). *Base instincts: What makes killers kill?* New York: W. W. Norton & Company. 田口俊樹（訳）（2002）．脳が殺す―連続殺人犯：前頭葉の"秘密"―　光文社
Raine, A., Buchsbaum, M., & LaCasse, L. (1997). Brain abnormalities in murderers indicated by positron emission tomography. *Biological Psychiatry*, **42**, 495-508.
Schneider, F., Habel, U., Kessler, C., Posse, S., Grodd, W., & Müller-Gärtner, H. W. (2000). Functional imaging of conditioned aversive emotional responses in antisocial personality disorder. *Neuropsychobiology*, **42**, 192-201.
Serafetinides, E. A. (1965). Aggressiveness in temporal lobe epileptics and its relation to cerebral dysfunction and environmental factors. *Epilepsia*, **6**, 33-42.
Seto, M. C., & Lalumiere, M. L. (2010). What is so special about male adolescent sexual offending? A review and test of explanations through meta-analysis. *Psychological Bulletin*, **136**, 526-575.
Sohlberg, M. M., & Mateer, C. A. (2001). *Cognitive rehabilitation: An integrative neuropsychological approach*. London: The Guilford Press.
Suchy, Y., Whittaker, J. W., Strassberg, D. S., & Eastvold, A. (2009). Neurocognitive differences between pedophilic and nonpedophilic child molesters. *Journal of the International Neuropsychological Society*, **15**, 248-257.
Tarter, R. E., Hegedus, A. M., Alterman, A. I., & Katz-Garris, L. (1983). Cognitive capacities of juvenile violent, nonviolent, and sexual offenders. *Journal of Nervous and Mental Disease*, **171**, 564-567. doi: 10.1097/00005053-198309000-00007
Tost, H., Vollmert, C., Brassen, S., Schmitt, A., Dressing, H., & Braus, D. F. (2004). Pedophilia: Neuropsychological evidence encouraging a brain network perspective. *Medical Hypotheses*, **63**, 528-531.
Veneziano, C., Veneziano, L., LeGrand, S., & Richards, L. (2004). Neuropsychological executive functions of adolescent sex offenders and nonsex offenders. *Perceptual and Motor Skills*, **98**, 661-674.

●第4章
阿部晋吾・高木　修（2003）．自己効力と結果予期が怒り表出反応としての攻撃行動，および認知的再評価に及ぼす影響　犯罪心理学研究，41（1），15-27.
Ainsworth, M. S., Blehar, M. C., Waters, E., & Wall, S. (1978). *Patterns of attachment: A psychological study of the strange situation*. Hillsdale, NJ: Lawrence Erlbaum Associates.
Argyle, M., & Henderson, M. (1985). *The anatomy of relationships and the rules and skills to manage them successfully*. London: Heinemann. 吉森　護（訳）（1992）．人間関係のルールとスキル　北大路書房
Asarnow, J. R., & Callan, J. W. (1985). Boys with peer adjustment problems: Social cognitive processes. *Journal of Consulting and Clinical Psychology*, **53**, 80-87.
Asher, S. R., & Renshaw, P. D. (1981). Children without friends: Social knowledge and social-skill training. In S. R. Asher & J. M. Gottman (Eds.), *The development of children's friendships*. Cambridge, UK: Cambridge University Press. pp.273-296.

文　献

Bailey, C. A., & Ostrov, J. M. (2008). Differentiating forms and functions of aggression in emerging adults: Associations with hostile attribution biases and normative beliefs. *Journal of Youth and Adolescence*, **37**, 713–722.

Bandura, A., Barbaranelli, C., Caprara, G. V., & Pastorelli, C. (1996). Mechanisms of moral disengagement in the exercise of moral agency. *Journal of Personality and Social Psychology*, **71**, 364–374.

Bandura, A., Caprara, G. V., & Zsolnai, L. (2000). Corporate transgressions through moral disengagement. *Journal of Human Values*, **6**, 57–64.

Barriga, A. Q., & Gibbs, J. C. (1996). Measuring cognitive distortion in antisocial youth: Development and preliminary validation of the "How I Think"questionnaire. *Aggressive Behavior*, **22**, 333–343.

Bowlby, J. (1969). *Attachment and loss*. Vol.1. *Attachment*. New York: Basic Books. 黒田実郎・大羽蓁・岡田洋子（訳）（1976）. 母子関係の理論Ⅰ　愛着行動　岩崎学術出版社

Bowlby, J. (1973). *Attachment and loss*. Vol.2. *Separation: Anxiety and anger*. New York: Basic Books. 黒田実郎・岡田洋子・吉田恒子（訳）（1977）. 母子関係の理論Ⅱ　分離不安　岩崎学術出版社

Bowlby, J. (1980). *Attachment and loss*. Vol.3. *Loss: Sadness and depression*. New York: Basic Books. 黒田実郎・吉田恒子・横浜恵三子（訳）（1981）. 母子関係の理論Ⅲ　愛情喪失　岩崎学術出版社

Burks, V. S., Dodge, K. A., Price, J. M., & Laird, R. D. (1999a). Internal representational models of peers: Implications for the development of problematic behavior. *Developmental Psychology*, **35**, 802–810.

Burks, V. S., Laird, R. D., Dodge, K. A., Pettit, G. S., & Bates, J. E. (1999b). Knowledge structures, social information processing, and children's aggressive behavior. *Social Development*, **8**, 220–236.

Crick, N. R., & Dodge, K. A. (1994). A review and reformulation of social information-processing mechanisms in children's social adjustment. *Psychological Bulletin*, **115**, 74–101.

Crick, N. R., & Dodge, K. A. (1996). Social information-processing mechanisms in reactive and proactive aggression. *Child Development*, **67**, 993–1002.

Crick, N. R., & Ladd, G. W. (1990). Children's perceptions of the outcomes of social strategies: Do the ends justify being mean? *Developmental Psychology*, **26**, 367–385.

Deluty, R. H. (1983). Children's evaluations of aggressive, assertive, and submissive responses. *Journal of Clinical Child Psychology*, **12**, 124–129.

Dodge, K. A., Lochman, J. E., Harnish, J. D., Bates, J. E., & Pettit, G. S. (1997). Reactive and proactive aggression in school children and psychiatrically impaired chronically assaultive youth. *Journal of Abnormal Psychology*, **106**, 37–51.

Dodge, K. A., Pettit, G. S., & Bates, J. E. (1994). Socialization mediators of the relation between socioeconomic status and child conduct problems. *Child Development*, **65**, 649–665.

Dodge, K. A., Pettit, G. S., Bates, J. E., & Valente, E. (1995). Social information-processing patterns partially mediate the effect of early physical abuse on later conduct problems. *Journal of Abnormal Psychology*, **104**, 632–643.

Dodge, K. A., Pettit, G. S., McClasky, C. L., & Brown, M. M. (1986). Social competence in children.

文　献

Monographs of the Society for Research in Child Development, No. 213.（Vol. 51, No. 2）.

Dodge, K. A., & Tomlin, A. M.（1987）. Utilization of self-schemas as a mechanism of interpretational bias in aggressive children. *Social Cognition*, **5**, 280-300.

Einhorn, H. J., & Hogarth, R. M.（1981）. Behavioral decision theory: Processes of judgment and choice. *Annual Review of Psychology*, **32**, 53-88.

Erdley, C. A., & Asher, S. R.（1998）. Linkages between children's beliefs about the legitimacy of aggression and their behavior. *Social Development*, **7**, 321-339.

Gibbs, J. C., Barriga, A. Q., & Potter, G. B.（2001）. *How I Think（HIT）Questionnaire and How I Think（HIT）Questionnaire manual*. Champaign, IL: Research Press.

Graham, S., & Hudley, C.（1994）. Attributions of aggressive and nonagressive African-American male early adolescents: A study of construct accessibility. *Developmental Psychology*, **30**, 365-373.

濱口佳和（1992a）. 挑発場面における児童の社会的認知と応答的行動との関連についての研究　教育心理学研究, **40**, 224-231.

濱口佳和（1992b）. 挑発場面における児童の社会的認知と応答的行動に関する研究—仲間集団内での人気ならびに性の効果—　教育心理学研究, **40**, 420-427.

濱口佳和（2002）. 第3章　攻撃性と情報処理　山崎勝之・島井哲志（編）攻撃性の行動科学—発達・教育編—　ナカニシヤ出版　pp.40-59.

Hart, C. H., Ladd, G. W., & Burleson, B.（1990）. Children's expectations of the outcomes of social strategies: Relations with sociometric status and maternal disciplinary styles. *Child Development*, **61**, 127-137.

Huesmann, L. R.（1998）. The role of social information processing and cognitive schema in the acquisition and maintenance of habitual aggressive behavior. In R. G. Geen & E. I. Donnerstein（Eds.）, *Human aggression: Theories, research, and implications for social policy*. San Diego, CA: Academic Press. pp.73-109.

Huesmann, L. R., & Guerra, N. G.（1997）. Children's normative beliefs about aggression and aggressive behavior. *Journal of Personality and Social Psychology*, **72**, 408-419.

Kahneman, D., Slovic, P., & Tversky, A.（1982）. *Judgment under uncertainty: Heuristic and biases*. New York: Cambridge University Press.

Kahneman, D., & Tversky, A.（1973）. On the psychology of prediction. *Psychological Review*, **80**, 237-251.

丸山愛子（1999）. 対人葛藤場面における幼児の社会的認知と社会的問題解決方略に関する発達的研究　教育心理学研究, **47**, 451-461.

Miyaguchi, K., & Shirataki, S.（2014）. Executive functioning problems of juvenile sex offenders with low levels of measured intelligence. *Journal of Intellectual and Developmental Disability*, **39**, 253-260.

Nas, C. N., Brugman, D., & Koops, W.（2008）. Measuring self-serving cognitive distortions with the"How I Think"Questionnaire. European *Journal of Psychological Assessment*, **24**, 181-189.

Nisbett, R., & Ross, L.（1980）. *Human inference: Strategies and shortcomings of social judgments*. Englewood Cliffs, NJ: Prentice Hall.

Osofsky, M. J., Bandura, A., & Zimbardo, P. G.（2005）. The role of moral disengagement in the execution process. *Law and Human Behavior*, **29**, 371-393.

Paciello, M., Fida, R., Tramontano, C., Lupinet, C., & Caprara, G. V. (2008). Stability and change of moral disengagement and its impact on aggression and violence in late adolescence. *Child Development*, **79**, 1288-1309.

Pelton, J., Gound, M., Forehand, R., & Brody, G. (2004). The moral disengagement scale: Extension with an American minority sample. *Journal of Psychopathology and Behavioral Assessment*, **26**, 31-39.

Perry, D. G., Perry, L. C., & Rasmussen, P. (1986). Cognitive social learning mediators of aggression. *Child Development*, **57**, 700-711.

Pettit, G. S., Dodge, K. A., & Brown, M. M. (1988). Early family experience, social problem solving patterns, and children's social competence. *Child Development*, **59**, 107-120.

Quiggle, N. L., Garber, J., Panak, W. F., & Dodge, K. A. (1992). Social information processing in aggressive and depressed children. *Child Development*, **63**, 1305-1320.

Renshaw, P. D., & Asher, S. R. (1983). Children's goals and strategies for social interaction. *Merrill-Palmer Quarterly*, **29**, 353-374.

Richard, B. A., & Dodge, K. A. (1982). Social maladjustment and problem solving in school-aged children. *Journal of Consulting and Clinical Psychology*, **50**, 226-233.

Ross, L., Lepper, M. R., Strack, F., & Steinmetz, J. (1977). Social explanation and social expectation: Effects of real and hypothetical explanations on subjective likelihood. *Journal of Personality and Social Psychology*, **35**, 817-829.

Rubin, K. H., Bream, L. A., & Rose-Krasnor, L. (1991). Social problem solving and aggression in childhood. In D. J. Pepler & K. H. Rubin (Eds.), *The development and treatment of childhood aggression*. Hillsdale, NJ: Lawrence Erlbaum Associates. pp.219-248.

坂井明子・山崎勝之（2004）．小学生における3タイプの攻撃性が攻撃反応の評価および結果予期に及ぼす影響　教育心理学研究, **52**, 298-309.

坂元　章（1988）．認知的複雑性と社会的適応―分化性と統合性による認知システム類型化の試み―　心理学評論, **31**, 480-507.

Schank, R. C., & Abelson, R. P. (1977). *Scripts, plans, goals, and understanding: An inquiry into human knowledge structures*. Hillsdale, NJ: Lawrence Erlbaum Associates.

Shure, M. B., & Spivack, G. (1980). Interpersonal problem solving as a mediator of behavioral adjustment in preschool and kindergarten children. *Journal of Applied Developmental Psychology*, **1**, 29-44.

Slaby, R. G., & Guerra, N. G. (1988). Cognitive mediators of aggression in adolescent offenders: 1. Assessment. *Developmental Psychology*, **24**, 580-588.

Stromquist, V. J., & Strauman, T. J. (1991). Children's social constructs: Nature, assessment, and association with adaptive versus maladaptive behavior. *Social Cognition*, **9**, 330-358.

玉木健弘（2003）．小学生における攻撃性が社会的情報処理に及ぼす影響　犯罪心理学研究, **41**（2），1-15.

Waas, G. A. (1988). Social attributional biases of peer-rejected and aggressive children. *Child Development*, **59**, 969-975.

Werner, N. E., & Nixon, C. L. (2005). Normative beliefs and relational aggression: An investigation of the cognitive bases of adolescent aggressive behavior. *Journal of Youth and Adolescence*, **34**, 229-243.

文　　献

Winfrey, L. P. L., & Goldfried, M. R.（1986）. Information processing and the human change process. In R. E. Ingram（Ed.）, *Information processing approaches to clinical psychology. Personality, psychopathology, and psychotherapy series*. San Diego, CA: Academic Press. pp.241-258.
吉澤寛之（2010）. 認知スタイル　吉田俊和・元吉忠寛（編）体験で学ぶ社会心理学　ナカニシヤ出版　pp.24-27.
吉澤寛之・吉田俊和（2004）. 社会的ルールの知識構造から予測される社会的逸脱行為傾向―知識構造測定法の簡易化と認知的歪曲による媒介過程の検討―社会心理学研究, **20**, 106-123.
吉澤寛之・吉田俊和（2010）. 中高校生における親友・仲間集団との反社会性の相互影響―社会的情報処理モデルに基づく検討―　実験社会心理学研究, **50**, 103-116.
吉澤寛之・吉田俊和・原田知佳・海上智昭・朴　賢晶・中島　誠・尾関美喜（2009）. 社会環境が反社会的行動に及ぼす影響―社会化と日常活動による媒介モデル―　心理学研究, **80**, 33-41.
Zelli, A., & Dodge, K. A.（1999）. Personality development from the bottom up. In D. Cervone & Y. Shoda（Eds.）, *The coherence of personality: Social-cognitive bases of consistency, variability, and organization*. New York: Guilford Press. pp.94-126.
Zelli, A., Dodge, K. A., Lochman, J. E., Laird, R. D., & Conduct Problems Prevention Research Group（1999）. The distinction between beliefs legitimizing aggression and deviant processing of social cues: Testing measurement validity and the hypothesis that biased processing mediates the effects of beliefs on aggression. *Journal of Personality and Social Psychology*, **77**, 150-166.

●第5章
Anderson, C. A., Buckley, K. E., & Carnagey, N. L.（2008）. Creating your own hostile environment: A laboratory examination of trait aggression and the violence escalation cycle. *Personality and Social Psychology Bulletin*, **34**, 462-463.
Bandura, A.（1999）. Moral disengagement in the perpetration of inhumanities. *Personality and Social Psychology Review*, **3**, 193-209.
Bandura, A., Ross, D., & Ross, S. A.（1961）. Transmission of aggression through imitation of aggressive models. *Journal of Abnormal and Social Psychology*, **63**, 575-582.
Bandura, A., Ross, D., & Ross, S. A.（1963）. Imitation of film-mediated aggressive models. *Journal of Abnormal and Social Psychology*, **66**, 3-11.
Barry, T. D., Thompson, A., Barry, C. T., Lochman, J. E., Adler, K., & Hill, K.（2007）. The importance of narcissism in predicting proactive and reactive aggression in moderately to highly aggressive children. *Aggressive Behavior*, **33**, 185-197.
Baron, R. A., & Richardson, D. R.（1994）. *Human aggression*. 2 nd ed. New York: Plenum Press.
Baumeister, R. F.（1997）. *Evil: Inside human cruelty and violence*. New York: W. H. Freeman and Company.
Berglas, S., & Jones, E. E.（1978）. Drug choice as a self-handicapping strategy in response to noncontingent success. *Journal of Personality and Social Psychology*, **36**, 405-417.
Bradley, G. W.（1978）. Self-serving biases in the attribution process: A reexamination of the fact or fiction question. *Journal of Personality and Social Psychology*, **36**, 56-71.
Bushman, B. J., & Baumeister, R. F.（1998）. Threatened egotism, narcissism, self-esteem, and direct and displaced aggression: Does self-love or self-hate lead to violence? *Journal of Personality and Social Psychology*, **75**, 219-229.

文　献

Bushman, B. J., Baumeister, R. F., & Phillips, C. M. (2001). Do people aggress to improve their mood? Catharsis beliefs, affect regulation opportunity, and aggressive responding. *Journal of Personality and Social Psychology*, **81**, 17-32.

Bushman, B. J., & Huesmann, L. R. (2009). Aggression. In S. T. Fiske, D. T. Gilbert, & G. Lindzey (Eds.), *Handbook of social psychology.* 5 th ed. Hoboken, NJ: John Wiley & Sons. pp.833-863.

Carnagey, N. L., Anderson, C. A., & Bushman, B. J. (2007). The effect of video game violence on physiological desensitization to real-life violence. *Journal of Experimental Social Psychology*, **43**, 489-496.

Castano, E., & Giner-Sorolla, R. (2006). Not quite human: Infrahumanization in response to collective responsibility for intergroup killing. *Journal of Personality and Social Psychology*, **90**, 804-818.

Clements, K., & Schumacher, J. A. (2010). Perceptual biases in social cognition as potential moderators of the relationship between alcohol and intimate partner violence: A review. *Aggression and Violent Behavior*, **15**, 357-368.

Crick, N. R., & Ladd, G. W. (1995). Children's perceptions of the outcomes of social strategies: Do the ends justify being mean? *Developmental Psychology*, **26**, 612-620.

Crocker, J., Lee, S. J., & Park, L. E. (2004). The pursuit of self-esteem: Implications for good and evil. In A. G. Miller (Ed.), *The social psychology of good and evil*. New York: Guilford Press. pp. 271-302.

Darley, J. M., & Gross, P. H. (1983). A hypothesis-confirming bias in labeling effect. *Journal of Personality and Social Psychology*, **44**, 20-33.

Demoulin, S., Cortes, C. P., & Leyens, J. P. (2009). Infrahumanization: The differential interpretation of primary and secondary emotions. In S. Demoulin, J. P. Leyens, & J. F. Dovidio (Eds.), *Intergroup misunderstandings: Impact of divergent social realities*. New York: Psychology Press. pp.153-172.

Demoulin, S., Leyens, J. P., Paladino, M. P., Rodriguez, R. T., Rodriguez, A. P., & Dovidio, J. F.(2004a). Dimensions of "Uniquely" and "Non-uniquely"emotions. *Cognition and Emotion*, **18**, 71-96.

Demoulin, S., Rodriguez, R. T., Rodriguez, A. P., Vaes, J., Paladino, P. M., Gaunt, R., Cortes, B. P., & Leyens, J. P. (2004b). Emotional prejudice can lead to infra-humanization. *European Review of Social Psychology*, **15**, 259-296.

DeWall, C. N., & Anderson, C. A. (2010). The general aggression model. In P. R. Shaver & M. Mikulincer (Eds.), *Human aggression and violence: Causes, manifestations, and consequences*. Washington, DC: American Psychological Association. pp.15-34.

Dodge, K. A. (2010). Social information processing patterns as mediators of the interaction between genetic factors and life experiences in the development of aggressive behavior. In P. R. Shaver & M. Mikulincer (Eds.), *Human aggression and Violence: Causes, manifestations, and consequences*. Washington, DC: American Psychological Association. pp.165-186.

Dovidio, J. F., & Gaertner, S. L. (2004). Aversive racism. In M. P. Zanna (Ed.), *Advances in experimental social psychology*. Vol.36. New York: Academic Press. pp.1-52.

Fein, S., & Spencer, S. (1997). Prejudice as a self-esteem maintenance: Affirming the self through derogating others. *Journal of Personality and Social Psychology*, **73**, 31-44.

Fowles, J. (1993). Electrodermal activity and antisocial behavior: Empirical findings and theoretical issues. In J.-C. Roy, W. Boucsein, D. Fowles, & J. Gruzelier (Eds.), *Progress in electrodermal research*. London: Plenum Press. pp.223-237.

Huesmann, L. R., & Kirwil, L. (2007). Why observing violence increases the risk of violent behavior by the observer. In D. J. Flannery, A. T. Vazsonyi, & I. D. Waldman (Eds.), *The Cambridge handbook of violent behavior and aggression*. New York: Cambridge University Press. pp.545-570.

Kernis, M. H., Grannemann, B. D., & Barclay, L. C. (1989). Stability and level of self-esteem as predictors of anger arousal and hostility. *Journal of Personality and Social Psychology*, **56**, 1013-1022.

北村英哉（2001）．社会的認知の基本的アプローチ　山本眞理子・外山みどり・池上知子・遠藤由美・北村英哉・宮本聡介（編著）社会的認知ハンドブック　北大路書房　pp.14-22.

Krahé, B. (2001). *The social psychology of aggression*. East Sussex, UK: Psychology Press.

Leary, M. R. (1999). The social and psychological importance of self-esteem. In R. M. Kowalski & M. R. Leary (Eds.), *The social psychology of emotional and behavioral problems: Interface of social and clinical psychology*. Washington, DC: American Psychological Association. pp.197-221. 小島弥生（訳）（2001）．自尊心のソシオメーター理論　安藤清志・丹野義彦（監訳）　臨床社会心理学の進歩―実りあるインターフェイスを目指して―　北大路書房　pp.222-248.

大渕憲一（2000）．攻撃と暴力―なぜ人は傷つけるのか―　丸善

Opotow, S. (1990). Moral exclusion and injustice: An introduction. *Journal of Social Issues*, **46**, 1-20.

Ostrowsky, M. K. (2010). Are violent people more likely to have low self-esteem or high self-esteem? *Aggression and Violent Behavior*, **15**, 69-75.

Paik, H., & Comstock, G. (1994). The effects of television violence on antisocial behavior: A meta-analysis. *Communication Research*, **21**, 516-546.

Pettit, G. S., & Mize, J. (2007). Social-cognitive processes in the development of antisocial and violent behavior. In D. J. Flannery, A. T. Vazsonyi, & I. D. Waldman (Eds.), *The Cambridge handbook of violent behavior and aggression*. New York: Cambridge University Press. pp.322-343.

Philippot, P. U. L., Kornreich, C., Blairy, S., Baert, I., Den Dulk, A., Le Bon, O., Streel, E., Hess, U., Pelc, I., & Verbanck, P. (1999). Alcholic's deficits in the decoding of emotional facial expression. *Alcoholism: Clinical and Experimental Research*, **23**, 1031-1038.

Raine, A., Reynolds, C., Venables, P. H., & Mednick, S. A. (1997). Biosocial bases of aggressive behavior in childhood. In A. Raine, D. P. Farrington, P. O. Brennen, & S. A. Mednick (Eds.), *The biosocial bases of violence*. New York: Plenum Press. pp.107-126.

Sagor, H. A., & Schofield, J. W. (1980). Racial and behavioral cues in black and white children's perceptions of ambiguously aggressive acts. *Journal of Personality and Social Psychology*, **39**, 590-598.

Sandstrom, M. J., & Jordan, R. (2008). Defensive self-esteem and aggression in childhood. *Journal of Research in Personality*, **42**, 506-514.

Schacter, S., & Singer, J. E. (1962). Cognitive social and physiological determinants of emotional state. *Psychological Review*, **69**, 379-399.

Staub, E. (1990). Moral exclusion, personal goal theory, and extreme destructiveness. *Journal of Social Issues*, **46**, 47-64.

Staub, E. (1996). Cultural-societal roots of violence: The examples of genocidal violence and of contemporary youth violence in the United States. *American Psychologist*, **51**, 117-132.

Staub, E. (1999). The roots of evil: Social conditions, culture, personality and basic human needs. *Personality and Social Psychology Review*, **3**, 179-192.

Tajfel, H., Flament, C., Billig, M. G., & Bundy, R. F. (1971). Social categorization and intergroup behavior. *European Journal of Social Psychology*, **1**, 149-177.

田村　達 (2010). 非人間的ラベリングが対象に対する認知判断と攻撃行動に及ぼす効果　東北大学博士論文

田村　達・大渕憲一 (2006). 非人間的ラベリングが攻撃行動に及ぼす効果―格闘TVゲームを用いた実験的検討―　社会心理学研究, **22**, 165-171.

Taylor, L. D., Davis-Kean, P., & Malanchuk, O. (2007). Self-esteem, academic self-concept, and aggression at school. *Aggressive Behavior*, **33**, 130-136.

Tesser, A. (1988). Toward a self-evaluation maintenance model of social behavior. In L. Berkowitz (Ed.), *Advances in experimental social psychology*. Vol.21. New York: Academic Press. pp.181-227.

Tesser, A., Campbell, J., & Smith, M. (1984). Friendship choice and performance: Self-evaluation maintenance in children. *Journal of Personality and Social Psychology*, **46**, 561-574.

Vaes, J., Paladino, M. P., Castelli, J., Leyens, J. P., & Giovanazzi, A. (2003). On the behavioral consequences of infrahumanization: The implicit role of uniquely human emotions in intergroup relations. *Journal of Personality and Social Psychology*, **85**, 1016-1034.

Zajonc, R. B. (1965). Social facilitation. *Science*, **149**, 269-274.

Zillmann, D. (1988). Cognition-excitation interdependencies in aggressive behavior. *Aggressive Behavior*, **14**, 51-64.

●第6章

Atlas, R. S., & Pepler, D. J. (1998). Observations of bullying in the classroom. *Journal of Educational Research*, **92**, 86-99.

Caravita, S. C. S., Gini, G., & Pozzoli, T. (2012). Main and moderated effects of moral cognition and status on bullying and defending. *Aggressive Behavior*, **38**, 456-468. doi: 10. 1002/ab. 21447

Gini, G. (2006). Bullying as a social process: The role of group membership in students' perception of inter-group aggression at school. *Journal of School Psychology*, **44**, 51-65.

橋本摂子 (1999). いじめ集団の類型化とその変容過程―傍観者に着目して―　教育社会学研究, **64**, 123-142.

Hoffman, M. L. (1998). Varieties of empathy-based guilt. In J. Bybee (Ed.), *Guilt and children*. San Diego, CA: Academic Press. pp.91-112.

Hong, J. S., Espelage, D. L., Grogan-Kaylor, A., & Allen-Meares, P. (2012). Identifying potential mediators and moderators of the association between child maltreatment and bullying perpetration and victimization in school. *Educational Psychology Review*, **24**, 167-186.

Hymel, S., Rocke-Henderson, N., & Bonanno, R. (2005). Moral disengagement: A framework for understanding bullying among adolescents. *Special international issue on victimization: Journal of Social Sciences*, **8**, 1-11.

井上健治・戸田有一・中松雅利 (1986). いじめにおける役割　東京大学教育学部紀要, **26**, 89-106.

文　　献

Kubiszewski, V., Fontaine, R., Huré, K., & Rusch, E.（2012）. Le *cyber-bullying* à l'adolescence: Problèmes psycho-sociaux associés et spécificités par rapport au bullying scolaire. *L' Encéphale*, **39**（2）, 77-84. doi:10. 1016/j.encep.2012. 01. 008

Mancini, F., & Gangemi, A.（2004）. The influence of responsibility and guilt on naive hypothesis-testing. *Thinking and Reasoning*, **10**, 289-320.

Menesini, E., Sanchez, V., Fonzi, A., Ortega, R., Costabile, A., & Lo Feudo, G.（2003）. Moral emotions and bullying: A cross-national comparison of differences between bullies, victims and outsiders. *Aggressive Behavior*, **296**, 515-530.

Meyer, E. J.（2008）. Gendered harassment in secondary schools: Understanding teachers'（non）interventions. *Gender and Education*, **20**, 555-570.

三島美砂・宇野宏幸（2004）．学級雰囲気に及ぼす教師の影響力　教育心理学研究, **52**, 414-425.

Monks, C. P., & Coyne, I.（Eds.）（2011）. *Bullying in different contexts*. Cambridge, UK: Cambridge University Press.

森田洋司（1985）．学級集団における「いじめ」の構造　ジュリスト, **836**, 35-39.

森田洋司（総監修）（1998）．世界のいじめ—各国の現状と取り組み—　金子書房

森田洋司・清永賢二（1986／新版1994）．いじめ—教室の病い—　金子書房

向井隆代・神村栄一（1998）．子どもの攻撃性といじめ—発達心理学的視点による基礎研究—　カウンセリング研究, **31**, 72-81.

Obermann, M.-L.（2011）. Moral disengagement in self-reported and peer-nominated school bullying. *Aggressive Behavior*, **37**, 133-144. doi: 10. 1002/ab.20378.

小野　淳・斎藤富由起（2008）．「サイバー型いじめ」（Cyber Bullying）の理解と対応に関する教育心理学的展望　千里金蘭大学紀要, **5**, 35-47.

大西彩子（2007）．中学校のいじめに対する学級規範が加害傾向に及ぼす効果　カウンセリング研究, **40**, 199-207.

Onishi, A., Kawabata, Y., Kurokawa, M., & Yoshida, T.（2012）. A mediating model of relational aggression, narcissistic orientations, guilt feelings, and perceived classroom norms. *School Psychology International*, **33**, 367-390.

大西彩子・黒川雅幸・吉田俊和（2009）．児童・生徒の教師認知がいじめの加害傾向に及ぼす影響—学級の集団規範およびいじめに対する罪悪感に着目して—　教育心理学研究, **57**, 324-335.

Osofsky, M. J., Bandura, A., & Zimbardo, P. G.（2005）. The role of moral disengagement in the execution process. *Law and Human Behavior*, **29**, 371-393.

Pepler, D.（2006）. Bullying interventions: A binocular perspective. *Journal of the Canadian Academy of Child and Adolescent Psychiatry*, **15**, 16-20.

Pornari, C. D., & Wood, J.（2010）. Peer and cyber-aggression in secondary school students: The role of moral disengagement, hostile attribution bias and outcome expectancies. *Aggressive Behavior*, **36**, 81-94.

阪根健二・青山郁子（2011）．全国各自治体でのいじめ増減傾向の推認といじめ研修の地域差・内容・定着度：教育委員会担当者への質問紙調査より　生徒指導学研究, **10**, 47-56.

Salmivalli, C.（2010）. Bullying and the peer group: A review. *Aggression and Violent Behavior*, **15**, 112-120.

Smith, P.（2011）. Why interventions to reduce bullying and violence in schools may（or may not）succeed: Comments on this special section. *International Journal of Behavioral Development*, **35**,

419-423.

Smith, P. K. (2012). Cyberbullying: Challenges and opportunities for a research program: A response to Olweus. *European Journal of Developmental Psychology*, **9**（5）, 553-558. iFirst article. doi: 10. 1080/17405629. 2012. 689821

Smith, P. K., Cowie, H., Olafsson, R., & Liefooghe, A. (2002). Definitions of bullying: A comparison of terms used, and age and gender differences, in a fourteen-country international comparison. *Child Development*, **73**, 1119-1133.

South, C. R., & Wood, J. (2006). Bullying in prisons: The importance of perceived social status, prisonization and moral disengagement. *Aggressive Behavior*, **32**, 490-501.

鈴木康平（1995）．学校におけるいじめ　教育心理学年報, **34**, 132-142.

Sykes, G., & Matza, D. (1957). Techniques of neutralisation: A theory of delinquency. *American Sociological Review*, **22**, 664-670.

Takeuchi, K., Yanagida, T., Gradinger, P., & Toda, Y. (2013 September). *The intentions and actions of internet delinquency among Japanese adolescents: The effect of their knowledge about the internet crime and moral disengagement.* The 16th European Conference on Developmental Psychology. Lausanne, Switzerland.

滝　充（2007）．Evidence に基づくいじめ対策　国立教育政策研究所紀要, **136**, 119-135.

戸田有一（2010）．児童・青年の発達に関する研究動向といじめ研究の展望　教育心理学年報, **49**, 55-66.

Toda, Y. (2011). Bullying (Ijime) and its prevention in Japan: A relationships focus. In R. H. Shute, P. T. Slee, R. Murray-Harvey, & K. L. Dix (Eds.), *Mental health and wellbeing: Educational perspectives*. Adelaide, South Australia: Shannon Research Press. pp.179-189.

戸田有一（2012）．攻撃性・抑うつと問題行動　日本発達心理学会（編）氏家達夫・遠藤利彦（編）社会・文化に生きる人間　発達科学ハンドブック5　新曜社　pp.189-199.

戸田有一・青山郁子・金綱知征．(2013)．ネットいじめ研究と対策の国際的動向と展望　一橋大学〈教育と社会〉研究, **23**, 25-35.

戸田有一・ダグマー＝ストロマイヤ（2013）．欧州の予防教育の概要　山崎勝之・戸田有一・渡辺弥生（編）世界の学校予防教育　金子書房　pp.139-147.

戸田有一・ダグマー＝ストロマイヤ・クリスチアーナ＝スピール（2008）．人をおいつめるいじめ—集団化と無力化のプロセス—　谷口弘一・加藤　司（編著）対人関係のダークサイド　北大路書房　pp.117-131.

土屋基規・P. K. スミス・添田久美子・折出健二（編著）(2005)．いじめととりくんだ国々—日本と世界の学校におけるいじめへの対策と施策—　ミネルヴァ書房

Williams, K. R., & Guerra, N. G. (2007). *Prevalence and predictors of internet bullying*. Commissioned paper, Centers for Disease Control and Prevention, Atlanta, GA.

●第7章

Achenbach, T. M. (1991). *Manual for the child behavior checklist for ages*. Burlington, VT: University of Vermont Department of Psychiatry. pp. 4-18.

Alleyne, E., & Wood, J. L. (2010). Gang involvement: Psychological and behavioral characteristics of gang members, peripheral youth, and nongang youth. *Aggressive Behavior*, **36**, 423-436.

Bandura, A., Barbaranelli, C., Caprara, G. V., & Pastorelli, C. (1996). Mechanisms of moral

文　　献

disengagement in the exercise of moral agency. *Journal of Personality and Social Psychology*, **71**, 364–374.

Bandura, A., Caprara, G. V., Barbaranelli, C., Pastorelli, C., & Regalia, C. (2001). Sociocognitive self-regulatory mechanisms governing transgressive behavior. *Journal of Personality and Social Psychology*, **80**, 125–135.

Barnes, G. M., Welte, J. W., Hoffman, J. H., & Dintcheff, B. A. (2005). Shared predictors of youthful gambling, substance use, and delinquency. *Psychology of Addictive Behaviors*, **19**, 165–174.

Barriga, A. Q., & Gibbs, J. C. (1996). Measuring cognitive distortion in antisocial youth: Development and preliminary validation of the "How I Think"questionnaire. *Aggressive Behavior*, **22**, 333–343.

Barriga, A. Q., Gibbs, J. C., Potter, G. B., & Liau, A. K. (2001). *How I Think (HIT) Questionnaire Manual*. Champaign, IL: Research Press.

Capaldi, D. M., Dishion, T. J., Stoolmiller, M., & Yoerger, K. (2001). Aggression toward female partners by at-risk young men: The contribution of male adolescent friendships. *Developmental Psychology*, **37**, 61–73.

Cleckley, H. (1976). *The mask of sanity*. 5 th ed. St. Louis, MO: Mosby.

Dodge, K. A., Bates, J. E., & Pettit, G. S. (1990). Mechanisms in the cycle of violence. *Science*, **250**, 1678–1683.

Dodge, K. A., Lansford, J. E., Burks, V. S., Bates, J. E., Pettit, G. S., Fontaine, R., & Price, J. M. (2003). Peer rejection and social information-processing factors in the development of aggressive behavior problems in children. *Child Development*, **74**, 374–393.

Dodge, K. A., Pettit, G. S., Bates, J. E., & Valente, E. (1995). Social information-processing patterns partially mediate the effect of early physical abuse on later conduct problems. *Journal of Abnormal Psychology*, **104**, 632–643.

Dodge, K. A., Price, J. M., Bachorowski, J.-A., & Newman, J. P. (1990). Hostile attributional biases in severely aggressive adolescents. *Journal of Abnormal Psychology*, **99**, 385–392.

Hains, A. A., & Ryan, E. B. (1983). The development of social cognitive processes among juvenile delinquents and nondelinquent peers. *Child Development*, **54**, 1536–1544.

Hindelang, M. J. (1970). The commitment of delinquents to their misdeeds: Do delinquents drift? *Social Problems*, **17**, 502–509.

法務省法務総合研究所 (2005). 平成17年版　犯罪白書　国立印刷局

Hyde, L. W., Shaw, D. S., & Moilanen, K. L. (2010). Developmental precursors of moral disengagement and the role of moral disengagement in the development of antisocial behavior. *Journal of Abnormal Child Psychology*, **38**, 197–209.

MacKinnon-Lewis, C., Rabiner, D., & Starnes, R. (1999). Predicting boys' social acceptance and aggression: The role of mother-child interactions and boys' beliefs about peers. *Developmental Psychology*, **35**, 632–639.

Matza, D. (1964). *Delinquency and drift*. New York: John Wiley & Sons.　非行理論研究会 (訳)（1986). 漂流する少年　成文堂

McArdle, J. J. (2009). Latent variable modeling of differences and changes with longitudinal data. *Annual Review of Psychology*, **60**, 577–605.

McArdle, J. J., & Hamagami, F. (2001). Linear dynamic analyses of incomplete longitudinal data. In

L. Collins & A. Sayer (Eds.), *New methods for the analysis of change*. Washington, DC: APA Press. pp. 137-176.
Nas, C. N., Brugman, D., & Koops, W. (2008). Measuring self-serving cognitive distortions with the "How I Think" Questionnaire. *European Journal of Psychological Assessment*, **24**, 181-189.
Paciello, M., Fida, R., Tramontano, C., Lupinet, C., & Caprara, G. V. (2008). Stability and change of moral disengagement and its impact on aggression and violence in late adolescence. *Child Development*, **79**, 1288-1309.
Palmer, E. J. (2000). Perceptions of parenting, social cognition and delinquency. *Clinical Psychology and Psychotherapy*, **7**, 303-309.
Pardini, D. A., Lochman, J. E., & Frick, P. J. (2003). Callous/unemotional traits and social-cognitive processes in adjudicated youths. *Journal of the American Academy of Child and Adolescent Psychiatry*, **42**, 364-371.
Shahinfar, A., Kupersmidt, J. B., & Matza, L. S. (2001). The relation between exposure to violence and social information processing among incarcerated adolescents. *Journal of Abnormal Psychology*, **110**, 136-141.
Shulman, E. P., Cauffman, E., Piquero, A. R., & Fagan, J. (2011). Moral disengagement among serious juvenile offenders: A longitudinal study of the relations between morally disengaged attitudes and offending. *Developmental Psychology*, **47**, 1619-1632.
Slaby, R. G., & Guerra, N. G. (1988). Cognitive mediators of aggression in adolescent offenders: 1. Assessment. *Developmental Psychology*, **24**, 580-588.
Stickle, T. R., Kirkpatrick, N. M., & Brush, L. N. (2009). Callous-unemotional traits and social information processing: Multiple risk-factor models for understanding aggressive behavior in antisocial youth. *Law and Human Behavior*, **33**, 515-529.
Sykes, G. M., & Matza, D. (1957). Techniques of neutralization: A theory of delinquency. *American Sociological Review*, **22**, 664-670.
Thornberry, T. P., Lizotte, A. J., Krohn, M. D., Farnworth, M., & Jang, S. J. (1996). Delinquent peers, beliefs, and delinquent behavior: A longitudinal test of interactional theory. In D. F. Greenberg (Ed.), *Criminal careers*. Vol. 2. Brookfield, VT: Dartmouth Publishing Company Limited. pp. 339-375.
Weiss, B., Dodge, K. A., Bates, J. E., & Pettit, G. S. (1992). Some consequences of early harsh discipline: Child aggression and a maladaptive social information processing style. *Child Development*, **63**, 1321-1335.
吉澤寛之・吉田俊和（2004）．社会的ルールの知識構造から予測される社会的逸脱行為傾向―知識構造測定法の簡易化と認知的歪曲による媒介過程の検討― 社会心理学研究, **20**, 106-123.
吉澤寛之・吉田俊和（2010）．中高校生における親友・仲間集団との反社会性の相互影響―社会的情報処理モデルに基づく検討― 実験社会心理学研究, **50**, 103-116.
吉澤寛之・吉田俊和・原田知佳・海上智昭・朴　賢晶・中島　誠・尾関美喜（2009）．社会環境が反社会的行動に及ぼす影響―社会化と日常活動による媒介モデル― 心理学研究, **80**, 33-41.

● 第 8 章
Armbruster, P., & Kazdin, A. E. (1994). Attrition in child psychotherapy. *Advances in Clinical Child Psychology*, **16**, 81-108.

文　　献

Castelli, E., Poggi, G., Ferraroli, C., & Trebeschiet, V. (1994). Computer neuropsychological training in mentally retarded children. *Lecture Notes in Computer Science*, **860**, 336-341.
Conduct Problems Prevention Research Group (1999a). Initial impact of the Fast Track prevention trial for conduct problems: I. The high-risk sample. *Journal of Consulting and Clinical Psychology*, **67**, 631-647.
Conduct Problems Prevention Research Group (1999b). Initial impact of the Fast Track prevention trial for conduct problems: II. Classroom effects. *Journal of Consulting and Clinical Psychology*, **67**, 648-657.
Conduct Problems Prevention Research Group (2002). Using the Fast Track randomized prevention trial to test the early-starter model of the development of serious conduct problems. *Development and Psychopathology*, **14**, 925-943.
Conduct Problems Prevention Research Group (2011). The effects of the Fast Track preventive intervention on the development of conduct disorder across childhood. *Child Development*, **82**, 331-345.
DiBiase, A.-M., Gibbs, J. C., Potter, G. B., & Blount, M. R. (2012). *Teaching adolescents to think and act responsibly: The EQUIP approach.* Champaign, IL: Research Press.
Dickson, K., Emerson, E., & Hatton, C. (2005). Self-reported anti-social behaviour: Prevalence and risk factors amongst adolescents with and without intellectual disability. *Journal of Intellectual Disabilities*, **49**, 820-826.
Donovan, J. E., Jessor, R., & Costa, F. M. (1988). Syndrome of problem behavior in adolescence: A replication. *Journal of Consulting and Clinical Psychology*, **56**, 762-765.
Douma, J. C., Dekker, M. C., de Ruiter, K. P., Tick, N. T., & Koot, H. M. (2007). Antisocial and delinquent behaviours in youths with mild or borderline disabilities. *American Journal of Mental Retardation*, **112**, 207-220.
Foglia, W. D. (2000). Adding an explicit focus on cognition to criminological theory. In D. H. Fishbein (Ed.), *The science, treatment, and prevention of antisocial behaviors, application to the criminal justice system.* Kingston, NJ: Civil Research Institute.
Frize, M., Kenny, D., & Lennings, C. (2008). The relationship between intellectual disability, Indigenous status and risk of reoffending in juvenile offenders on community orders. *Journal of intellectual Disability Research*, **52**, 510-519.
藤井正子・松岡恵子 (2006). 外傷性脳損傷者のリハビリテーション実践―ドリル学習などの効果性― *MEDICAL REHABILITATION*, **70**, 148-153.
Gibbs, J. C. (2010). *Moral development and reality: Beyond the theories of Kohlberg and Hoffman.* 2nd ed. Boston: Pearson Higher Education.
Gibbs, J. C., Potter, G. B., & Goldstein, A. P. (1995). *The EQUIP program: Teaching youth to think and act responsibly through a peer-helping approach.* Champaign, IL: Research Press.
Greenberg, M. T., & Kusché, C. A. (1993). *Promoting social and emotional development in deaf children: The PATHS project.* Seattle, WA: University of Washington Press.
Greenberg, M. T., & Kusché, C. A. (2006). Building social and emotional competence: The PATHS curriculum. In S. R. Jimerson & M. Furlong (Eds.), *Handbook of school violence and school safety: From research to practice.* Mahwah, NJ: Lawrence Erlbaum Associates Publishers. pp. 395-412.

文　献

浜井浩一・浜井郁子（1993）非行における予防的介入の効果について―非行は予防できるか？―　犯罪心理学研究, **31**（2）, 29-37.

Hawkins, J. D., von Cleve, E., & Catalano, R. F.（1991）. Reducing early childhood aggression: Results of a primary prevention program. *Journal of the American Academy of Child and Adolescent Psychiatry*, **30**, 208-217.

Jaeggi, S. M., Buschkuehl, M., Jonides, J., & Perrig, W. J.（2008）. Improving fluid intelligence with training on working memory. *Proceedings of the National Academy of Sciences of the United States of America*, **105**, 6829-6833.

Jones, D., Godwin, J., Dodge, K. A., Bierman, K. L., Coie, J. D., Greenberg, M. T., Lochman, J. E., McMahon, R. J., & Pinderhughes, E. E.（2010）. Impact of the Fast Track prevention program on health services use by conduct-problem youth. *Pediatrics*, **125**, 130-136.

亀田弘之・税田竜一・原田俊信・石鍋　仁・伊藤憲治・久保村千明・服部　峻・池淵恵美・DYCSS 3グループ（2010）. 認知リハビリテーションのためのゲーム集試作プロジェクト　信学技報, **TL2010-1**, 1-6.

加藤元一郎（2009）. 脳損傷と認知リハビリテーション　脳神経外科ジャーナル, **18**, 277-285.

川上昇八・中島恵子（2007）. 高次脳機能障害者への認知リハビリテーション―注意と記憶障害のグループ訓練―　九州ルーテル学院大学発達心理臨床センター年報, **6**, 65-73.

Kazdin, A. E.（1987）. Treatment of antisocial behavior in children: Current status and future directions. *Psychological Bulletin*, **102**, 187-203.

Kazdin, A. E.（1995）. *Conduct disorders in childhood and adolescence*. 2nd ed. Thousand Oaks, CA: Sage Publications.

Kazdin, A. E.（1997）. Practitioner review: Psychosocial treatments for conduct disorder in children. *Journal of Child Psychology Psychiatry and Allied Disciplines*, **38**, 161-178.

Kazdin, A. E., Esveldt-Dawson, K., French, N. H., & Unis, A. S.（1987）. Problem-solving skills training and relationship therapy in the treatment of antisocial child behavior. *Journal of Consulting and Clinical Psychology*, **55**, 76-85.

Kazdin, A. E., Siegel, T., & Bass, D.（1992）. Cognitive problem-solving skills training and parent management training in the treatment of antisocial behavior in children. *Journal of Consulting and Clinical Psychology*, **60**, 733-747.

Klingberg, T., Fernell, E., Olesen, P. J., Johnson, M., Gustafsson, P., Dahlström, K., Gillberg, C. G., Forssberg, H., & Westerberg, H.（2005）. Computerized training of working memory in children with ADHD: A randomized, controlled trial. *Journal of the American Academy of Child and Adolescent Psychiatry*, **44**, 177-186.

Klingberg, T., Forssberg, H., & Westerberg, H.（2002）. Training of working memory in children with ADHD. *Journal of Clinical and Experimental Neuropsychology*, **24**, 781-791.

Koenen, K. C., Caspi, A., Moffitt, T. E., Rijsdijk, F., & Taylor, A.（2006）. Genetic influences on the overlap between low IQ and antisocial behavior in young children. *Journal of Abnormal Psychology*, **115**, 787-797.

Koolhof, R., Loeber, R., Wei, E. H., Pardini, D., & D'Escury, A. C.（2007）. Inhibition deficits of serious delinquent boys of low intelligence. *Criminal Behaviour and Mental Health*, **17**, 274-292.

Krahé, B.（2001）. *The social psychology of aggression*. New York: Psychology Press. 泰　一士・湯川進太郎（編訳）（2004）. 攻撃の心理学　北大路書房

文　　献

Kusché, C. A., & Greenberg, M. T.（1994）. *The PATHS curriculum*. Seattle, WA: Developmental Research and Programs.
Leeman, L. W., Gibbs, J. C., & Fuller, D.（1993）. Evaluation of a multi-component group treatment program for juvenile delinquents. *Aggressive Behavior*, **19**, 281-292.
Leone, P. E., Meisel, S. M., & Drakeford, W.（2002）. Special education programs for youth with disabilities in juvenile corrections. *Journal of Correctional Education*, **53**, 46-50.
Lochman, J. E.（1992）. Cognitive-behavioral intervention with aggressive boys: Three-year follow-up and preventive effects. *Journal of Consulting and Clinical Psychology*, **60**, 426-432.
Lochman, J. E., Burch, P. R., Curry, J. F., & Lampron, L. B.（1984）. Treatment and generalization effects of cognitive-behavioral and goal-setting interventions with aggressive boys. *Journal of Consulting and Clinical Psychology*, **52**, 915-916.
Lochman, L. E., Lenhart, L. A., & Wells, K. C.（1996）. *Coping power program: Child component*. Unpublished manual, Duke University Medical Center, Durham, NC.
Lochman, J. E., & Wells, K. C.（2002）. Contextual social-cognitive mediators and child outcome: A test of the theoretical model in the Coping Power program. *Development and Psychopathology*, **14**, 945-967.
Martin, G., & Johnson, C.（2005）. The boys totem neurofeedback project: A pilot study of EEG biofeedback with incarcerated juvenile felons. *Forensic Applications of QEEG and Neurotherapy*, 71-86.
松尾直博（2002）.学校における暴力・いじめ防止プログラムの動向―学校・学級単位での取り組み―　教育心理学研究, **50**, 487-499.
McGinnis, E.（2003）. Aggression replacement training: A viable alternative. *Reclaiming Children and Youth*, **12**, 161-166.
McGurk, S. R., Mueser, K. T., Pascaris, A., & McGurk, S. R.（2005）. A cognitive training and supported employment for persons with severe mental illness: One-year results from a randomized controlled trial. *Schizophrenia Bulletin*, **31**, 898-909.
McNab, F., Varrone, A., Farde, L., Jucaite, A., Bystritsky, P., Forssberg, H., & Klingberg, T.（2009）. Changes in cortical dopamine D1 receptor binding associated with cognitive training. *Science*, **323**, 800-802.
Medalia, A., Revheim, N., & Herlands, T.（2002）. *Remediation of cognitive deficits in psychiatric patients: A clinician's manual*. New York: Montefiore Medical Center. 中込和幸・最上多美子（訳）（2008）.精神科疾患における認知機能障害の矯正法―臨床家マニュアル―　星和書店
宮口幸治（2013）.凸凹さをもつ人たちへ「みる，きく，感じる，考える」ための支援ガイド　第1回　認知機能の弱さとトレーニング　作業療法ジャーナル, **47**, 909-915.
Miyaguchi, K., Matsuura, N., Shirataki, S., & Maeda, K.（2012）. Cognitive training for delinquents within a residential service in Japan. *Children and Youth Services Review*, **34**, 1762-1768.
宮口幸治・宮口英樹（2014）.不器用な子どもたちへの認知作業トレーニング　三輪書店
Nation, M., Crusto, C., Wandersman, A., Kumpfer, K. L., Seybolt, D., Morrissey-Kane, E., & Davino, K.（2003）. What works in prevention: Principles of effective prevention programs. *American Psychologist*, **58**, 449-456.
尾崎聡子・土屋和子・乗越奈保子（2003）.高次脳機能障害を有する患者に対するグループ指導―FFGW（感情交流法）の実施と効果―　国立身体障害者リハビリテーションセンター研究紀要,

24, 1-9.
Ross, E. H., & Hoaken, P. N. S. (2010). Correctional remediation meets neuropsychological rehabilitation: How brain injury and schizophrenia research can improve offender programming. *Criminal Justice and Behavior*, 37, 656-677.
Smith, P. N., & Sams, M. W. (2005). Neuro feedback with juvenile offenders: A pilot study in the use of QEEG-based and analog-based remedial neurofeedback training. *Forensic Applications of QEEG and Neurotherapy*, 87-99.
東京都高次脳機能障害者実態調査検討委員会（2008）．高次脳機能障害者実態調査報告書　東京都福祉保健局
Tremblay, R. E., Pagani-Kurtz, L., Masse, L. C., Vitaro, F., & Pihl, R. O. (1995). A bimodal preventive intervention for disruptive kindergarten boys: Its impact through mid-adolescence. *Journal of Consulting and Clinical Psychology*, 63, 560-568.
馬屋原誠司・中島恵子（2008）．PDCA訓練による病態認識の改善の試み　九州ルーテル学院大学発達心理臨床センター年報，7, 41-47.
Van der Molen, M. J., Van Luit, J. E., Van der Molen, M. W., Klugkist, I., & Jongmans, M. J. (2010). Effectiveness of a computerised working memory training in adolescents with mild to borderline intellectual disabilities. *Journal of Intellect Disability Research*, 54, 433-447.
和田勇治・本田哲三・上久保　毅・有田元英・南雲祐美・中島恵子（2004）．当院における認知リハビリテーションについて　認知リハビリテーション　新興医学出版社　pp.14-19.
Wells, K. C., Lenhart, L. A., & Lochman, J. E. (1996). *Coping power program: Parent component.* Unpublished manual, Duke University Medical Center, Durham, NC.
Wierzbicki, M., & Pekarik, G. (1993). A meta-analysis of psychotherapy dropout. *Professional Psychology: Research and Practice*, 24, 190-195.
吉田俊和・廣岡秀一・斎藤和志（2002）．教室で学ぶ「社会の中の人間行動」―心理学を活用した新しい授業例―　明治図書
吉田俊和・廣岡秀一・斎藤和志（2005）．学校教育で育む「豊かな人間関係と社会性」―心理学を活用した新しい授業例 Part 2―　明治図書
吉澤寛之・吉田俊和（2004）．社会的ルールの知識構造から予測される社会的逸脱行為傾向―知識構造測定法の簡易化と認知の歪曲による媒介過程の検討―　社会心理学研究，20, 106-123.
吉澤寛之・吉田俊和（2007）．社会的情報処理の適応性を促進する心理教育プログラムの効果―中学生に対する実践研究―　犯罪心理学研究，45（2），17-36.

●第9章
出口拓彦・木下雅仁・吉田俊和（2010）．「人間や社会に対する考え方の基礎を養う」授業の効果に対する実験的検討　教育心理学研究，58, 198-211.
速水敏彦（1981）．学業不振児の原因帰属―ケース評定尺度によるアプローチ―教育心理学研究，29, 287-296.
川井栄治・吉田寿夫・宮元博章・山中一英（2006）．セルフ・エスティームの低下を防ぐための授業の効果に関する研究―ネガティブな事象に対する自己否定的な認知への反駁の促進―　教育心理学研究，54, 112-123.
Medway, F. J. (1979). Causal attributions for school-related problems: Teacher perceptions and teacher feedback. *Journal of Educational Psychology*, 71, 809-818.

文　　献

三島浩路（1997）．対人関係能力の低下といじめ誌上シンポジウム「対人関係能力の低下と現代社会」（提案論文１）　名古屋大学教育学部紀要，**44**, 3-9.
三島浩路・黒川雅幸・大西彩子・本庄　勝・吉武久美・田上敦士・長谷川　亨・吉田俊和（2012）．中学生・高校生の携帯電話に関連したいじめ等の問題に関する研究　電子情報通信学会技術研究報告，**111**（393），57-62.
三隅二不二・矢守克也（1989）．中学校における学級担任教師のリーダーシップ行動測定尺度の作成とその妥当性に関する研究　教育心理学研究，**37**, 46-54.
小川一美・斎藤和志・坂本　剛・出口拓彦・小池はるか・吉田俊和・石田靖彦・廣岡秀一（2001）．人間・社会を考える能力を刺激する教育の実践（１）―生徒の変化の記述へ向けての探索的検討―　日本グループ・ダイナミックス学会第49回大会発表論文集，100-101.
岡田　努（1999）．現代青年に特有な友人関係の取り方と自己愛傾向の関連について　立教大学教職研究，**9**, 29-39.
大嶽さと子（2007）．「ひとりぼっち回避規範」が中学生女子の対人関係に及ぼす影響―面接データに基づく女子グループの事例的考察―　カウンセリング研究，**40**, 267-277.
Ross, L., Greene, D., & House, P. (1977). The "false consensus effect": An egocentric bias in social perception and attribution processes. *Journal of Experimental Social Psychology*, **13**, 279-301.
吉田俊和（2001）．教師による生徒理解　速水敏彦・吉田俊和・伊藤康児（編）生きる力をつける教育心理学　ナカニシヤ出版　pp.179-187.
吉田俊和・廣岡秀一・斎藤和志（編著）（2002）．教室で学ぶ「社会の中の人間行動」―心理学を活用した新しい授業例―　明治図書
吉田俊和・廣岡秀一・斎藤和志（編著）（2005）．学校教育で育む「豊かな人間関係と社会性」―心理学を活用した新しい授業例 Part 2 ―　明治図書
吉田寿夫・坪田雄治・早川貴宏（2003）．児童の感情認知を促す方策に関する実践的研究　教育心理学研究，**51**, 105-114.
吉澤寛之・吉田俊和（2007）．社会的情報処理の適応性を促進する心理教育プログラムの効果―中学生に対する実践研究―　犯罪心理学研究，**45**（２），17-36.

●第10章

Almeida, A., del Barrio, C., Marques, M., Gutierrez, H., & van der Meulen, K. (2001). Scan-bullying: A script-cartoon narrative to assess cognitions, emotions and coping strategies in bullying situations. In M. Martinez (Ed.), *Prevention and control of aggression and the impact on its victims*. New York: Kluwer Academic/Plenum Pub. pp. 161-168.
Anderson, C. A., & Bushman, B. J. (2002). Human aggression. *Annual Review of Psychology*, **53**, 27-51.
Arsenio, W. F., Adams, E., & Gold, J. (2009). Social information processing, moral reasoning, and emotion attributions: Relations with adolescents' reactive and proactive aggression. *Child Development*, **80**, 1739-1755.
Arsenio, W. F., & Lemerise, E. A. (2004). Aggression and moral development: Integrating social information processing and moral domain models. *Child Development*, **75**, 987-1002.
Astor, R. A. (1994). Children's moral reasoning about family and peer violence: The role of provocation and retribution. *Child Development*, **65**, 1054-1067.
Baldwin, M. W. (1992). Relational schemas and the processing of social information, *Psychological*

Bulletin, **112**, 461-484.

Bandura, A.(1986). *Social foundation of thought and action. A social cognitive theory*. Englewood Cliffs, NJ: Prentice-Hall.

Bandura, A.(1990). Selective activation and disengagement of moral control. *Journal of Social Issues*, **46**, 27-46.

Bandura, A.(1991). Social cognitive theory of moral thought and action. In W. M. Kurtines & G. L. Gewirtz (Eds.), *Handbook of moral behavior and development: Theory, research and applications*. Vol. 1 . Hillsdale, NJ: Erlbaum. pp. 71-129.

Bandura, A.(2002). Selective moral disengagement in the exercise of moral agency. *Journal of Moral Education*, **312**, 101-119.

Bandura, A., Barbaranelli, C., Caprara, G. V., & Pastorelli, C.(1996). Mechanisms of moral disengagement in the exercise of moral agency. *Journal of Personality and Social Psychology*, **71**, 364-374.

Barriga, A. Q., Gibbs, J. C., Potter, G. B., & Liau, A. K.(2001). *How I Think (HIT) Questionnaire manual*. Champaign, IL: Research Press.

Brugman, D., & Aleva, A. E.(2004). Developmental delay or regression in moral reasoning by juvenile delinquents? *Journal of Moral Education*, **33**, 321-338.

Brusten, C., Stams G. J., & Gibbs J. C.(2007). Missing the mark. *British Journal of Developmental Psychology*, **25**, 185-189.

Camodeca, M., & Goossens, F. A.(2005). Aggression, social cognitions, anger and sadness in bullies and victims. *Journal of Child Psychology and Psychiatry*, **46**, 186-197.

Camodeca, M., Goossens, F. A., Schuengel, C., & Terwogt, M. M.(2003). Links between social information processing in middle childhood and involvement in bullying. *Aggressive Behavior*, **29**, 116-127.

Caprara, G. V., Barbaranelli, C., Vicino, S., & Bandura, A.(1996). La misura del disimpegno morale [Measuring moral disengagement]. *Rassegna di Psicologia*, **113**, 93-105.

Caprara, G. V., Pastorelli, C., & Bandura, A.(1995). La misura del disimpegno morale in età evolutiva [Measuring moral disengagement in children]. *Età Evolutiva*, **51**, 18-29.

Caravita, S. C. S., & Gini, G.(2010, March). *Rule perception or moral disengagement? Associations of moral cognition with bullying and defending in adolescence*. Oral communication presented at Society for Research on Adolescence 2010 Biennal Meeting, Philadelphia, PA.

Caravita, S. C. S., Gini, G., & Capraro, S.(2009b, December). Rilevanza della cognizione morale e dello status nel gruppo per la prevenzione del bullismo: Uno studio. [Relevance of moral cognition and status within the peer-group for preventing bullying: A study] Poster presented at the Italian National Conference of Developmental Psychology, Bari, Italy.

Caravita, S. C. S., Miragoli, S., & Di Blasio, P.(2009a). Why should I behave in this way? Rule discrimination within the school context related to bullying. In L. R. Elling (Ed.), *Social development*. New York: Nova Science Publishers. pp. 269-290.

Crick, N. R., & Dodge, K. A.(1994). A review and reformulation of social information-processing mechanisms in children's social adjustment. *Psychological Bulletin*, **115**, 74-101.

Di Norcia, A.(2006). *Valutare la competenza sociale nei bambini*. [Evaluating social competence in children]. Rome: Carocci.

文　　献

Di Norcia, A., & Pastorelli, C.（2008）. Clima scolastico, comportamento sociale e disimpegno morale in bambini di scuola primaria [School climate, social behaviour and moral disengagement in childhood]. *Psicologia dell'Educazione*, **2**, 157-174.

Dodge, K. A., & Coie, J. D.（1987）. Social-information-processing factors in reactive and proactive aggression in children's playgroups. *Journal of Personality and Social Psychology*, **53**, 1146-1158.

Eisenberg, N.（2000）. Emotion, regulation, and moral development. *Annual Review of Psychology*, **51**, 665-697.

Emler, N., & Tarry, H.（2007）. Clutching at straws: Is it time to abandon the moral judgment deficit explanation for delinquency? *British Journal of Developmental Psychology*, **25**, 191-195.

Gannon, T. A., Polaschek, D. L. L., & Ward, T.（2005）. Social cognition and sexual offenders. In M. McMurran & J. McGuire（Eds.）, *Social problem solving and offenders*. Chichester, UK: Wiley. pp. 223-248.

Gannon, T. A., Ward, T., Beech, A. R., & Fisher, D.（Eds.）（2007）. *Aggressive offenders' cognition: Theory, research, and practice*. Chichester, UK: Wiley.

Gasser, L., & Keller, M.（2009）. Are the competent the morally good? Perspective taking and moral motivation of children involved in bullying. *Social Development*, **18**, 798-816.

Gerbino, M., Alessandri, G., & Caprara, G. V.（2008）. Valori, disimpegno morale e violenza nei giovani adulti [Values, moral disengagement and violence in young adults]. *Età Evolutiva*, **90**, 88-96.

Gibbs, J. C.（1993）. Moral-cognitive interventions. In A. P. Goldstein & C. R. Huff（Eds.）, *The gang intervention handbook*. Champaign, IL: Research Press. pp. 159-185.

Gibbs, J. C.（2010）. *Moral development and reality: Beyond the theories of Kohlberg and Hoffman*. 2 nd ed. Thousand Oaks, CA: Sage Publications Inc.

Gibbs, J. C., Basinger, K. S., & Fuller, D.（1992）. *Moral maturity*. Hillsdale NJ: Lawrence Erlbaum Associates.

Gibbs, J. C., Basinger, K. S., Grime, R. L., & Snarey, J. R.（2007）. Moral judgment development across cultures: Revisiting Kohlberg's universality claims. *Developmental Review*, **27**, 443-500.

Gibbs, J. C., Potter, G. B., & Goldstein, A. P.（1995）. *The EQUIP program: Teaching youth to think and act responsibly through a peer-helping approach*. Champaign, IL: Research Press.

Gini, G.（2006）. Social cognition and moral cognition in bullying: What's wrong? *Aggressive Behavior*, **32**, 528-539.

Gini, G.（2008）. Italian elementary and middle school students blaming the victim of bullying and perception of school moral atmosphere. *Elementary School Journal*, **108**, 1 -20.

Gini, G., Pozzoli, T., Borghi, F., & Franzoni, L.（2008）. The role of bystanders in students' perception of bullying and sense of safety. *Journal of School Psychology*, **46**, 617-638.

林　創（2002）. 児童期における再帰的な心的状態の理解　教育心理学研究, **50**, 43-53.

Helwig, C. C., & Turiel, E.（2004）. Children's social and moral reasoning. In P. K. Smith & C. H. Hart（Eds.）, *Childhood social development*. Malden, MA: Blackwell Publishing Ltd. pp. 475-490.

Kleinke, C. L., & Meyer, C.（1990）. Evaluation of rape victim by men and women with high and low belief in a just world. *Psychology of Women Quarterly*, **14**, 343-353.

Kohlberg, L.（1976）. Moral stages and moralization: The cognitive-developmental approach. In T. Lickona（Ed.）, *Moral development and behavior*. New York: Holt, Rinehart and Winston. pp. 31

−53.

Krettenauer, T., & Becker, G. (2001). Developmental levels of sociomoral reasoning: German version of the sociomoral reflection measure-short form [German]. *Diagnostica*, **47**, 188–195.

Krettenauer, T., & Eichler, D. (2006). Adolescents' self-attributed moral emotions following a moral transgression: Relations with delinquency, confidence in moral judgment and age. *British Journal of Developmental Psychology*, **24**, 489–506.

Lardén, M., Melin, L., Holst, U., & Långström, N. (2006). Moral judgement, cognitive distortions and empathy in incarcerated delinquent and community control adolescents. *Psychology, Crime and Law*, **12**, 453–462.

Leenders, I., & Brugman, D. (2005). Moral/non-moral domain shift in young adolescents in relation to delinquent behaviour. *British Journal of Developmental Psychology*, **23**, 65–79.

Lemerise, E. A., & Arsenio, W. F. (2000). An integrated model of emotion processes and cognition in social information processing. *Child Development*, **71**, 107–118.

Lerner, M. J., & Miller, D. T. (1978). Just world research and the attribution process: Looking back and ahead. *Psychological Bulletin*, **85**, 1030–1051.

Lochman, J. E., & Dodge, K. A. (1994). Social-cognitive processes of severely violent, moderately aggressive, and nonaggressive boys. *Journal of Consulting and Clinical Psychology*, **62**, 366–374.

Menesini, E., & Camodeca, M. (2008). Shame and guilt as behaviour regulators: Relationships with bullying, victimization and prosocial behaviour. *British Journal of Developmental Psychology*, **26**, 183–196.

Menesini, E., Fonzi, V., & Vannucci, M. (1997). Il disimpegno morale: la legittimazione del comportamento prepotente (Moral disengagement: Legitimizing bullying behavior). In A. Fonzi (Ed.), *Il gioco crudele*. Firenze: Giunti. pp. 39–53.

Menesini, E., Sanchez, V., Fonzi, A., Ortega, R., Costabile, A., & Lo Feudo, G. (2003). Moral emotions and bullying: A cross-national comparison of differences between bullies, victims and outsiders. *Aggressive Behavior*, **296**, 515–530.

Murphy, W. D. (1990). Assessment and modification of cognitive distortions in sex offenders. In W. L. Marshall, D. R. Laws & H. E. Barbaree (Eds.), *Handbook of sexual assault*. New York: Plenum Press. pp. 331–342.

Nas, C. N., Brugman, D., & Koops, W. (2008). Measuring self-serving cognitive distortions with the "How I Think" questionnaire. *European Journal of Psychological Assessment*, **24**, 181–189.

Nas, C. N., Orobio del Castro, B., & Koops, W. (2005). Social information processing in delinquent adolescents. *Psychology, Crime and Law*, **11**, 363–375.

Nelson, J. R., Smith, D. J., & Dodd, J. (1990). The moral reasoning of juvenile delinquents: A meta-analysis. *Journal of Abnormal Child Psychology*, **18**, 231–239.

Nucci, L. P., & Herman, S. (1982). Behavioral disordered children's conceptions of moral, conventional, and personal issues. *Journal of Abnormal Child Psychology*, **10**, 411–426.

Nucci, L. P., & Nucci, M. S. (1982a). Children's responses to moral and social conventional transgression in free-play settings. *Child Development*, **53**, 1337–1342.

Nucci, L. P., & Nucci, M. S. (1982b). Children's social interactions in the context of moral and conventional transgressions. *Child Development*, **53**, 403–412.

Nummenma, L., Peets, K., & Salmivalli, C. (2008). Automatic activation of adolescents' peer-

文　　献

relational schemas: Evidence from priming with facial identity. *Child Development,* **79**, 1659-1675.

Orobio de Castro, B. (2000). *Social information processing and emotion in antisocial boys.* Doctoral dissertation, Free University, Amsterdam.

Orobio de Castro, B., Merk, W., Koops, W., Veerman, J. W., & Bosch, J. D. (2005). Emotions in social information processing and their relations with reactive and proactive aggression in referred aggressive boys. *Journal of Clinical Child and Adolescent Psychology,* **34**, 105-116.

Orobio de Castro, B., Veerman, J. W., Koops, W., Bosch, J. D., & Monshouwer, H. J. (2002). Hostile attribution of intent and aggressive behavior: A meta-analysis. *Child Development,* **73**, 916-934.

Paciello, M., Fida, R., Tramontano, C., Lupinetti, C., & Caprara, G. V. (2008). Stability and change of moral disengagement and its impact on aggression and violence in late adolescence. *Child Development,* **79**, 1288-1309.

Palmer, E. J., & Hollin, C. R. (1998). A comparison of patterns of moral development in young offenders and nou-offenders. *Legal and Criminological Psychology,* **3**, 225-235.

Palmer, E. J., & Hollin, C. R. (2000). The interrelations of socio-moral reasoning, perceptions of own parenting and attributions of intent with self-reported delinquency. *Legal and Criminological Psychology,* **5**, 210-218.

Peets, K., Hodges, E. V. E., Kikas, E., & Salmivalli, C. (2007). Hostile attributions and behavioral strategies in children: Does relationship type matter? *Developmental Psychology,* **43**, 889-900.

Peets, K., Hodges, E. V. E., & Salmivalli, C. (2008). Affect-congruent social-cognitive evaluations and behaviors. *Child Development,* **79**, 170-185.

Piaget, J. (1932). *The moral judgement of the child.* London: Routledge and Kegan Paul.

Renwick, S., & Emler, N. (1984). Moral reasoning and delinquent behaviour among students. *British Journal of Social Psychology,* **23**, 281-283.

Rest, J. (1979). *Development in judging moral issues.* Minneapolis, MN: University of Minnesota Press.

Salmivalli, C., Lagerspetz, K., Björkqvist, K., Österman, K., & Kaukiainen, A. (1996). Bullying as a group process: Participant roles and their relations to social status within the group. *Aggressive Behavior,* **22**, 1-15.

Smetana, J. G. (1995). Parenting styles and conceptions of parental authority during adolescence. *Child Development,* **66**, 299-316.

Stams, G. J., Brugman, D., Dekovic, M., van Rosmalen, L., van der Laan, P., & Gibbs J. C. (2006). The moral judgment of juvenile delinquents: A meta-analysis. *Journal of Abnormal Child Psychology,* **34**, 692-708.

Tarry, H., & Emler, N. (2007). Attitudes, values and moral reasoning as predictors of delinquency. *British Journal of Developmental Psychology,* **25**, 169-183.

Tisak, M. S. (1995). Domains of social reasoning and beyond. In R. Vasta (Ed.), *Annals of child development.* Vol. 11. London: Jessica Kingsley. pp. 95-130.

Turiel, E. (1983). *The development of social knowledge: Morality and convention.* San Francisco, CA: Jossey-Bass.

Van Vugt, E., Stams, G. J., Dekovic, M., Brugman, D., Rutten, E., & Herdriks, J. (2008). Moral development of solo juvenile sex offenders. *Journal of Sexual of Aggression,* **14**, 99-109.

Weiner, B. (1995). *Judgements of responsibility: A foundation for a theory of social conduct.* New York: Guilford.

● 第11章

Bandura, A. (2002). Selective moral disengagement in the exercise of moral agency. *Journal of Moral Education,* **31,** 101–119.

Barriga, A. Q., Gibbs, J. C., Potter, G. B., & Liau, A. K. (2001b). *How I Think (HIT) questionnaire manual.* Champaign, IL: Research Press.

Barriga, A. Q., Morrison, E. M., Liau, A. K., & Gibbs, J. C. (2001a). Moral cognition: Explaining the gender difference in antisocial behavior. *Merrill-Palmer Quarterly,* **47,** 532–562.

Blasi, A., & Glodis, K. (1995). The development of identity. A critical analysis from the perspective of the self as subject. *Developmental Review,* **15,** 404–433.

Brugman, D., & Gibbs, J. C. (2010). The EQUIP program: Towards an evidence-based program for the prevention and reduction of antisocial behavior. *Journal of Research in Character Education,* **8,** 7–12.

Brugman, D., Podolskij, A. I., Heymans, P. G., Boom, J., Karabanova, O., & Idobaeva, O. (2003). Perception of moral atmosphere in school and norm-transgressive behavior in adolescents: An intervention study. *International Journal of Behavioral Development,* **27,** 289–300.

Bukowski, W. M., & Sippola, L. K. (2001). Groups, individuals, and victimization: A view of the peer system. In J. Juvonen & S. Graham (Eds.), *Peer harassment in school: The plight of the vulnerable and victimized.* New York: Guilford. pp. 355–377.

Cowie, H., & Wallace, P. (2000). *Peer Support in Action.* London: Sage.

del Barrio, C., Almeida, A., van der Meulen, K., Barrios, A., & Gutiérrez, H. (2003b). Representaciones acerca del maltrato entre iguales, atribuciones emocionales y percepción de estrategias de cambio a partir de un instrumento narrativo: SCAN- Bullying. [Representations on peer victimization, emotional attributions, and perceptions of solutions, obtained with a narrative instrument: SCAN-Bullying.] *Infancia y Aprendizaje,* **26,** 63–78.

del Barrio, C., Barrios, A., Granizo, L., van der Meulen, K., Andrés, S., & Gutierrez, H. (2011). Contribuyendo al bienestar emocional de los compañeros: evaluación del Programa Compañeros Ayudantes en un instituto madrileño. [Contributing to peers' emotional wellbeing: evaluation of the Peer Support Program in a secondary school in Madrid-Spain.] *European Journal of Education and Psychology,* **4,** 5–17.

del Barrio, C., Martín, E., Almeida, A., & Barrios, A. (2003a). Del maltrato y otros conceptos relacionados con la agresión entre escolares, y su estudio psicológico [About maltreatment and other concepts related to aggression between scholars, and its psychological study]. *Infancia y Aprendizaje,* **26,** 9–24.

del Barrio, C., Martin, E., Montero, I., Gutiérrez, H., Barrios, A., & de Dios, M. (2008). Bullying and social exclusion in Spanish secondary schools: National trends from 1999 to 2006. *International Journal of Clinical and Health Psychology,* **8,** 657–677.

del Barrio, C., van der Meulen, K., & Barrios, A. (2002). Otro tipo de maltrato: el abuso de poder entre escolares [Another kind of maltreatment: abuse of power between students]. *Bienestar y Protección Infantil,* **1,** 37–69.

文　献

del Barrio, C., van der Meulen, K., Barrios, A., Gutierrez, H., Granizo, L., & Almeida, A. (in prep.). *Thinking about peer bullying in schools: Children's and adolescents' conceptions on emotions, coping strategies and causal explanations*. Universidad Autónoma de Madrid.

DiBiase, A. M. (2010). The impact of a psycho-educational prevention program for behaviorally at-risk students: EQUIP for educators. *Journal of Research in Character Education*, **8**, 21-59.

DiBiase, A. M., Gibbs, J. C., Potter, G. B., & Spring, B. (2005). *EQUIP for educators: Teaching youth (Grades 5-8) to think and act responsibly*. Champaign, IL: Research Press.

DiBiase, A. M., Gibbs, J. C., Potter, G. B., van der Meulen, K., Granizo, L., & del Barrio, C. (2010). *EQUIPAR para educadores. Adolescentes en situación de conflicto* [EQUIP for educators. Adolescents in conflict situations]. Madrid: La Catarata.

Gasser, L., & Keller, M. (2009). Are the competent the morally good? Perspective taking and moral motivation of children involved in bullying. *Social Development*, **18**, 798-816.

Gibbs, J. C. (2003). *Moral development and reality: Beyond the theories of Kohlberg and Hoffman*. Thousand Oaks, CA: Sage.

Gibbs, J. C., Potter, G. B., Barriga, A. Q., & Liau, A. K. (1996). Developing the helping skills and prosocial motivation of aggressive adolescents in peer group programs. *Aggression and Violent Behavior*, **1**, 285-305.

Gibbs, J. C., Potter, G., & Goldstein, A. P. (1995). *The EQUIP program: Teaching youth to think and act responsibly through a peer-helping approach*. Champaign, IL: Research Press.

Gini, G. (2006). Social cognition and moral cognition in bullying: What's wrong? *Aggressive behavior*, **32**, 528-539.

Goldstein, A. P. (1999). *The prepare curriculum: Teaching prosocial competencies (Rev. ed.)*. Champaign, IL: Research Press.

Goldstein, A. P., Glick, B., & Gibbs, J. C. (1998). *Aggression replacement training: A comprehensive intervention for aggressive youth (Rev. ed.)*. Champaign, IL: Research Press.

Høst, K., Brugman, D., Tavecchio, L. W. C., & Beem, A. L. (1998). Students' perception of the moral atmosphere in secondary schools and the relationship between moral competence and moral atmosphere. *Journal of Moral Education*, **27**, 47-70.

Institute of Medicine (1994). *Reducing risks for mental disorders: Frontiers for preventive intervention research*. Washington, DC: National Academy Press.

Leeman, L. W., Gibbs, J. C., & Fuller, D. (1993). Evaluation of a multi-component group treatment program for juvenile delinquents. *Aggressive Behavior*, **19**, 281-292.

Lickona, T. (1983). *Raising Good Children*. Tronto, Canada: Bantam.

Matsui, T., Tsuzuki, T., Kakuyama, T., & Onglatco, M. L. (1996). Long-term outcomes of early victimization by peers among japanese male university students: Model of a vicious cycle. *Psychological Reports*, **79**, 711-720.

McGinnis, E. (2003). Aggression Replacement Training: A viable alternative. *Reclaiming Children and Youth*, **12**, 161-166.

Nishina, A., Juvonen, J., & Witkow, M. R. (2005). Sticks and stones may break my bones but names will make me feel sick: The consequences of peer harassment. *Journal of Clinical Child and Adolescent Psychology*, **34**, 37-48.

Olweus, D. (1993). *Bullying at school: What we know and what we can do*. Oxford, England:

Blackwell.
Power, C., Higgins, A., & Kohlberg, L. (1989). *Lawrence Kohlberg's approach to moral education*. New York: Columbia.
Salmivalli, C. (2010). Bullying and the peer group: A review. *Aggression and violent behavior*, **15**, 112–120.
Salmivalli, C., Lagerspetz, K. M. J., Björkqvist, K., Österman, K., & Kaukiainen, A. (1996). Bullying as a group process: Participant roles and their relations to social status within the group. *Aggressive Behavior*, **22**, 1–15.
Salmivalli, C., & Voeten, M. (2004). Connections between attitudes, group norms, and behaviors associated with bullying in schools. *International Journal of Behavioral Development*, **28**, 246–258.
Schäfer, M., Korn, S., Smith, P. K., Hunter, S. C., Mora-Merchán, J. A., Singer, M. M. & van der Meulen, K. (2004). Lonely in the crowd: Recollections of bullying. *British Journal of Developmental Psychology*, **22**, 379–394.
Smith, P. K., Pepler, D., & Rigby, K. (2004). *Bullying in schools: How successful can interventions be?* Cambridge: University Press.
Sullivan, K., Cleary, M., & Sullivan, G. (2004). *Bullying in secondary schools*. London: Paul Chapman.
Toda, Y. (2005). Bullying and peer support systems in Japan: Intervention research. In D. Shwalb, J. Nakazawa & B. Shwalb (Eds.), *Applied developmental psychology: Theory, practice, and research from Japan*. Greenwich, CT: Information Age Publishing.
van der Meulen, K. (2003). Cuentos de miedo en la escuela: buscando el sentido del maltrato entre iguales en la niñez, adolescencia y edad adulta. [Frightening stories in school: Looking for the meaning of peer bullying in childhood, adolescence and adulthood]. Unpublished Doctoral Dissertation, Universidad Autónoma de Madrid, Spain.
van der Meulen, K., del Barrio, C., & de Dios, M. (in prep.). *Using the EQUIP for educators program in secondary education: Evaluation of the program and measured effectiveness*. Universidad Autónoma de Madrid, Spain.
van der Meulen, K., Granizo, L., & del Barrio, C. (2010). Using EQUIP for educators to prevent peer victimization in secondary school. *Journal of Research in Character Education*, **8**, 61–76.
van der Meulen, K., Granizo, L., Rodriguez, P., & Juanes, A. (2009). The Equip program for educators in secondary school: Evaluation of this approach to preventing peer victimization. *Presentation at the XIV European Conference on Developmental Psychology*, August 18–22, Vilnius, Lithuania.
van der Velden, F., Brugman, D., Boom, J., & Koops, W. (2010). Effects of EQUIP for educators on students' self-serving cognitive distortions, moral judgment and antosocial behavior. *Journal of Research in Character Education*, **8**, 77–95.
van Westerlaak, J. (2006 April 7th). Personal communication.
Whitney, I., & Smith, P. K. (1993). A survey of the nature and extent of bullying in junior middle and secondary schools. *Educational Research*, **35**, 3–25.

●第12章
Barriga, A. Q., Gibbs, J. C., Potter, G. B., & Liau, A. K. (2001b). *How I Think (HIT) questionnaire manual*. Champaign, IL: Research Press.

文　　献

Barriga, A. Q., Hawkins, M. A., & Camelia, C. R.（2008）. Specificity of cognitive distortions to antisocial behaviours. *Criminal Behaviour and Mental Health*, **18**, 104-116.

Barriga, A. Q., Morrison, E. M., Liau, A. K., & Gibbs, J. C.（2001a）. Moral cognition: Explaining the gender difference in antisocial behaviour. *Merrill-Palmer Quarterly*, **47**, 352-562.

Beerthuizen, M. G. C. J., & Brugman, D.（2013）. Moral value evaluation: A neglected motivational concept in externalizing behaviour research. In K. Heinrichs, F. Oser, & T. Lovat（Eds.）, *Handbook of moral motivation: What makes people act morally right?* Rotterdam, Netherlands: Sense Publishers. pp.365-384.

Beerthuizen, M. G. C. J., Brugman, D., & Basinger, K. S.（2013）. Oppositional defiance, moral reasoning and moral value evaluation as predictors of self-reported juvenile delinquency. *Journal of Moral Education*, **42**, 460-474.

Blasi, A.（1983）. Moral cognition and moral action: A theoretical perspective. *Developmental Review*, **3**, 178-210.

Brugman, D.（2011）. *Moral development, self-serving cognitive distortions and antisocial behavior*. Invited lecture at the 2011 Summer School of the European Association for Research on Adolescence and the Society for Research on Adolescence, Tucson, AZ.

Brugman, D., & Bink, M. B.（2011）. Effects of the EQUIP peer intervention program on cognitive distortions and recidivism among delinquent adolescents. *Psychology, Crime and Law*, **17**, 345-358.

Brugman, D., Nas, C. N., Van der Velden, F., Barriga, A. Q., Gibbs, J. C., Potter, G. B., & Liau, A. K.（2011）. *Hoe Ik Denk Vragenlijst（HID）. Handleiding.*［How I Think Questionnaire. Manual］. Amsterdam: Boom testuitgevers.

Colby, A., & Kohlberg, L.（1987）. *The measurement of moral judgment.* Vol.1. *Theoretical Foundations and Research Validation.* Cambridge, UK: Cambridge University Press.

Dienst Justitiële Inrichtingen（2010）. Basismethodiek YOUTURN. Retrieved August 12, 2010, from http://www.dji.nl/Onderwerpen/Jongeren-in-detentie/Zorg-en-begeleiding/Basismethodiek-YOUTURN/

DiBiase, A. M., Gibbs, J. C., Potter, G. B., & Spring, B.（2005）. *EQUIP for educators. Teaching youth（grades 5‒8）to think and act responsibly*. Champaign, IL: Research Press.

Gibbs, J. C., Potter, G. B., & Goldstein, A. P.（1995）. *The EQUIP program: Teaching youth to think and act responsibly through a peer-helping approach*. Champaign, IL: Research Press.

Helmond, P., Overbeek, G., & Brugman, D.（2012）. Program integrity and effectiveness of a cognitive behavioral intervention for incarcerated youth on cognitive distortions, social skills, and moral development. *Children and Youth Services Review*, **34**, 1720-1728.

Hoffman, M. L.（2000）. *Empathy and moral development: Implications for caring and justice*. Cambridge, UK: Cambridge University Press.

Hollin, C. R., & Palmer, E. J.（2009）. Cognitive skills programmes for offenders. *Psychology, Crime and Law*, **15**, 147-164.

Høst, K., Brugman, D., Tavecchio, L. W. C., & Beem, A. L.（1998）. Students' perception of the moral atmosphere in secondary schools and the relationship between moral competence and moral atmosphere. *Journal of Moral Education*, **27**, 47-71.

Kohlberg, L.（1985）. The just community approach to moral education in theory and practice. In M.

W. Berkowitz & F. Oser (Eds.), *Moral Education: Theory and application*. Hillsdale, NJ: Erlbaum. pp.27-87.
Kruissink, M., & Essers, A. A. M. (2004). *Zelfgerapporteerde jeugdcriminaliteit in de periode* 1990-2001 [self-reported youth delinquency during the period 1990-2001]. Den Haag: WODC, Ministerie van Justitie.
久保沙織・豊田秀樹 (2013). 多特性多方法行列に対する確認的因子分析モデルにおいて信頼性および妥当性の解釈を一通りに定める方法 パーソナリティ研究, **22**, 93-107.
Kuther, T. L., & Higgins-D'Alessandro, A. (2000). Bridging the gap between moral reasoning and adolescent engagement in risky behavior. *Journal of Adolescence*, **23**, 409-422.
Landenberger, N. A., & Lipsey, M. W. (2005). The positive effects of cognitive-behavioral programs for offenders: A meta-analysis of factors associated with effective treatment. *Journal of Experimental Criminology*, **1**, 451-476.
Leeman, L. W., Gibbs, J. C., & Fuller, D. (1993). Evaluation of a multi-component group treatment program for delinquents. *Aggressive Behavior*, **19**, 281-292.
Liau, A. K., Shively, R., Horn, M., Landau, J., Barriga, A., & Gibbs, J. C. (2004). Effects of psychoeducation for offenders in a community correctional facility. *Journal of Community Psychology*, **32**, 543-558.
Nas, C. N., Brugman, D., & Koops, W. (2005). Effects of the EQUIP programme on the moral judgement, cognitive distortions, and social skills of juvenile delinquents. *Psychology, Crime and Law*, **11**, 421-434.
Nas, C. N., Brugman, D., & Koops, W. (2008). Measuring self-serving cognitive distortions with the How I Think Questionnaire. *European Journal of Psychological Assessment*, **24**, 181-189.
Nelson, J. R., Smith, J. J., & Dodd, J. (1990). The moral reasoning of juvenile delinquents: A meta-analysis. *Journal of Abnormal Child Psychology*, **18**, 231-239.
Piaget, J. (1932). *The moral judgment of the child*. New York: Harcourt & Brace.
Potter, G. B., Gibbs, J. C., & Goldstein, A. P. (2001). *The EQUIP implementation guide*. Champaign, IL: Research Press.
Poulin, F., Dishion, T. J., & Burraston, B. (2001). 3-Year Iatrogenic effects associated with aggregating high-risk adolescents in cognitive-behavioral preventive interventions. *Applied Developmental Science*, **5**, 214-224.
Raaijmakers, Q. A. W., Engels, R. C. M. E., & Van Hoof, A. (2005). Delinquency and moral reasoning in adolescence and young adulthood. *International Journal of Behavioral Development*, **29**, 247-258.
Stams, G. J., Brugman, D., Deković, M., van Rosmalen, L., van der Laan, P., & Gibbs, J. C. (2006). The moral judgment of juvenile delinquents: A meta-analysis. *Journal of Abnormal Child Psychology*, **34**, 697-713.
Sykes, G. M., & Matza, D. (1957). Techniques of neutralization: A theory of delinquency. *American Sociological Review*, **22**, 664-670.
豊田秀樹 (2000). 共分散構造分析［応用編］―構造方程式モデリング― 朝倉書店
van der Velden, F., Brugman, D., Boom, J., & Koops, W. (2010b). Moral cognitive processes explaining antisocial behavior in young adolescents. *International Journal of Behavioral Development*, **34**, 292-301.

文　　献

van der Velden, F., Brugman, D., Boom, J., & Koops, W. (2010a). Effects of EQUIP for Educators on students' self-serving cognitive distortions, moral judgment, and antisocial behavior. *Journal of Research on Character Education*, **8**, 77-95.

Wildeboer, A. (2011). *Development of externalizing problem behavior and moral cognitions in behaviorally disordered and normal children*. Thesis Research Master's program, DASCA, Utrecht University.

Wilson, S. J., & Lipsey, M. W. (2007). School-based interventions for aggressive and disruptive behavior: Update of a meta-analysis. *American Journal of Preventive Medicine*, **33**, 130-143.

人名索引

◆ A

阿部晋吾　64
Abelson, R. P.　56
Achenbach, T. M.　119
Aharoni, E.　44
Ainsworth, M. S.　56
Aleva, A. E.　183
Alleyne, E.　125
Almeida, A.　179
Anderson, C. A.　18, 21, 22, 63, 77, 78, 171
Anderson, S. W.　51
Antoniadis, E. A.　52
青山郁子　99
Archer, J.　21
Argyle, M.　58
Armbruster, P.　131
Arsenio, W. F.　19, 20, 172, 176, 177
Asarnow, J. R.　57, 62
Asher, S. R.　57
Astor, R. A.　186
Atlas, R. S.　107

◆ B

Bailey, C. A.　72
Bandura, A.　3，4，16, 17, 22, 23, 27, 29, 37, 67, 68, 69, 86, 94–96, 101, 117, 123, 177, 178, 180, 201
Barnes, G. M.　126
Baron, R. A.　78
Barriga, A. Q.　2，25, 65, 66, 123, 185, 193, 203, 209–211, 213, 215, 219
Barry, T. D.　92
Baumeister, R. F.　91, 95, 96
Bechara, A.　45
Becker, G.　183
Beerthuizen, M. G. C. J.　210, 220
Bennetto, L.　13

Berglas, S.　90
Berkowitz, L.　3，15, 25–27
Bink, M. B.　218
Bjorkqvist, K.　21
Blair, R. J. R.　14, 52, 53
Blanchard, R.　47
Blasi, A.　203, 210
Bowlby, J.　56
Bradley, G. W.　90
Brendgen, M.　36
Brugman, D.　183, 187, 188, 200, 207, 210, 211, 213, 218
Brusten, C.　184
Bukowski, W. M.　199
Burks, V. S.　57, 58
Bushman, B. J.　18, 21, 78, 82–84, 91, 171
Butler, S. M.　47

◆ C

Callan, J. W.　57, 62
Camodeca, M.　32, 173–176
Caprara, G. V.　178
Caravita, S. C. S.　109, 179, 186–188
Card, N. A.　21, 31
Carlson, M.　15
Carnagey, N. L.　87
Castano, E.　93
Castellanos, F. X.　13
Castelli, E.　145
Cleckley, H.　118
Clements, K.　83
Cohen, A. K.　9
Coie, J. D.　22, 30, 173
Colby, A.　209
Comstock, G.　85
Cooke, D. J.　49
Cowie, H.　191

Coyne, I.　101
Coyne, S. M.　21, 35
Cressey, D. R.　10
Crick, N. R.　2，3，18, 19, 21, 31-34, 57, 59, 61-64, 70, 79, 172, 175
Critchley, H. D.　43
Crocker, J.　90

◆ D
Damasio, A. R.　40, 51
Darley, J. M.　80, 81
Day, R.　13
De Castro, B. O.　30, 32, 36
出口拓彦　164
del Barrio, C.　191, 192, 197, 199-201, 204
Deluty, R. H.　62
Demoulin, S.　93
DeWall, C. N.　77, 78
Di Norcia, A.　173, 181
DiBiase, A. M.　136, 191-193, 195-200, 202, 206, 217, 218
Dickson, K.　144
Dishion, T. J.　31
Dodge, K. A.　2-5，18, 19, 22, 30-32, 35-37, 56, 57, 59-64, 70, 78, 79, 85, 116, 119, 171-173, 175
Dolan, M.　47
Dollard, J.　14
Donovan, J. E.　132
Douma, J. C.　144
Dovidio, J. F.　94
Durkheim, E.　9
Dutton, K.　53

◆ E
Eastvold, A.　48
Eichler, D.　184
Einhorn, H. J.　56
Eisenberg, N.　179
Emler, N.　182-184
Erdley, C. A.　57
Essers, A. A. M.　212

◆ F
Fein, S.　90
Feuerstein, R.　146
Fisher, L.　14
Foglia, W. D.　144
Ford, M. E.　47
Fowles, J.　87
Freud, S.　14, 17
Frize, M.　144
藤井正子　147
福島　章　42

◆ G
Gaertner, S. L.　94
Galen, B. R.　21
Gangemi, A.　107
Gannon, T. A.　171
Gardner, H. E.　2
Gasser, L.　176, 177, 201
Geen, R. G.　16
Gerbino, M.　178
Geschwind, N.　47
Giancola, P. R.　14, 14, 46
Gibbs, J. C.　2-5，17, 18, 24, 25, 59, 65-67, 73, 123, 136, 138, 142, 171, 172, 181-185, 192, 194, 195, 207, 217
Giner-Sorolla, R.　93
Gini, G.　107, 175, 179, 180, 188, 189, 201
Glaser, D.　10
Glodis, K.　203
Godleski, S. A.　32
Goldfried, M. R.　56
Goldstein, A.P.　194
Goossens, F. A.　32, 173-175
Grafman, J.　51
Graham, S.　57, 58, 175
Granizo, L.　197
Greenberg, M. T.　135
Gross, P. H.　80, 81
Grotpeter, J. K.　33, 34
Guerra, N. G.　16, 28, 57, 70-72, 110, 117

◆ H

Hains, A. A.　116
Hamagami, F.　125
濱口佳和　2, 59, 63
浜井郁子　131
浜井浩一　131
Hare, R. D.　49
Harpur, T. J.　49
Hart, C. H.　62
橋本摂子　110
Hawkins, J. D.　132
速水敏彦　153, 154
林　創　177
Heilbron, N.　34
Helmond, P.　207, 220
Helwig, C. C.　185
Henderson, M.　58
Henry, D.　28
Herman, S.　186
Higgins-d'Alessandro, A.　209
Hill, L. G.　29
Hindelang, M. J.　116
Hoaken, P. N. S.　144, 145
Hodges, E. V. E.　21
Hoffman, M. L.　109, 220
Hogarth, R. M.　56
Hollin, C. R.　183, 216
Hong, J. S.　111
Horn, N. R.　45
Høst, K.　200, 212
Hudley, C.　57, 58, 175
Huesmann, L. R.　3, 16, 27, 28, 70–72, 78, 80, 82–86, 117, 120
Hyde, L. W.　127
Hymel, S.　109

◆ I

井上健治　105, 106

◆ J

Jacobs, W. L.　47
Jaeggi, S. M.　146

Johnson, C.　145
Jones, D.　136
Jones, E. E.　90
Jordan, R.　91
Joyal, C. C.　47

◆ K

Kahneman, D.　56
亀田弘之　147
神村栄一　100
加藤元一郎　147
Kawabata, Y.　31, 33, 35, 36
川井栄治　168
川上昇八　147
Kazdin, A. E.　131, 132, 134, 135
Keller, M.　176, 177, 201
Kelly, T.　47, 48
Kernis, M. H.　91
Kiehl, K. A.　50, 52
Kirwil, L.　78, 80, 82, 85, 86
北村英哉　85
清永賢二　101
Kleinke, C. L.　180
Klingberg, T.　145, 146
Koenen, K. C.　144
Kohlberg, L.　181, 182, 196, 209, 220
Koolhof, R.　144
Krahé, B.　85, 131
Krettenauer, T.　183, 184
Kruissink, M.　212
Kubiszewski, V.　100
久保沙織　213
Kuschè, C. A.　135
Kuther, T. L.　209

◆ L

Ladd, G. W.　31, 62, 79
Lalumiere, M. L.　47
Landenberger, N. A.　216
Lansford, J. E.　35
Lardén, M.　185
Leadbeater, B.　36

Leary, M. R.　　89, 91, 92
Leeman, L. W.　　142, 206, 218
Leenders, I.　　183, 187, 188
Lemerise, E. A.　　19, 20, 172, 176
Leone, P. E.　　144
LePage, A.　　15, 26
Lerner, M. J.　　180
Leyens, J. P.　　93
Lezak, M. D.　　45
Liau, A. K.　　25, 219
Lickona, T.　　197
Lillienfeld, S. O.　　45
Linney, J. A.　　47
Lipsey, M. W.　　216
Lochman, J. E.　　132–134, 136, 171
Louth, S. M.　　13
Luria, A. R.　　148
Lynam, D. R.　　13

◆ M
MacKinnon-Lewis, C.　　120
Mancini, F.　　107
Martin, G.　　145
丸山愛子　　65
Mateer, C. A.　　45
Mathieson, L. C.　　32
Matsui, T.　　199
松尾直博　　131
松岡恵子　　147
Matza, D.　　10, 12, 114, 115, 210
McArdle, J. J.　　125
McGinnis, E.　　136, 192
McGurk, S. R.　　146
McNab, F.　　146
Medalia, A.　　146
Medway, F. J.　　153
Menesini, E.　　109, 175, 179
Meyer, C.　　180
Meyer, E. J.　　101
Michie, C.　　49
Miller, D. T.　　180
三島浩路　　155, 156

三島美砂　　106
三隅二不二　　166
Mitchell, J.　　10
宮口英樹　　150
宮口幸治　　47, 145, 148–150
Mize, J.　　78, 81, 85
Moffitt, T. E.　　13, 14, 45
Monks, C. P.　　101
Morgan, A. B.　　45
森田洋司　　100, 101, 110
向井隆代　　100
Murphy, W. D.　　171
Murray-Close, A.　　31
Murray-Close, D.　　33

◆ N
中川知宏　　12
中島恵子　　147
Nas, C. N.　　67, 123, 172, 173, 185, 212, 218
Nation, M.　　131, 132
Nelson, D. A.　　35
Nelson, J. R.　　182, 209
Nisbett, R.　　56
Nishina, A.　　199
Nixon, C. J.　　29
Nixon, C. L.　　72, 73
Nucci, L. P.　　186
Nucci, M. S.　　186
Nummenma, L.　　175

◆ O
Obermann, M.-L.　　109
小川一美　　168
大渕憲一　　88, 89, 96
岡田努　　166
岡江晃　　39
Olweus, D.　　204
小野淳　　100
大西彩子　　106–109
Oosterlaan, J.　　14
大嶽さと子　　155
Opotow, S.　　95, 96

Orobio de Castro, B.　172, 173, 189
Osofsky, M. J.　69, 101
Ostrov, J. M.　32, 36, 72
Ostrowsky, M. K.　91

◆ P

Paciello, M.　23, 24, 69, 125, 179
Paik, H.　85
Palmer, E. J.　119, 183, 216
Pardini, D. A.　118
Parker, J. G.　21, 30, 31
Pastorelli, C.　181
Peets, K.　173-175, 188, 189
Pekarik, G.　131
Pelton, J.　23, 69
Pennington, B. F.　13
Pepler, D. J.　100, 107
Perry, D. G.　62, 63
Pettit, G. S.　36, 57, 78, 81, 85
Philippot, P. U. L.　83
Piaget, J.　181, 196, 215
Pincus, J. H.　41, 42
Pornari, C. D.　110
Potter, G. B.　217
Poulin, F.　217
Power, C.　200
Prinstein, M. J.　34

◆ Q

Quiggle, N. L.　57, 62, 63

◆ R

Raaijmakers, Q. A. W.　216, 219
Raine, A.　13, 20, 42, 87
Renshaw, P. D.　57
Renwick, S.　183
Rest, J.　184
Richard, B. A.　57
Richardson, D. R.　78
Rose, A. J.　33, 34
Ross, E. H.　144, 145
Ross, L.　56, 162

Rubin, K. H.　57
Rudolph, K. D.　33
Ryan, E. B.　116

◆ S

Sagor, H. A.　80
斎藤富由起　100
坂井明子　2, 19, 64
坂元　章　59
阪根健二　99
Salmivalli, C.　101, 179, 199
Sams, M. W.　145
Sandstrom, M. J.　91
Scerbo, A.　13
Schacter, S.　15, 82
Schäfer, M.　199
Schank, R. C.　56
Schneider, F.　43
Schofield, J. W.　80
Schumacher, J. A.　83
Seguin, J. R.　14
Semrud-Clikeman, M.　13
Serafetinides, E. A.　47
Seto, M. C.　47
Shahinfar, A.　120
Shirataki, S.　47
Shulman, E. P.　124
Shure, M. B.　57
Singer, J. E.　82
Sippola, L. K.　199
Skinner, B. F.　2
Slaby, R. G.　57, 117
Smetana, J. G.　186
Smith, P. K.　21, 99, 100, 191, 204
Smith, P. N.　145
Sohlberg, M. M.　45
South, C. R.　111
Spencer, S.　90
Spivack, G.　57
Stams, G. J.　25, 182, 184, 209, 220
Staub, E.　88, 89, 95, 96
Stickle, T. R.　119

Strauman, T. J.　57
ダグマー＝ストロマイヤ　99
Stromquist, V. J.　57
Suchy, Y.　48
Sullivan, K.　191
Sutherland, E. H.　10
鈴木康平　100
Sykes, G. M.　10, 12, 114, 210

◆ T
Tackett, J. L.　36
Tajfel, H.　92
高木　修　64
Takeuchi, K.　110
滝　充　101
玉木健弘　19, 63
田村　達　96
Tancredi, L.　13
Tarry, H.　182-184
Tarter, R. E.　47
Taylor, L. D.　91
Taylor, S. E.　2
Tesser, A.　89, 90
Thornberry, T. P.　11, 120, 121
Tipsord, J. M.　31
Tisak, M. S.　186
戸田有一　99-101, 110, 111, 191
Tomlin, A. M.　57
Tost, H.　48
豊田秀樹　213
Tremblay, R. E.　132
土屋基規　100
Turiel, E.　19, 184-186
Tversky, A.　56

◆ U
Underwood, M. K.　21
宇野宏幸　106
碓井真史　1

◆ V
Vaes, J.　93

van der Meulen, K.　192, 193, 197, 199-204, 206, 208
Van der Molen, M. J.　145
van der Velden, F.　202, 206, 212, 215, 218
Van Vugt, E.　183
van Westerlaak, J.　198
Veneziano, C.　47
Voeten, M.　200
Volkow, N. D.　13
Vygotsky, L. S.　146

◆ W
Waas, G. A.　57, 62
和田勇治　147
Wallace, P.　191
Weiner, B.　180
Weiss, B.　119
Wells, K. C.　132, 133, 136
Werner, N. E.　29, 72, 73
Whitney, I.　204
Wierzbicki, M.　131
Wildeboer, A.　215
Williams, K. R.　110
Wilson, S. J.　216
Winfrey, L. P. L.　56
Wong, S.　13
Wood, J. L.　110, 111, 125

◆ Y
山崎勝之　2, 19, 64
矢守克也　166
Yeung, R.　36
吉田俊和　19, 58, 59, 73, 121, 143, 151, 157, 168
吉田寿夫　167
吉澤寛之　19, 58-60, 73, 121, 143, 168

◆ Z
Zahn-Waxler, C.　31
Zajonc, R. B.　82
Zelli, A.　57, 58, 60
Zillmann, A.　82
Zillmann, D.　15

事項索引

◆あ
アイオワ・ギャンブリング課題　52
アクセシビリティ　57, 58
アメリカ精神医学会の診断基準　117
誤った合意性　162
誤りなし学習理論　147
アルコール近視　83

◆い
怒りのマネージメント　137, 139, 140, 193, 194, 205
医原性効果　216
いじめスキャンテスト　179
一次予防　136
逸脱性のトレーニング　121
一般攻撃信念　71-73
一般的信頼感尺度　168

◆う
ウィスコンシン・カード・ソーティング・テスト　39, 41

◆え
婉曲なラベル　18, 23, 67, 102

◆お
親の管理能力のトレーニング　131, 132
オルターナティブ・スクール　137
オンライン処理　18, 19, 56-58

◆か
外在化問題行動　21, 25, 57, 58, 202, 209, 210, 213, 215, 216, 219-221
加害者　110, 174, 176, 186
学習理論　16
覚醒水準　82, 84
覚醒転移　15, 82, 86

過小評価／誤ったラベリング　17, 24, 25, 65, 139, 184, 194, 195, 211
家族機能回復療法　131
環境決定論　10
関係スキーマ　175
関係性いじめ　26
関係性攻撃　21, 29, 31-36
関係内攻撃　101, 111
観察学習　22, 27, 29, 195
観衆者　110
慣習的水準　182
慣習的領域　186
間接的いじめ　180
間接的攻撃　21

◆き
危害の否定　12, 114
規範的攻撃信念　70, 73
規範的攻撃信念尺度（NOBAGS）　70-73
規範的信念　27-29, 70, 72, 80
基本的帰属錯誤　77, 97
基本的欲求　88, 89
教育モデル　215, 221
共感性　63, 118, 119, 127, 144, 161, 167
恐怖条件付け　51

◆け
結果の無視や矮小化　18, 23, 67, 103
原因帰属　143
言語的攻撃　72, 79

◆こ
行為障害　14, 117, 136
後慣習的水準　182
攻撃サブタイプ規範信念尺度（NBSAS）　72, 73
攻撃性置換訓練　194, 216

265

事項索引

攻撃の一般モデル　18
向社会性　124
向社会的　21-23, 27, 30, 34, 89, 157, 178, 181
向社会的行動　134, 135
構造化されていない日常活動　122
行動主義　2
高度の忠誠心への訴え　12, 115
光背効果　152
心の理論　43
個人的アイデンティティ　92
個人的選択　186
個人的領域　186
子ども用道徳的遊離尺度　178

◆さ
罪悪感　106, 107, 109, 124
最悪の仮定　17, 24, 25, 65, 139, 184, 195, 211
サイコパシー・チェックリスト改訂版　49
サイコパス（精神病質者）　3, 13, 48-53, 87, 118, 119
最小条件集団　92
再生的測定法　183, 213
再認的測定法　213
参加者役割アプローチ　179

◆し
自己愛　91, 109
自己愛傾向者　91
自己効力感　67, 168
自己効力信念　16
自己支持的帰属　90
自己スキーマ　210
自己制御　13, 26, 122-124
自己中心性　17, 24, 25, 39, 49, 65, 73, 139, 182, 184, 194, 195, 211, 218
自己中心的バイアス　138, 182
自己調整過程　22
自己統制　26, 83
自己卑下的な認知的歪曲　210
自己評価維持モデル　89
自己奉仕的な認知的歪曲　209-221
自己奉仕的な認知のゆがみ　178

視床　42, 51
実行機能　13, 14, 39, 43-47
視点取得　93, 139, 176
自動化　26
社会慣習の規則　186, 187
社会構造論　9
社会行動障害　41
社会考慮尺度　168
社会志向性　157
社会的アイデンティティ　92
社会的意志決定　193, 196
社会的逸脱行為　19, 73, 121, 122
社会的学習理論　22, 37
社会的攻撃　21
社会的コンピテンス　31, 120, 136, 157, 164
社会的情報処理　2, 16-19, 30, 57-59, 63-65, 69, 70, 81, 116-123, 127, 143, 168, 172-176, 218
社会的情報処理モデル　18, 30, 80, 82
社会的スキーマ　18, 56, 59
社会的スキル　193, 195
社会的スキルトレーニング　132, 135, 174
社会的道徳熟慮尺度短縮板　183
社会的認知　2, 57, 118, 175
社会的領域理論　19, 20
社会的ルール　19, 58, 59, 121, 122, 143
社会脳　43, 51
集合的有能感　73, 122
集団規範　106-109, 200
準拠集団　155
情緒の共感性尺度　168
衝動性　113, 118, 126
情動制御　173
ジレンマゲーム　163
神経学的認知トレーニング　144, 148
身体的攻撃　14, 21, 25, 29-31, 33-36, 65, 72, 73, 79
心理学的欲求　88

◆す
スキーマ　16, 21, 26, 27, 29, 32, 55-57, 69, 70, 80, 84, 86

266

スクール・モラール　166
スクリプト　16, 27, 29, 55, 56, 70, 80, 82, 84, 86
スクリプト理論　27
ステレオタイプ　153, 158

◆せ
精神病質者（サイコパス）　5, 13, 48-53, 87, 118, 119
生物学的欲求　88
世界スキーマ　80
責任の外在化　17, 24, 25, 65, 73, 139, 143, 184, 195, 211
責任の拡散　18, 23, 67, 103
責任の転嫁　18, 23, 67, 103, 126
責任の否定　12, 114
セルフコントロール　113, 116
セルフ・ハンディキャッピング　90
前慣習的水準　182
潜在的知識構造　18, 19, 56-58
前頭極　43, 44
前頭前野　41, 43-45
前頭前野内側皮質　43, 45
前頭葉　13, 39-45, 50-52
前頭葉眼窩皮質　43, 45, 51, 52
前部帯状回皮質　43, 44

◆そ
相互作用理論　11
ソーシャルサポート　156
ソーシャルメディア　156
ソーシャルライフ　143, 157, 168
側頭葉　13, 46, 47, 51
ソシオメーター理論　89
ソシオメトリック法　119
ソマティックマーカー仮説　51

◆た
多数派幻想　110
多組織的療法　131
脱感作効果　86
脱中心化　182

多特性多方法行列（MTMM）　213, 219
短気型の攻撃性　173

◆ち
注意欠陥多動性障害　13, 145, 146
仲裁者　110
中和の技術　10, 12, 115
中和の技術論　114
直接的いじめ　180

◆つ
都合の良い比較　18, 23, 67, 102

◆て
敵意帰属バイアス　16, 30-37, 60, 64, 116, 119, 120, 127, 136
敵意の反すう　23, 124
敵意の累積効果　189

◆と
同一化プロセス　216
道具的攻撃　51, 117
道具的攻撃性　64, 119
道具的条件づけ　16, 22
道具的な仲間の挑発場面　30, 31, 36
道徳アイデンティティ　209, 220
道徳規則　175
道徳コンピテンシー　176, 177
道徳主体性　179
道徳情報　176
道徳推論　176, 179, 181-184, 188, 189, 196, 209, 213, 219, 220
道徳推論コンピテンス　209, 219
道徳性　67, 95, 109, 177, 181, 196
道徳性の成熟段階　182
道徳性の未熟な段階　182
道徳知識　176, 177, 186, 188
道徳的義務　186
道徳的推論　116
道徳的正当化　18, 23, 67, 102
道徳的判断　3, 19, 137, 184, 185, 189, 193, 196, 199, 202, 206

事項索引

道徳的領域　　181, 186, 188
道徳動機づけ　　176, 177, 210
道徳認知　　209, 210, 215, 216, 219
道徳の互恵的視点　　182
道徳の転換　　187
道徳の発達遅滞　　172, 182
道徳不活性化　　4, 17, 22-24, 67, 69, 73, 101, 109, 113, 117, 123-127, 172, 177-181, 187-190, 201
道徳領域理論　　176
トレイル・メイキング・テスト　　41, 47

◆な
内在化問題行動　　21, 25, 174, 210
内集団びいき　　92, 94

◆に
二次的誤信念　　176
二次予防　　136
2変量潜在変化得点モデル　　125
日本版BADS　　47
認知教育強化教材　　146
認知行動的スキルトレーニング　　132
認知行動療法　　4, 132, 144, 217
認知的新連合主義　　15, 25, 26
認知的不協和　　187
認知的問題解決スキルのトレーニング（PSST）　　134, 135
認知的歪曲　　4, 17-19, 24, 25, 58, 59, 65-67, 69, 73, 113, 121-123, 127, 136, 137, 139, 143, 168, 184, 193, 194, 201-204, 206, 210
認知のゆがみ　　171, 172, 176
認知評価システム　　148
認知リハビリテーション　　145-147

◆の
脳血流断層撮影　　42
脳CTスキャン検査　　42
能動的攻撃　　64, 72

◆は
背外側前頭前野皮質　　43

破壊性行動障害　　65
発達障害　　39, 48, 145
発達モデル　　215, 221
反映的情報　　218
反社会性　　2, 13, 120, 131, 184
反社会的行動　　3, 9, 10-27, 40, 43, 45, 49, 51, 53, 55, 56, 59, 85, 87, 94, 113, 118-120, 122-127, 131, 132, 134, 135, 138, 144, 145, 172, 176, 177, 181, 183, 184, 186, 189, 192, 201-203, 211, 219
反応的攻撃　　51, 64, 72, 117
反応的攻撃性　　64

◆ひ
被害者　　110, 180
被害者の否定　　12, 114
非行漂流理論　　12, 115
1人ぼっち回避規範　　155
非難者への非難　　12, 115
非難の帰属　　18, 23, 67, 104, 125, 126, 180
非人間化　　18, 23, 67, 96, 104, 179, 195
非人間的ラベリング　　96
ヒューリスティック　　56
表出性攻撃　　64
漂流理論　　10

◆ふ
フォールス・コンセンサス　　162
腹外側前頭前野皮質　　43
プライミング　　57, 58, 63, 175
プライミング効果　　85
分化的接触理論　　10-12
分化的同一化理論　　10-12

◆へ
扁桃体　　42, 46, 50-52

◆ほ
傍観者　　110
報復攻撃信念　　71, 73
傍辺縁系　　52

◆ま
マインドコントロール　49

◆み
ミラーニューロン　43

◆も
モデリング　16, 22, 27, 29, 67
模倣プロセス　216
モラルジレンマ課題　165
問題解決スキルトレーニング　131

◆よ
欲求不満-攻撃仮説　14, 15

◆ら
ラベリング　82, 199

◆り
領域統合　188
領域転換　187

◆れ
冷酷型の攻撃性　173
劣等人間化　93, 94
連続遂行課題　41, 42

◆わ
ワーキングメモリ　43, 45, 47, 144, 182

◆アルファベット
ADHD　13, 145, 146
ART　194, 216
Biopsychosocial　36, 37
CBCL　119
Cogmed　146
Cognifit　146
Coping Power　132, 133
CTスキャン　13
C/U 因子　118, 119
DN-CAS　148
DSM-Ⅲ　117
EQUIP　136, 137, 139, 142, 143, 191-194, 199, 202, 205, 216-218, 220
EVR　41
Facebook　156
Families And Schools Together (FAST) track program　132, 135, 136
fMRI　44
Go/No-Go 課題　45
How I Think (HIT) Questionnaire　25, 65, 184, 211, 213, 221
I/CP 因子　118, 119
IE（認知教育強化教材）　146
Jungle Memory　146
LINE　156
Montreal Longitudinal Experimental Study　132
MRI　13, 39-42
MTMM（多特性多方法行列）　213, 219
NBSAS　72, 73
N-COGET（神経学的認知トレーニング）　144, 148
NEAR　146
NOBAGS（規範的攻撃信念尺度）　70-73
PATHSカリキュラム　135, 136
PCL-R　49
PET　13
PMT（親の管理能力のトレーニング）　131, 132
PSST　134, 135
Seattle Social Development Project　132
SPECT　39, 41, 42

269

あとがき

　犯罪や非行に代表される反社会性がゆがんだ認知により生み出されることは，今や否定しようのない事実となりつつある。しかし，認知革命の起きた1980年代までは，そのゆがんだ認知の問題は実証的に検討されることはなかった。近年，実証的研究の蓄積により，ゆがんだ認知の問題を反社会性の改善に生かすことが可能となりつつある。犯罪者や非行少年の心の闇はもはや闇ではなく，実証的研究の光が当てられる研究対象となったのである。

　本書では，編者らが比較的網羅することの容易な日米の最新の研究知見だけではなく，欧米の新進気鋭の研究者らを著者として迎えることで，言語的障壁により把握が困難な欧州の知見を含めた世界的な知見の集約をめざした。また，基礎研究だけではなく，実践研究も網羅することで，研究者から実務家にいたる幅広い読者層を想定した仕様として企画した。日米の研究知見へのかたよりや基礎研究と実践研究のかい離が問題として指摘される近年の学術研究において，その発展的改善をめざした本書を，より多くの方々に手にしていただければ幸いである。

　本書の企画に着手してから5年余りの日々が経過している。この間，一向に原稿を取りまとめない編者を根気よくあたたかく見守り伴走いただいた北大路書房の薄木敏之様，企画当初に熱心にご尽力いただいた柏原隆宏様に感謝を捧げる。

吉澤寛之

【執筆者一覧】（執筆順）　＊は編著者

吉澤　寛之＊（岐阜大学大学院教育学研究科）————序章，第1，4，7，
　　　　　　　　　　　　　　　　　　　　　　　　　8（1-2節）章，
　　　　　　　　　　　　　　　　　　　　　　　　　あとがき
河端　良人　（University of Guam, the United States）————第2章
大西　彩子＊（甲南大学文学部）————第2，6章
宮口　幸治　（立命館大学大学院人間科学研究科）————第3，8（3節）章
田村　達　　（岩手県立大学社会福祉学部）————第5章
戸田　有一　（大阪教育大学教育学部）————第6章
吉田　俊和＊（岐阜聖徳学園大学教育学部）————第9章
Gianluca Gini（University of Padova, Italy）————第10章
Marina Camodeca（University of Chieti, Italy）
Simona C. S. Caravita（Catholic University of the Sacred Heart,
　　　Milan and Brescia, Italy）
Kevin van der Meulen（Autonomous University of Madrid, Spain）————第11章
Cristina del Barrio（Autonomous University of Madrid, Spain）
Daniel Brugman（Utrecht University, the Netherlands）————第12章

＜翻訳協力者＞

浅野　良輔　（久留米大学文学部）————第10（1-2節），12章
友野　聡子　（宮城学院女子大学発達科学研究所）————第10（3-4節），11章

※第10章〜第12章については原著者による英語原稿が，北大路書房のホームページで公開されている。URLは下記の通り。
　　http://www.kitaohji.com/english_data/

【編者紹介】

吉澤寛之（よしざわ・ひろゆき）

1971年　岐阜県に生まれる
2006年　名古屋大学大学院教育発達科学研究科博士課程修了
現　在　岐阜大学大学院教育学研究科准教授（博士（心理学））

＜主著・論文＞

第10章　社会規範と逸脱（分担執筆）大渕憲一（編）　シリーズ21世紀の社会心理学13　葛藤と紛争の社会心理学　北大路書房　Pp.108-121.　2008年

第11章　社会的情報処理と逸脱行動（分担執筆）吉田俊和・斎藤和志・北折充隆（編）　社会的迷惑の心理学　ナカニシヤ出版　Pp.165-179.　2009年

社会的ルールの知識構造から予測される社会的逸脱行為傾向—知識構造測定法の簡易化と認知的歪曲による媒介過程の検討—　社会心理学研究, 20, 106-123.　2004年

社会的情報処理の適応性を促進する心理教育プログラムの効果—中学生に対する実践研究—　犯罪心理学研究, 45（2）, 17-36.　2007年

社会環境が反社会的行動に及ぼす影響—社会化と日常活動による媒介モデル—　心理学研究, 80, 33-41.　2009年

中高校生における親友・仲間集団との反社会性の相互影響—社会的情報処理モデルに基づく検討—　実験社会心理学研究, 50, 103-116.　2010年

中学生と高校生における社会的情報処理の比較—社会的適応の観点からの検討—　応用心理学研究, 38, 122-133.　2012年

大西　彩子（おおにし・あやこ）

1980年　京都府に生まれる
2009年　名古屋大学大学院教育発達科学研究科博士課程修了
現　在　甲南大学文学部人間科学科准教授（博士（心理学））

＜主著・論文＞

傍観者効果（分担執筆）吉田俊和・三島浩路・元吉忠寛（編）　学校で役立つ社会心理学　ナカニシヤ出版　Pp.111-116.　2013年

軽度発達障害と学級風土（分担執筆）吉田俊和・三島浩路・元吉忠寛（編）　学校で役立つ社会心理学　ナカニシヤ出版　Pp.95-101.　2013年

傍観者（分担執筆）吉田俊和・元吉忠寛（編）　体験で学ぶ社会心理学　ナカニシヤ出版　Pp.106-109.　2010年

いじめ（分担執筆）吉田俊和・元吉忠寛（編）　体験で学ぶ社会心理学　ナカニシヤ出版　Pp.174-177.　2010年

A mediating model of relational aggression, narcissistic orientations, guilt feelings, and perceived classroom norms.（共著）　School Psychology International, 33, 367-390. 2012年

いじめの個人内生起メカニズム—集団規範の影響に着目して—（共著）　実験社会心理学研究, 49, 111-121.　2010年

児童・生徒の教師認知がいじめの加害傾向に及ぼす影響—媒介要因としての学級規範と罪悪感—（共著）　教育心理学研究, 57, 324-335.　2009年

中学校のいじめに対する学級規範が加害傾向に及ぼす効果（単著）　カウンセリング研究, 40, 199-207. 2007年

ジニ, G.（GINI, Gianluca）

1974年　イタリア・コモに生まれる
現　在　Assistant Professor, Department of Developmental and Social Psychology, University of Padua（PhD）
＜主著・論文＞
Gini, G., & Espelage, D. L. (2014). Peer victimization, cyberbullying, and suicide risk in children and adolescents. *JAMA: The Journal of the American Medical Association*, 312, 545–546
Gini, G., Pozzoli, T., & Hymel, S. (2014). Moral disengagement among children and youth: A meta-analytic review of links to aggressive behavior. *Aggressive Behavior*, 40, 56–68
Gini, G., Pozzoli, T., & Bussey, K. (2014). Collective moral disengagement: Initial validation of a scale for adolescents. *European Journal of Developmental Psychology*, 11, 386–395
Gini, G., & Pozzoli, T. (2013). Measuring self-serving cognitive distortions: A meta-analysis of the psychometric properties of the How I Think Questionnaire (HIT). *European Journal of Developmental Psychology*, 10, 510–517.
Pozzoli, T., Gini, G., & Vieno, A. (2012). The role of individual correlates and class norms in defending and passive bystanding behavior in bullying: A multilevel analysis. *Child Development*, 83, 1917–1931.
Pozzoli, T., Gini, G., & Vieno, A. (2012). Individual and class moral disengagement in bullying among elementary school children. *Aggressive Behavior*, 38, 378–388.
Pozzoli, T., Ang, R. P., & Gini, G. (2012). Bystanders' reactions to bullying: A cross-cultural analysis of personal correlates among Italian and Singaporean students. *Social Development*, 21, 686–703.
Gini, G., & Pozzoli, T. (2009). Association between bullying and psychosomatic problems: A meta-analysis. *Pediatrics*, 123, 1059–1065

吉田俊和（よしだ・としかず）

1949年　名古屋市に生まれる
1978年　名古屋大学大学院教育学研究科博士課程単位取得満了
現　在　岐阜聖徳学園大学教育学部教授（博士（教育心理学））
＜主著＞
学校教育で育む「豊かな人間関係と社会性」（共編著）　明治図書　2002年
社会的迷惑の心理学（共編著）　ナカニシヤ出版　2009年
体験で学ぶ社会心理学（共編著）　ナカニシヤ出版　2010年
対人関係の社会心理学（共編著）　ナカニシヤ出版　2012年
学校で役立つ社会心理学（共編著）　ナカニシヤ出版　2013年

ゆがんだ認知が生み出す反社会的行動
―― その予防と改善の可能性 ――

| 2015年3月10日　初版第1刷発行 | 定価はカバーに表示 |
| 2018年6月20日　初版第2刷発行 | してあります。 |

編　著　者　　吉　澤　寛　之
　　　　　　　大　西　彩　子
　　　　　　　ジ　ニ，G.
　　　　　　　吉　田　俊　和

発　行　所　　㈱北大路書房
〒603-8303 京都市北区紫野十二坊町12-8
　　　電　話　(075) 431-0361（代）
　　　FAX　　(075) 431-9393
　　　振　替　01050-4-2083

Ⓒ2015　　印刷・製本／亜細亜印刷（株）
検印省略　　落丁・乱丁はお取り替えいたします。

ISBN978-4-7628-2889-8 Printed in Japan

・ JCOPY 〈㈳出版者著作権管理機構 委託出版物〉
本書の無断複写は著作権法上での例外を除き禁じられています。
複写される場合は，そのつど事前に，㈳出版者著作権管理機構
（電話 03-3513-6969,FAX 03-3513-6979,e-mail: info@jcopy.or.jp）
の許諾を得てください。